社会心理学研究法

村田光二＋山田一成＋佐久間勲 ── 編著

福村出版

[R]〈日本複写権センター委託出版物〉
本書を無断で複写複製（コピー）することは、著作権法上の例外を除き、禁じられています。本書をコピーされる場合は、事前に日本複写権センター（JRRC）の許諾を受けてください。
JRRC〈http://www.jrrc.or.jp　eメール：info@jrrc.or.jp　電話：03-3401-2382〉

『社会心理学研究法』刊行にあたって

　本書は社会心理学の研究方法についての平易な入門書である。執筆にあたっては短大生以上の読者を念頭におき，社会心理学を基礎から学んでいない者でも，研究の現場で活用できるように工夫した。

　また，本書では，初学者にとって高い壁となりやすい統計に関する記述を極力少なくした。もちろん，統計は実証研究において非常に重要な位置を占めている。しかし，統計の解説に力を入れすぎるあまり，研究の意義と魅力が伝わりにくくなるとしたら本末転倒である。そこで本書では，あえて統計の知識を前提にせず，技法の解説から研究のおもしろさが伝わるように努力した。

　なお，本書の前身は2000年3月に刊行された『社会心理学研究の技法』であるが，今回の出版に際しては，出版社と相談のうえで，名称を『社会心理学研究法』に改めた。また，内容の改訂にあたっては，その後の社会心理学研究の発展に応えて，また，さらに読みやすくする努力を重ねて，以下のような加筆修正を施した。まず，本書の序 - 3では，近年の個人情報保護法の施行や，研究倫理への意識の高まりに即して，研究の倫理についての解説を追加した。また，13章では，読者からの要望が多かった，実習や卒論で課せられるレポートや論文の書き方について解説を加えた。

　本書では，質問紙調査と質問紙実験という2つの方法に焦点を当てている。社会心理学の研究にはさまざまな方法が用いられるが，初学者が最初に出会う方法は調査か実験であることが多いと思われたからである。

　これらは一般に「アンケート」と呼ばれる方法である。読者のなかには「やったことがある」とか「私にもできそうだ」と思った人もいるのではないだろうか。今日では，質問紙による研究は，それほど一般的なものとなっている。しかし，他方では，こうした「アンケート」があまりにも安易に用いられている現状を危惧する専門家も多い。「無免許運転」が横行し，堅実な「安全運転」まで価値のないものと思われかねない状況だからである。

けれども，研究方法のコスト・パフォーマンスの良さと，それが安易に使われてしまうこととは，本来別のことがらである。

　実際，時代を切り開くような研究のなかにも，質問紙によってデータを得たものが少なくない。認知革命のひとつの潮流を作ったトヴァスキーとカーネマンの「プロスペクト理論」や「判断のヒューリスティック」に関する研究。「4枚カード問題」を用いたコスミデスたちの進化論的研究。これらは，いずれも質問紙を用いて実施された研究であった。

　もちろん，どんな研究方法にも長所と短所がある。本書では質問紙研究の長所を伝えたいと思う。と同時に，その方法の短所と，その短所をできるかぎり克服する方法についても知ってもらいたいと思う。

　本書は質問紙研究の安易な利用を促す浅薄なマニュアルではない。少なくとも，その志においては，社会心理学的な「問い」を経験的に考えていくための，本来的な意味でのマニュアルを目指している。

　本書は，調査，実験，実例，実施方法と，順を追って読まれることを念頭においてつくられている。しかし，短期間に調査や実験を実施する必要に迫られている場合には，該当するパートだけを読むことも可能である。

　また，研究方法の基礎はすでに学習していて，具体的なテーマに即した研究方法について知りたい場合には，Ⅲ部の当該の章だけを読むことも可能である。なお，Ⅲ部のテーマは，多様な関心をもつ学生たちを指導する立場にある方々のことを念頭において選択したつもりである。

　自分で集めたデータから，社会的存在としての人間について考える。そのような目的のために，本書が少しでも役立てば幸いである。

2007年1月

村田光二・山田一成・佐久間勲

目　　次

『社会心理学研究法』刊行にあたって

序章　社会心理学のテーマと方法……………………………………………9
　　序-1　社会心理学の研究テーマ………………………………………9
　　序-2　社会心理学の研究方法…………………………………………14
　　序-3　社会心理学の研究と倫理………………………………………20

I部　質問紙調査の技法

　1章　質問紙調査に何ができるか………………………………………26
　　1-1　実例で知る質問紙調査の技法……………………………………26
　　1-2　質問紙調査の長所と短所…………………………………………29
　　1-3　調査対象者の選び方………………………………………………31
　　1-4　自己報告はどこまで信用できるか………………………………38

　2章　調査研究のデザイン………………………………………………44
　　2-1　初めの一歩――知りたいことは何か？…………………………44
　　2-2　調べたいことを質問文にしてみよう……………………………49
　　2-3　調査票を作ってみよう……………………………………………57
　　2-4　調査をしてみよう…………………………………………………59

　3章　クロス表分析の基本………………………………………………63
　　3-1　単純集計をふまえてクロス集計へ………………………………63
　　3-2　クロス表の表し方…………………………………………………65
　　3-3　クロス集計結果の読み方…………………………………………71

II部　質問紙実験の技法

4章　実験研究の考え方 …………………………………… 78
  - 4-1　実験研究とは ………………………………………… 78
  - 4-2　なぜ実験研究が必要なのか——因果関係 ………… 82
  - 4-3　実験研究の妥当性とリアリティ …………………… 85
  - 4-4　研究のコストと質問紙実験 ………………………… 90

5章　実験研究のデザイン ………………………………… 94
  - 5-1　要因配置の考え方 …………………………………… 94
  - 5-2　実験のコントロール ………………………………… 98
  - 5-3　従属変数の測定 ……………………………………… 105

6章　質問紙実験のテクニック …………………………… 112
  - 6-1　場面想定法 …………………………………………… 112
  - 6-2　判断型実験 …………………………………………… 118
  - 6-3　質問紙実験の技法——実施にあたっての注意 …… 125

III部　テーマ別にみる質問紙研究

7章　調査で探るマス・コミュニケーション …………… 132
  - 7-1　マス・コミュニケーション研究とは ……………… 133
  - 7-2　マス・コミュニケーション研究の実践 …………… 137
  - 7-3　事件報道はわれわれの現実認識を変えるか——調査研究の実例1 …… 138
  - 7-4　音楽番組と若者のヒット曲認知——調査研究の実例2 …… 143
  - 7-5　マス・コミュニケーション研究の意義とは ……… 147

8章　流行の「不思議」にせまる ………………………… 150
  - 8-1　流行の不思議感を問う ……………………………… 150
  - 8-2　流行の肉声をつかむ ………………………………… 153
  - 8-3　流行の意識をとらえる ……………………………… 156
  - 8-4　流行の不思議感を考える …………………………… 162

9章　ジェンダーをどう研究するか……………………………………166
　　　9-1　ジェンダー研究の実際………………………………… 167
　　　9-2　ジェンダー研究にあたっての留意点………………… 175

10章　恋愛と対人魅力を決めるもの…………………………………184
　　　10-1　類似性モデル………………………………………… 185
　　　10-2　近接性モデル………………………………………… 187
　　　10-3　投資モデル…………………………………………… 188
　　　10-4　弱いリンクモデル…………………………………… 191
　　　10-5　アカウントモデル…………………………………… 194

IV部　実習ガイダンス

11章　データ処理と統計の基礎………………………………………200
　　　11-1　データを収集したら………………………………… 200
　　　11-2　データをまとめる…………………………………… 204
　　　11-3　データからモノを言う……………………………… 208

12章　文献の探し方……………………………………………………216
　　　12-1　雑誌論文の探し方…………………………………… 217
　　　12-2　専門図書の探し方…………………………………… 223
　　　12-3　調査票の探し方……………………………………… 227

13章　論文・レポートの書き方………………………………………233
　　　13-1　論文・レポートの構成……………………………… 233
　　　13-2　文章表現の基本……………………………………… 238
　　　13-3　引用のルール………………………………………… 240

人名索引・事項索引

序章　社会心理学のテーマと方法

　社会心理学のなかには多様なアプローチが存在し，また個人から社会まで複数の水準の研究対象を抱えている。統合的な視点で社会心理学を理解する試みもしばしば行われるが，すべての研究者から合意を得られる〈社会心理学〉の定義があるわけではない。むしろ，さまざまな立場と多様性は社会心理学の活力になっているといってよいかもしれない。

　本書でも，社会心理学の意義や定義を初めに議論するよりも，ひとまず「社会的存在としての人間についての学問」といったゆるやかな定義をして，具体的な研究内容を紹介することから始めたい。この定義のなかでも**社会的存在**とは何かあいまいである。しかし，この定義は，「われわれが社会的存在である」ことを前提にして研究を行うべきことと，その「社会的存在の性質」（社会性）について明らかにすることが社会心理学の重要な目標であることを示している。

　この序章では，本書を読む初学者の理解の助けとなるように，まず社会心理学が取り扱っている研究テーマ（対象）を概観する。次に，研究方法についても概観する。そのなかでの本書の位置づけについて簡単に述べたい。そして最後に，社会心理学の研究の実施にあたり，守るべき倫理基準について述べる。

序-1　社会心理学の研究テーマ

1　幅広い研究テーマ

　社会心理学の研究テーマ（対象）の範囲は広い。たとえば，ある教科書の目次を表序-1に示した（末永・安藤，1998）。この教科書のように，社会心理学の研究テーマを「個人」「対人関係（相互作用）」「集団」「社会（集合現象）」といった4段階程度に大別して，研究内容を説明することがしばしば行われて

表序-1　末永俊郎・安藤清志編『現代社会心理学』(1998) の目次

第1章　序論	第10章　同調と逸脱
第1部　自己と他者	第11章　協同と競争
第2章　社会的環境の認知	第4部　社会の中の人間
第3章　「自己」と対人行動	第12章　コミュニケーション・ネットワーク
第4章　態度の変容	第13章　マスコミュニケーションの影響力
第5章　援助と攻撃	第14章　社会変動と人間
第2部　人と人とのかかわり	第5部　社会心理学の広がりと道のり
第6章　対人的コミュニケーション	第15章　環境と人間
第7章　対人関係における交換	第16章　心と身体の健康
第8章　魅力と対人関係	第17章　社会心理学の歴史
第3部　個人と集団	
第9章　集団の中の個人	

いる。

　最近の研究の特徴の1つは，個人の水準の研究，とくに個人内の心理過程を詳細に調べる研究が増えたことである。具体的には「社会的認知」と呼ばれる研究分野と「自己」という研究分野で，主として認知心理学に由来するアプローチにもとづいて研究が行われている。たとえば，別の教科書では，1部が「社会的認知」（1章「対人認知」，2章「社会的推論」，3章「態度」，4章「感情」），2部が「自己」（5章「自己認知」，6章「自己評価」，7章「自己と動機づけ」）となっている（池上・遠藤，1998）。そして，残りの5章が3部「他者・世界との関わり」のなかにまとめられている。

　他方で，社会心理学のすぐれた業績は，個人の水準を超えて広く社会の問題にアプローチしている。たとえば，日本社会心理学会がその年のすぐれた研究業績（著作）に与えていた島田賞の受賞作は，表序-2の通りである。池田（1997）の業績が政治の問題を扱っているだけでなく，山岸（1998）の業績は日本社会の経済関係の問題解決に示唆を与えるものである。川浦ら（1996），吉川（1999），田中（2000），若林（2003），杉山（2004）といった業績が，現代社会が直面する問題をテーマとしていることは一見して明らかだろう。

　幅広い研究内容について知るためには，社会心理学の教科書も役に立つ。最近の教科書はずいぶんと親切につくられていて，初学者が自分の研究テーマを見つけるときに有用なものも多い。表序-3には最近の教科書を，一般的な構

表序-2　日本社会心理学会島田賞受賞業績（1996-2004）

第1回（1996年度）
　川浦康至ほか(1996)．メディアサイコロジー――メディア時代の心理学　富士通ブックス
　高木　修(監修)　大坊郁夫・神山　進(編)(1996)．被服と化粧の社会心理学――人はなぜ装うのか　北大路書房
第2回（1997年度）
　池田謙一(1997)．転変する政治のリアリティ――投票行動の認知社会心理学　木鐸社
第3回（1998年度）
　山岸俊男(1998)．信頼の構造――こころと社会の進化ゲーム　東京大学出版会
第4回（1999年度）
　吉川肇子(1999)．リスク・コミュニケーション――相互理解とよりよい意思決定をめざして　福村出版
第5回（2000年度）
　田中共子(2000)．留学生のソーシャル・ネットワークとソーシャルスキル　ナカニシヤ出版
第6回（2001年度）
　相川　充(2000)．人づきあいの技術――社会的スキルの心理学　サイエンス社
第7回（2002年度）
　吉森　護(2002)．アナトミア社会心理学――社会心理学のこれまでとこれから　北大路書房
第8回（2003年度）
　若林佳史(2003)．災害の心理学とその周辺――北海道南西沖地震の被災地へのコミュニティ・アプローチ　多賀出版
第9回（2004年度）
　杉山幸子(2004)．新宗教とアイデンティティ――回心と癒しの宗教社会心理学　新曜社

成のものとそれと異なる構成や特徴を備えているものとに大別して例示してみた。社会心理学を学ぶつもりであれば，少なくとも1冊は手元に持っていたい。

2　個人と社会をつなぐ

　表序-2にあるような研究は個人の心理過程だけを問題としているのではない。そのことによって社会がどうなるのかも問題としている。たとえば池田（1997）の研究は投票行動を行う各個人の意思決定を検討しているが，その帰結として日本の政治状況が決まってくる過程の検討も試みている。各個人の社会的意思決定によって選挙で政治家が選出され，逆に政治がわれわれに影響を及ぼすことはいうまでもない。山岸（1998）の研究でも，個人が他者を信頼するかどうかというマイクロな水準の問題が，「規制緩和」が行われ経済的な効

表序-3　社会心理学の教科書の例

【一般的構成のもの】
　池上知子・遠藤由美(1998)．グラフィック社会心理学　サイエンス社
　末永俊郎・安藤清志（編）(1998)．現代社会心理学　東京大学出版会
　吉田俊和・松原敏浩（編著）(1999)．社会心理学――個人と集団の理解　ナカニシヤ出版
　小林　裕・飛田　操（編著）(2000)．【教科書】社会心理学　北大路書房
　白樫三四郎・外山みどり（編著）(2003)．社会心理学　八千代出版

【特徴的な構成のもの】
　広瀬幸雄（編著）(1997)．シミュレーション世界の社会心理学――ゲームで解く葛藤と共存　ナカニシヤ出版
　池田謙一・村田光二(1991)．こころと社会――認知社会心理学への招待　東京大学出版会
　亀田達也・村田光二(2000)．複雑さに挑む社会心理学――適応エージェントとしての人間　有斐閣
　山口　勧（編著）(2003)．社会心理学――アジアからのアプローチ　東京大学出版会

　率を達成する社会が成り立つかどうかといったマクロな水準の問題を規定する過程を問題としている。

　先に述べたように社会心理学は，個人の水準から社会の水準まで，各水準に焦点を当てた研究が可能である。しかし，社会心理学が独自性をもつ研究対象は，個人（マイクロ）と社会（マクロ）との間をつなぐような**マイクロ―マクロ過程**の研究だといわれている（山岸，1992）。マイクロ―マクロ過程の研究は，必ずしもたやすくないが，最近ではその観点から教科書も書かれている（亀田・村田，2000）。

　本書で主として紹介する質問紙調査と質問紙実験は，ともに各個人からデータを得る方法である。この場合，個人を分析単位とすることが多く，個人の心理だけを問題にすることがある。しかし，それがどのような社会的問題につながるのか，少なくとも理論的分析をする必要がある。社会心理学では，個人データの分析から，対人間の現象や社会的現象に関して検討することが必須である。個人の心理を考慮しながらも，個人を超えた社会的現象のなかにおもしろいテーマを見出していくことが，社会心理学研究の特徴の1つなのである。

3 日常生活にかかわるテーマ

社会心理学の研究のもう1つの特徴は、日常生活にかかわる身近なテーマが多いことである。たとえば、表序-4には、社会心理学の分野のモノグラフ（1つのテーマを中心に書かれたもの）形式で書かれた著作を例示した。大部分が「セレクション社会心理学」シリーズのなかの本で、まだ続刊が予定され

表序-4　社会心理学のモノグラフの例

安藤清志(1994).　見せる自分／見せない自分——自己呈示の社会心理学　＃1
押見輝男(1992).　自分を見つめる自分——自己フォーカスの社会心理学　＃2
高田利武(1992).　他者と比べる自分　＃3
池田謙一(1993).　社会のイメージの心理学——ぼくらのリアリティはどう形成されるか　＃5
山本眞理子・原奈津子(2006).　他者を知る——対人認知の心理学　＃6
高木　修(1998).　人を助ける心——援助の社会心理学　＃7
浦　光博(1992).　支えあう人と人——ソーシャル・サポートの社会心理学　＃8
大渕憲一(1993).　人を傷つける心——攻撃性の社会心理学　＃9
今井芳昭(2006).　依頼と説得の心理学——人は他者にどう影響を与えるか　＃10
落合良行(1999).　孤独な心——淋しい孤独感から明るい孤独感へ　＃11
松井　豊(1993).　恋ごころの科学　＃12
大坊郁夫(1998).　しぐさのコミュニケーション——人は親しみをどう伝えあうか　＃14
山岸俊男(1990).　社会的ジレンマのしくみ——「自分1人ぐらいの心理」の招くもの　＃15
川上善郎(1997).　うわさが走る——情報伝播の社会心理　＃16
奥田秀宇(1997).　人をひきつける心——対人魅力の社会心理学　＃17
西田公昭(1998).　「信じるこころ」の科学——マインド・コントロールとビリーフ・システムの社会心理学　＃18
菅原健介(1998).　人はなぜ恥ずかしがるのか　＃19
相川　充(2000).　人づきあいの技術——社会的スキルの心理学　＃20
上瀬由美子(2002).　ステレオタイプの社会心理学——偏見の解消に向けて　＃21
渡辺文夫(2002).　異文化と関わる心理学——グローバリゼーションの時代を生きるために　＃22
久保真人(2004).　バーンアウトの心理学——燃え尽き症候群とは　＃23

亀田達也(1997).　合議の知を求めて——グループの意思決定　共立出版
北山　忍(1998).　自己と感情——文化心理学による問いかけ　共立出版
北村英哉(2003).　認知と感情——理性の復権を求めて　ナカニシヤ出版
宮田加久子(2005).　きずなをつなぐメディア——ネット時代の社会関係資本　NTT出版
中谷内一也(2006).　リスクのモノサシ——安全・安心生活はありうるか　日本放送出版協会
安野智子(2006).　重層的な世論形成過程——メディア・ネットワーク・公共性　東京大学出版会

(注)　＃印はサイエンス社の「セレクション社会心理学」シリーズの本。数字はその番号。

ている。これらは，個人，対人関係，もう少し広い社会といった各水準のテーマを扱っているが，身近に感じられるトピックが多いのではないだろうか。

本書では個々の研究テーマについて詳しい紹介をする余裕はないが，4つのテーマをとりあげて，7章から10章で技法を中心に紹介した。それぞれ，7章「マス・コミュニケーション」，8章「流行」，9章「ジェンダー」，10章「恋愛と対人魅力」である。それぞれのテーマに関心がある読者には，ぜひ読んでいただきたい。

もちろん，各テーマを自分の研究対象とするならば，表序-4にあげたようなそれぞれの専門書を読んで，過去の研究内容について詳しく検討してほしい。これまでの研究内容をよく理解することから，研究はスタートする。

序-2　社会心理学の研究方法

研究テーマが多様であると同じように，社会心理学の研究方法も多様である。それぞれの方法を実行するための具体的方法であるテクニック（技術）も数多くある。本書では，方法とテクニックとを併せて「技法」と呼んで紹介したい。

本書では，初学者の理解のしやすさと実施の可能性を考慮して，質問紙調査（Ⅰ部）と質問紙実験（Ⅱ部）という2つの方法に焦点を当てて解説をすることを考えた。しかし，さまざまな社会心理学研究の方法やテクニックの種類と特徴を理解することは，いずれの方法を利用するときにも有効である。そこで，以下では簡単に社会心理学の方法について概観してみた。

1　論　　証

具体的な方法に入る前に，学問研究においては**論証**することがもっとも基本的な方法であることを確認しておきたい。社会心理学では**データ**（経験的証拠）にもとづいて議論を進めることが多い。そのデータ収集・処理の仕方が，技法である。たしかに，適切な実証的データにもとづく議論は，自分の頭のなかで考えただけの説明よりもはるかに説得力がある。しかし，その場合でも筋道を立てて議論をし，それが「真実」であると多くの人に納得してもらうことが科学的研究にも必要である。科学的研究も社会的営みであり，その成果は他

の人に理解されてこそ意味をもつ。

　論証の方法を獲得する王道はない。お勧めしたいことは，いろいろな機会を見つけて，いろいろな人とできるだけ多く議論してみることである。論証は，ある意味で他者を説得するコミュニケーションである。自分の議論がどこまで他の人に通用するのか，できるだけ経験しておくことが役立つだろう。もちろん，他人の意見をよく聞くことも必要で，相手を理解したうえで議論することが大切である。相手の言うことが正しいと判断できた場合には，その意見を取り入れることも大事である。また，論理的な文章を書く機会を増やすことも肝要である。もし誰かに読んでもらってフィードバックを得られるとしたら，より望ましい。この場合には「レポートの書き方」についての参考書（たとえば木下，1990）などが役立つだろう。また社会心理学の論文やレポートを書く場合の具体的な方法については，13章で紹介する。

2　研究のレビュー

　もう1つ，過去の研究文献を探索して，内容を理解することも研究の前提である。多くの初学者は，教科書から社会心理学研究について知る。そのなかのある研究分野に興味を覚えたら，その分野についてもっと詳しく書いてある書物やその分野の研究を紹介している**展望（レビュー）論文**を参考にするとよいだろう。前節の表序-2や表序-4で紹介した著作も役に立つ。

　研究文献の探索とは，それらで紹介されている研究の原典の論文を調べていくことである。したがって，雑誌論文を探すことが中心となる。日本語の場合には，学会誌に加え，紀要と大会発表論文集も探索の候補に入れた方がよい。この具体的方法については，12章で紹介する。

3　実証的方法とデータ収集

　本書では，実証的な社会心理学研究の方法として，質問紙調査と質問紙実験を紹介する。ここで**実証**とは，データにもとづいて何らかの理論や考えの正当性を示すことを意味している。研究者の個人的な経験だけにもとづく考えや，頭のなかで想像しただけの独りよがりの考えでは実証的研究とならない。データは他の研究者も同じ方法を用いれば獲得可能な証拠である。実証的方法のな

かには，以下に述べるように，史資料の収集と内容分析，観察やフィールドワーク，調査，実験などが含まれる。

　注意していただきたいことは，自然科学と同じ意味では社会科学の実証は成り立たないことである[注1]。社会心理学は親学問の1つである心理学から，実験や心理学的測定法などの自然科学的方法を学んだ。得られたデータを数量化して，統計学にもとづいて分析する方法も身につけてきた。たしかに人間を対象とする場合でも，便宜的に物理的対象と同等に扱うことが望ましい場合もあるだろう。たとえば感覚の働きを調べる場合などである。

　しかし，人間を研究対象とした場合には，対象が研究者と独立して存在することは困難である。単純化していうと，研究者に調べられていることを知ると，われわれは意識や行動の性質が変わってしまうのである。もちろん，問題にならないわずかな程度ということもあるが，実証的に研究することが，研究対象から得るデータに何らかの歪みを生じさせる可能性には十分注意を払っておいた方がよい。この問題に対処するために，自然科学的方法以外の多くの社会科学的方法が開発されている。

　もう1つ注意していただきたいことは，データは研究者が意図的（あるいは意図しないうち）に作り出している側面があることだ。「作り出す」とは大げさな表現であるが，実際の社会心理学現象のある側面を選択的にデータとして取り出していることはたしかだろう。極端な例だが，犯罪統計のデータは，何を犯罪とみなすのかによって，また警察当局が「犯罪」を検挙する努力に応じて，変化することが知られている。

　どの側面に関するデータを収集するのかについては，どのような理論を背景として実証的研究が行われているのかに依存する。問題発見・仮説生成型の研究の場合でも，「常識」「暗黙知」[注2]といった素朴な理論が実証研究を導きやすい。われわれは現象を「ありのままの形」でデータにすることは不可能で，何らかの視点からデータを収集するしかないのである。大切なことは，自分の視点や暗黙の知識に自覚的であるように努めることだ。

4　史資料の収集と内容分析

　広い意味での実証的研究のなかには，すでに存在する資料を収集する方法が

ある。これらの資料には，個人的文書（日記や手紙など）や公的文書（新聞・雑誌の記事，政府等の記録文書）などがある。文字で書かれた文書だけでなく，会話の記録，統計資料，視覚的メディアの描写など，メディアに応じてさまざまな様式の資料が存在する。これらの**史資料**も実証的な社会心理学研究のデータとして役立つことがある。

　たとえば，新聞記事を用いた原因帰属の研究がある（Lau & Russel, 1980）。われわれはスポーツの試合に勝ったり負けたりすると，何らかの原因をあげてその結果を釈明することがある。この研究では，新聞に掲載された野球とアメリカンフットボールの試合後の選手やコーチのコメントを収集して内容を分析した。そして，勝った場合には内的要因への帰属，負けた場合には外的要因への帰属が多いという自己高揚的な釈明傾向を見出した。このように，収集された史資料は，**内容分析**という方法によって分析される場合が多い。内容分析では，各資料の内容をカテゴリーに分類して，それぞれのカテゴリーの頻度を数えることが可能である。

　史資料の収集と内容分析によっても多くの実証的研究が可能であるが，研究者が考えている通りの史資料が存在するかどうかは保証されない。研究者が対象に働きかけてデータを生み出すことはできないのである。また，データに示された内容が社会心理学現象の何を示しているのか，その対応は必ずしも自明ではない。

5　観察とフィールドワーク

　次に実証的方法として重要なのが**観察法**である。観察法は，日常的で自然な状況で対象者の行動や社会現象を，それにできるだけ関与しないようにして調べることが基本である。たとえば，発達心理学では乳幼児の観察研究がしばしば行われる。しかし，対象者にまったく関与しないことは不可能なので，むしろ積極的に関与して対象者と日常生活を共にしながら観察する方法もある。これは**参与観察法**と呼ばれ，文化人類学や社会学の研究などでよく用いられてきた[注3]。なお，実験においても観察は可能であって，この場合は測定法の1つとして考えられる。

　参与観察法では，対象者と会話することができて，対象者の意識や心理状態

について言語報告の形で理解しやすくなる。もし対象者から積極的に言語報告を求めるのであれば，それは**面接法**である。面接法では研究者が対象者に質問を行うが，質問の内容と方法が柔軟で日常の会話の延長のような形式のものから，内容や聞き方が厳密に組織化されたものまでさまざまな形式がある。なお，十分組織化された面接法は，対象者と研究者の関係が一時的でない点を除けば，調査法のなかの面接調査と変わらない[注4]。

　以上のような観察法や参与観察法は，近年**フィールドワーク**というアプローチとしてまとめられ（佐藤，2006），社会心理学においても魅力的な研究を生み出しはじめている（箕浦，1999）。また，フィールドワークと密接に結びつく方法として「質的調査法」もある（北澤・古賀，1997；無藤ほか，2004）。「実証主義的アプローチ」に対して「解釈主義的アプローチ」ととらえることも可能だろう。これらの方法は，何よりも研究対象と直接接することが可能で，リアリティの高い現象の記述を可能にする。しかし，その手続きの標準化は難しく，実践的経験が必要であり，初学者が学ぶことは容易ではない。

6　調査と実験——本書の視点

　本書で主として紹介する方法は**調査**と**実験**である。調査という用語はかなり幅広い意味をもつが，本書Ⅰ部では質問紙を用いた量的調査（質問紙調査）の技法を中心に紹介する[注5]。しかもそれを教室で学生を対象とする場合のように，集合調査を実施することを念頭においている。繰り返し述べているように，このような限定は初学者の学習の容易さと調査実施の可能性を考慮して行った。この限定によって解明可能な問題は限られてくるが，それでも工夫次第でより多くの成果が得られ，そこから社会心理学研究の世界をスタートしてもらうことを考えている。こうした研究実施の経験は，後にサンプリング調査や実験室実験を実施する際のトレーニングとしても役立つだろう。

　量的データの分析は，多くの初学者が敬遠しやすい統計的方法を利用する。近年の量的調査の研究は，かなり高度に発達した統計技法を用いて，洗練された分析を行うことが多い。しかし本書では，どのように統計技法を学習し利用したらよいかの指針を紹介するだけにとどめ（11章参照），専門的な統計技法の説明を割愛した。むしろもっと基礎的で，単純明快な分析技法をうまく利用

することによって，調査データから意味のある結果を導くことを期待している。いたずらに複雑な統計技法を用いたからといって，研究の質が向上するとは必ずしもいえない。実験研究の場合には，単純な実験計画のもとで単純な形式のデータ分析をするだけの方がむしろ望ましい。

　実験は，変数間の因果関係を特定するために編み出された方法である。社会心理学においてはとくに環境の条件を**独立変数**として，それがわれわれの心理や行動にどう影響するのかを検討することが多い。著名なミルグラムの服従の実験（4章参照）の成果などに認められるように，環境の力はわれわれが想像する以上に強大である（Milgram, 1974）。これらの実験は1人あるいは少人数を対象に実験室で実施されることが多い。しかし，初学者が**実験室実験**を実施するときには多くのハードルが現れるだろう。実験室・実験装置の利用，実験参加者[注6]の確保，そしてマニュアル化することの難しい手続きの修得といった問題は，適切な指導者がいないと解決することは難しい。

　これに対して質問紙調査と同じ形式で実施可能な質問紙実験は，独立変数のインパクトが弱くなりやすいという問題がともなう。しかし，実験室実験の実施にともなう多くの問題を回避できて，初学者が最初に利用する方法としてお勧めである。他方で，適切に利用するためにはテクニックが必要なので，本書Ⅱ部で詳しく解説した。

　本書で解説する以上の研究方法は，研究者が研究対象との間に距離をおく方法である。先に紹介した参与観察やフィールドワークと対照的な特徴だろう。これによって得られるデータは制約されるので，けっして最善の方法だと主張しているわけではない。研究方法の選択は本来研究テーマと目的に応じて決められるものである。他のより望ましい方法がある場合には，それを用いる努力を惜しんではならない。

　しかし，短所をもっていたとしても，質問紙研究には長所も多い。繰り返しになるが，質問紙研究は初学者が最初に出会う可能性のもっとも高い研究方法で，他の方法と比べてハードルが低い。また，どの研究方法を用いる場合でも次節で述べるような**倫理基準**を守る必要があるが，質問紙研究はそれを理解し厳守する点に関しても比較的学びやすいだろう。

　長所短所を考えたときに，質問紙研究はコスト・パフォーマンスの良い方法

だということもできる。そのパフォーマンスを最大限引き出すために本書は書かれている。本書では質問紙研究の長所を伝えたいと思う。同時に，その方法の短所と，短所をできる限り克服する技法についても知ってもらいたい。

序-3　社会心理学の研究と倫理

　心理学の研究の実施にあたり，守るべき重要な倫理基準がある（日本発達心理学会，2000）。それは，(1)インフォームド・コンセント（説明と同意），(2)プライバシーの保護，(3)研究結果のフィードバックの3点である。もちろん，これらは，社会心理学の研究においても重要なものである。本節では，これらの倫理基準がどのようなものなのかを説明する。そして実際に質問紙研究を実施するときに，どのような点に留意すべきか述べる[注7]。

1　インフォームド・コンセント（説明と同意）
　インフォームド・コンセントとは，研究を実施する前に，研究者が研究協力者[注8]に十分な説明を行い，研究に協力することへの同意を得ることである（5章5-2参照）。

　質問紙研究を実施する前に，次の3点を研究協力者に説明し，同意を得る必要がある。

　第1に，研究の目的である。研究協力者は，何を明らかにするために質問紙研究を実施するのかを知ったうえで，研究に協力することに同意するか決めることができる。そのためには，研究者が，研究の目的をきちんと説明しなければならない。ただし質問紙実験の場合は，研究協力者が本来の目的を知ることによって，研究結果が歪む可能性も考えられる。こうした懸念があるときには，**カバーストーリー**（本来の実験の目的を隠すために行う実験に関する説明）を用いることもある。カバーストーリーを用いるときには，実験終了後に必ず**ディブリーフィング**（本来の実験の目的や手続きを伝えなかったことの謝罪と，その説明）を行われなければならない。カバーストーリーの使用や，ディブリーフィングの方法については，5章5-2，6章6-3を参照してもらいたい。

　第2に，研究協力者がもつ権利である。研究のなかでは研究者と研究協力者

序章　社会心理学のテーマと方法　　　21

は対等な関係でなければならない。この対等な関係を維持するために，研究者は，研究協力者がどのような権利をもっているか説明しなければならない。具体的には，研究協力者は調査や実験への協力（回答）を途中でやめることができること，調査や実験を途中でやめることによる不利益は被らない（たとえば授業の成績評価が下がらない）こと，回答したくない質問がある場合には回答しなくてもかまわないことを伝える必要がある。

　第3に，データの取り扱い方法である。研究者は，研究で得られたデータが，この後，どのように扱われるのかを説明しなければならない。具体的には，得られたデータは研究以外の目的で使用することはないこと，研究の目的でデータを公開するときには個人が特定されないように行うこと，個々の質問紙への回答から個人を特定することはないことを説明する必要がある。

　以上の3点は，研究の実施前に口頭で説明することはもちろんのこと，質問紙の表紙に書いておくとよいだろう。

2　プライバシーの保護

　プライバシーとは，1人ひとりがもっている私事，私生活，または秘密のことである[注9]。質問紙研究を実施する場合には，研究協力者のプライバシーを保護し，公にしないことが求められる。研究協力者のプライバシーの保護にあたっては，次の3点を留意してもらいたい。

　第1に，原則として質問紙への回答は無記名方式にすることである。無記名式にすることで，研究者は誰がどの質問紙に回答したのかわからなくなるので，プライバシーを保護することができる。

　第2に，質問紙の回収方法を工夫することである。質問紙が無記名方式であったとしても，回答した質問紙をそのまま研究者に手渡しをすると，研究協力者は自分のプライバシーが保護されないのではないかと不安になるかもしれない。こうした不安を取り除くために，たとえば回答した質問紙を封筒に入れて，封をしてから回収するなどの工夫をするとよいだろう。この問題に関しては，10章10-5に具体的な研究例が紹介されている。

　第3に，回答ずみの質問紙の取り扱いに注意することである。回答ずみの質問紙を不特定多数の目に触れる場所に置くことは厳禁である。研究の報告が終

了した後には，指導教員と相談のうえ，質問紙をシュレッダーにかけたり，焼却処分をしたりする必要がある。けっしてそのままゴミ置き場に捨ててはいけない。

3　研究結果のフィードバック

研究協力者の多くは，自分が協力した調査や実験の結果がどうであったか知りたいと思っているだろう。こうした要望に対して，研究者は研究結果を**フィードバック**する（研究結果を知らせる）必要がある。ここでいう研究結果とは，特定の個人の結果ではなく，研究協力者全体の結果のことである。つまり研究結果をフィードバックする場合は，個人の回答や結果が特定されないように配慮しなければならない。

結果を知らせる方法としては，研究結果の要約を作成して，それを研究協力者に配布したり，ホームページに掲載したりする方法があるだろう。また研究結果の要約には，研究者の連絡先も掲載して，研究協力者からの質問に回答できるようにするとよいだろう。

4　質問紙研究以外の方法について

序-2で紹介した通り社会心理学の研究方法には，質問紙研究以外のものも存在する。質問紙研究以外の方法を使用したときにも，上記の3つの倫理基準を守らなければならない。ただし，それらの研究方法では，倫理基準を守るための具体的な方法が質問紙研究と異なることもあるだろう。またそれぞれの研究方法で，特別に留意しなければならないこともあるだろう。

質問紙研究以外の方法において，倫理基準をどのように守るのか学びたい場合は，次にあげる文献が参考になる。まず，質問紙研究をはじめとして多様な研究方法をとりあげているものとしては，安藤・安藤（2005），日本発達心理学会（2000）がある。面接法については，鈴木（2005）が参考になる。必要に応じて，これらの文献を参照してもらいたい。

■注
注1）山田（1998）の議論を参考のこと。

注2） 言語化することができない，長年の経験や直感にもとづく知識のこと。
注3） 文化人類学や社会学では参与観察で得た内容を記述することまで含めて「エスノグラフィー（民族誌）」と呼ぶことが多い。
注4） この方法は構造化面接法と呼ばれる。面接場面での質問事項があらかじめ標準リストとして決められている面接である。他方，質問のための標準リストがない場合が，非構造化面接法である。面接法については，鈴木（2005）を参照のこと。
注5） 質問紙においても回答を自由記述形式にすることによって，質的データを得ることは可能である。その場合でも内容をカテゴリーに分類してその人数を数えるなどして，量的データとして扱うこともできる。
注6） かつては実験の対象となる人を「被験者（subjects）」と呼んでいた。しかし被験者という呼び方は，対象者の人間性を尊重していない，対象者を物と同様にみなしているという批判がなされるようになってきた。そこで現在では被験者の代わりに「実験参加者（participants）」という用語を使用することが求められている（American Psychological Association, 1994）。本書でも，この考えにしたがい，被験者ではなく実験参加者を使用することにする。
注7） 以下で述べる留意点は質問紙研究において一般的なものである。同じ質問紙研究でも質問内容や実施状況によって，留意すべき点が異なる可能性もある。
注8） 本節で使用している「研究協力者」は，調査対象者や実験参加者のように調査や実験に参加してくれる人のことをさす。
注9） プライバシーには「1人ひとりがもっている私事，私生活，秘密を第三者におかされない権利」という定義もある。

■引用文献
American Psychological Association(1994). *Publication manual of the American Psychological Association*(4th ed.). American Psychological Association.
安藤寿康・安藤典明(編)(2005). 事例に学ぶ心理学者のための研究倫理　ナカニシヤ出版
池田謙一(1997). 転変する政治のリアリティ——投票行動の認知社会心理学　木鐸社
池上知子・遠藤由美(1998). グラフィック社会心理学　サイエンス社
亀田達也・村田光二(2000). 複雑さに挑む社会心理学——適応エージェントとしての人間　有斐閣
川浦康至・川上善郎・宮田加久子・栗田宣義・向後千春・諸井克英・成田健一(1996). メディアサイコロジー——メディア時代の心理学　富士通ブックス
吉川肇子(1999). リスク・コミュニケーション——相互理解とよりよい意思決定をめざして　福村出版
木下是雄(1990). レポートの組み立て方　筑摩書房
北澤　毅・古賀正義(編著)(1997). ＜社会＞を読み解く技法——質的調査への招待　福村出版
Lau, R. & Russell, D.(1980). Attribution in the sports pages. *Journal of Personality and Social Psychology*, **39**, 29-38.
Milgram, S.(1974). 岸田　秀(訳)(1995). 服従の心理——アイヒマン実験　改訂版新装　河出書房新社
箕浦康子(編著)(1999). フィールドワークの技法と実際——マイクロ・エスノグラフィー入門　ミネルヴァ書房

無藤　隆・やまだようこ・南　博文・麻生　武・サトウタツヤ(編)(2004)．質的心理学──創造的に活用するコツ　新曜社
日本発達心理学会(監修)　古澤頼雄・斉藤こずゑ・都筑　学(編著)(2000)．心理学・倫理ガイドブック──リサーチと臨床　有斐閣
佐藤郁哉(2006)．フィールドワーク　増訂版　──書を持って街へ出よう　新曜社
末永俊郎・安藤清志(編)(1998)．現代社会心理学　東京大学出版会
杉山幸子(2004)．新宗教とアイデンティティ──回心と癒しの宗教社会心理学　新曜社
鈴木淳子(2005)．調査的面接の技法　第2版　ナカニシヤ出版
田中共子(2000)．留学生のソーシャル・ネットワークとソーシャルスキル　ナカニシヤ出版
若林佳史(2003)．災害の心理学とその周辺──北海道南西沖地震の被災地へのコミュニティ・アプローチ　多賀出版
山田一成(1998)．社会調査と社会認識　石川淳志・佐藤健二・山田一成(編)　見えないものを見る力──社会調査という認識　八千代出版　pp. 3-29.
山岸俊男(1992)．マイクロ・マクロ社会心理学の一つの方向　実験社会心理学研究，**32**，106-114.
山岸俊男(1998)．信頼の構造──こころと社会の進化ゲーム　東京大学出版会

■参考文献
末永俊郎(編)(1987)．社会心理学研究入門　東京大学出版会
高橋順一・渡辺文夫・大渕憲一(編著)(1998)．人間科学研究法ハンドブック　ナカニシヤ出版
高野陽太郎・岡　隆(編)(2004)．心理学研究法──心を見つめる科学のまなざし　有斐閣

(村田光二・佐久間勲)

I 部

質問紙調査の技法

1章　質問紙調査に何ができるか

1-1　実例で知る質問紙調査の技法

1　2つの質問を組み合わせる方法

　あなたは，今朝，歯をみがいただろうか。多くの人はイエスと答えることと思う。しかし，なかには慌てて飛び出して来た人もいるにちがいない。授業に出席している大学生294人を対象に質問紙調査を実施したところ，「みがいた」という回答は269人（91.5％），「みがいていない」という回答は25人（8.5％）であった[注1]。

　しかし，ここで問題にしたいのは「みがいていない」という回答の割合ではなく，これに続く次のような質問への回答傾向である。

　「では，今日この授業に出席している学生の何％くらいが，今朝，歯をみがいていると思いますか」。

　この質問への回答を歯みがきの有無別に示したのが表1-1である。「みがいた」と答えた269人のうち「正解者」（「90％」と回答した人）は36.1％。「80％」と回答した人も入れると合計で約7割に及ぶ。これに対し，「みがいていない」と答えた25人のうち，「90％」と答えた人はわずか4％。「80％」と回答した人を加えても2割にすぎない。歯をみがいてこなかった人々の多くは，

表1-1　「歯みがき」に関するフォールス・コンセンサス効果

本人の行動	推測された「歯をみがいた人の割合」										人数
	0～20%	30%	40%	50%	60%	70%	80%	90%	100%	DK	
みがいた	0.4	0.7	1.5	1.9	4.1	15.2	33.8	36.1	6.3	0.0	269
みがいていない	4.0	8.0	8.0	32.0	16.0	8.0	16.0	4.0	0.0	4.0	25

（注）　質問紙では0～100％までの11段階にDK（わからない）を加え，12の選択肢を設けた。なお，ここでは便宜的に0～20％を一括して表示した。

実際の分布よりもかなり低い割合を推測していたのである。

なぜ、このような結果になるのだろうか。まず思いつくのは、次のような仮説である。「多くの人は朝歯をみがいているし、みがかないことは一般に望ましくないことだと考えられている。そのため、みがいていない人は『自分と同じような人もけっこういる』と考えることによって、自分を正当化したり、罪悪感を感じなくてすむようにしているのだ」。

また、こうも考えられる。「人は価値観や行動パターンの似た人々とグループをつくっていることが少なくない。歯みがきについても、身のまわりには同じような習慣をもつ人々が多いので、結果として自分の行動を多数派だと誤認しやすくなるのだ[注2]」。

もちろん、ここで結論が出せるわけではない。しかし、こうした調査結果が、人間の意識や行動を社会的な文脈のなかで考える際の、貴重な資料を提供してくれていることは確かである。

もともと、この調査はロスたち（Ross, Greene, & House, 1977）の研究にそって実施されたものである。彼らは、人間が意見や行動の割合を自分に引きつけて過大視することを**フォールス・コンセンサス効果**と呼んでいる。

しかし、ここで強調したいのは研究の「内容」ではなく「方法」である。上述の調査では「あなたは、今朝、歯をみがきましたか」という質問を行っているが、これだけなら「割合を調べる」ことだけを目的とする調査と何ら変わらない。しかし、この調査のユニークなところは、同じ教室にいる人々を目の前にして「歯をみがいた人々」の割合を推測してもらい、現実の割合と、個々人の頭のなかにある割合とを関係づけることができるようにしてある点である。

世の中には「さまざまな意見や行動の割合を調べるのが調査だ」といったシンプルなイメージをもっている人も少なくないと思う。もちろん、それも正しい。新聞やテレビでは、帯グラフや円グラフを用いながら、内閣支持率や夫婦別姓への賛否といった世論調査の結果が報道されているからだ。

しかし、「社会心理学研究の方法」という視点からみると、調査とは単に割合を調べ現象を記述することに終始するものではない。質問紙調査には、複数の質問を組み合わせることで、常識的な視点からはみえにくい法則性を明らかにしたり、「なぜ、そうなるのか？」という問いについて考えたりすることも

可能なのである。

2 2つの調査票を使う方法

想像してみよう。「あなたはチケットが1枚10ドルの芝居を見ようと決めた。しかし、劇場に行く前に、10ドル札を1枚なくしてしまっていることに気がついた」。あなたは、この芝居のチケットを買うために10ドル払うだろうか。

スタンフォード大学とブリティッシュ・コロンビア大学の学生183人に尋ねたところ、イエスという答えは88％であった。おそらく、あなたも心のなかでイエスと答えたのではないかと思う。しかし、状況が次のように変わっても、あなたはイエスと答えるだろうか。

「あなたは芝居を見ようと決めて1枚10ドルのチケットを買った。そして、劇場に入ろうとしたところ、チケットをなくしてしまっていることに気がついた。しかも、座席番号は記録されておらず、再発行してもらうこともできない」。あなたは、10ドル払ってもう1枚チケットを買うだろうか。

状況が多少変わっても、当初の予定より10ドルよけいに払うかどうかという問題の構造に変わりはない。したがって、同じような学生たちに尋ねれば、さっきと同じように大半がイエスと答えるはずである。ところが今度は、上述の2つの大学の大学生200人のうち、イエスと答えたのは46％にすぎなかった。

なぜ、このような結果になるのだろうか。結論を先取りしていえば、人間の意思決定における心理と論理の間にはズレがあるからである。後者の状況では、芝居を見るために20ドル払わなければならないことに疑いの余地はない。ところが、前者の例では10ドル札をなくしたのがチケットを買う前だったので、その10ドルが直接芝居に結びつかず、芝居に払うお金を20ドルだと感じにくくなっているのだ。

この研究は、トヴァスキーとカーネマン（Tversky & Kahneman, 1981）によって行われたものである。彼らは、論理的には同じ選択肢であっても、意味づけの違いによって選好の結果が変わりうることを**フレーミング効果**と呼んでいる。こうした彼らの研究は、その後多くの研究者の注目を集めることとなった。

しかし、ここで強調したいのも、そうした研究の「内容」ではなく「方法」

である。世界的に著名な仮説や理論を導き出した研究方法といえば，大がかりな測定装置を用いた実験や，巨額の研究費を投入した調査を想像する人も少なくないと思う。しかし，彼らが行ったのは，大学生を対象とした質問紙による研究だったのである。

　もっとも，彼らは何の工夫もなく研究を行ったのではない。彼らの研究にはスプリット・バロット・テクニック（split ballot technique）と呼ばれる技法が採用されていたのである。

　一般に**スプリット（法）**と呼ばれるこの方法では，対象者はランダムに2つのグループに分けられ，それぞれに異なる質問がなされる。こうして，2つの集団に異なる質問をして結果が異なるとしたら，結果は純粋に質問の違いによって起こったのだと結論づけることができる[注3]。

　また，複数の調査票を使う方法としては，「同じ対象者に同じ質問を時間をおいて2回（以上）くりかえす」という方法がある。こうした方法は**パネル調査**と呼ばれ，意見や行動の時間的な変化を調べるために用いられている。

　なお，こうした考え方は後述する実験につながっていくものである。そのため，このような調査は実験的調査（質問紙実験）とも呼ばれる。シンプルな方法だが，使い方によっては大きな成果が期待できる技法である。

1-2　質問紙調査の長所と短所

　以上のような例をみて，実際に自分で質問紙調査をやってみたくなった人もいると思う。そうした気持ちは，研究を進めるうえで，とても大切なものである。

　しかし，いくら興味がわいてきたからといって，何の予備知識もないままでは，せっかくの研究も失敗に終わってしまう。研究を実施するためには，テーマに応じて適切な計画を立てなければならないし，そのためには，知っておかなければならないことがある。

　とくに，研究方法の特徴を理解しておくことは重要である。社会心理学研究には，観察，面接，調査，実験など多くの方法が用いられるが[注4]，それぞれの方法ごとに「できること」と「できないこと」があるからである。

以下、他の方法と比較しながら、質問紙調査（質問紙法）の長所と短所について簡単に解説しよう。

1　観察と質問紙調査

行きつけの喫茶店で店内を眺めていて、お客に好まれる席とそうでない席があることに気がついたとしよう。それ自体は日常的な出来事にすぎないが、そうした着席行動を組織的に記録・解読するとしたら、それは立派な研究である。このように、観察によって人間行動に関するデータを収集・分析するのが**観察法**である。

これに対し、質問紙調査では対象者の自己報告によりデータを収集する。ただし、幼児など一定の言語能力がない者を対象とする場合には、言語による自己報告に期待できないため、質問紙法は使用できないことになる。

なお、観察法の場合、観察者は測定の対象となる行為が起こるまで待たなければならないが、質問紙法はその場で回答者に思い出してもらうことが可能である。また、「観察されている」という意識が対象者の行動を変えてしまう可能性がある点も、観察法の抱える問題点の1つである。

2　面接と質問紙調査

ニュースでよく目にする街頭インタビューのように、回答者と直接対面しながらデータを収集するのが**面接法**である。

面接法では1人ひとりの回答に対して臨機応変に質問を変えていくことが可能であるが、質問紙調査では回答者全員に前もって準備された同じ質問を同じ順番で聞くことになる（面接調査でも同様である）。また、面接法では、面接を重ねながら研究計画を随時変更していくこともできるが、質問紙法では、最初からそう計画されている場合を除けば、計画の変更はほとんど不可能である。

ただし、面接法では、多くの回答者から情報を収集するために多大の労力を必要とするし、面接者を複数にすると面接者ごとに質問が異なってしまい、回答者間での比較ができなくなることがある。これに対し、質問紙法では、一度に数百人の回答者から相互に比較可能な形で情報を得ることも可能である。

このように、面接法は少数の回答者から多様な情報を得るのに適しており、

質問紙法は多数の回答者から比較可能な情報を得るのに適している。

なお，面接者と向き合うことで，かえってありのままの考えや気持ちを答えにくくなるような質問の場合には，人目を気にせず，匿名で答えられる質問紙法の方がより適しているといえる。対面的な状況では，面接者の存在によって回答が歪んだり，沈黙の長さに耐えきれず，ついタテマエで回答してしまったりすることも少なくないからである。

3 実験と質問紙調査

最後に，実験と調査を比較しよう。実験と調査のもっとも重要な違いは，**実験**には因果関係の同定が可能だが，調査には，それができないという点である（因果関係については4章4-2を参照）。

これに対し，調査には，選び出された「一部の人々」の意見や行動の割合を測定することで，測定されていない人々を含む「全体」における意見や行動の割合を推測することができる。これは実験にはできないことである。

また，実験は，実現可能性という意味でも倫理的な意味でも実施不可能な場合があるが，そのような場合には，調査を実施してデータを収集していくことに大きなメリットがある。

さらに，調査においては，実験よりも多くの要因についてデータを収集することが可能であり，調査後にそれらの要因間の関係を分析することで，当初は見逃していた重要な要因や，予期せぬ仮説を発見することもある。

以上のように，調査には「できること」と「できないこと」がある。調査研究に関心をもつのはいいことだが，何でもいいから調査をやってみようというのでは困る。研究テーマに照らし，質問紙調査が生きるような研究計画を立てることが大切である。

1-3 調査対象者の選び方

質問紙調査を実施するときには，誰に協力を依頼してデータを集めるかということが問題となる。

気の早い人は，教員に頼んで履修者の多い講義で調査をすれば，一度にたくさんのデータを集めることができると考えているかもしれない[注5]。また，サークルの友人や後輩に頼めば100人くらいすぐに集まると考えている人もいるだろう。

しかし，このような調査から得られた結果は，一般的なものだといえるのだろうか。以下，この問題について考えてみよう。

1 非確率標本の選び方

これまで，調査（質問紙調査）ということばを，とくに定義せずに使ってきたが，調査にも，①全数調査，②確率標本による標本調査，③非確率標本による標本調査，の3つがある。難しい話が始まりそうだと思った人もいるかもしれないが，ほとんどの読者は，それぞれの調査のだいたいのイメージを思い浮かべることができるはずである。以下，順番に説明しよう。

まず，①**全数調査**とは，調べたい対象者集団の全員を対象に実施される調査のことである。例としては，大学入学時に新入生全員を対象に実施される進学動機調査や，5年に1度実施される国勢調査をあげることができる。

これに対し，②**確率標本による標本調査**とは，調べたい対象者集団から「くじ引き」に似た方法で標本を抽出して実施される調査のことである。新聞社やテレビ局が実施する内閣支持率調査では，2000人ほどのサンプルから有権者全体における支持率が推測されているが，このような世論調査は確率標本による標本調査のよい例である。

なお，調べたい対象者集団全体のことを**母集団**と呼び，この母集団から抽出されたサンプルのことを**標本**と呼ぶ。内閣支持率調査の例でいえば，日本の有権者全体が母集団であり，調査対象者として選ばれた2000人が標本である。また，「くじ引き」に似た方法とは，**ランダム・サンプリング（無作為抽出）**と呼ばれるもので，調査対象者の誰もが同じ確率で選ばれるようにサンプルを抽出する方法である。こうした方法によって得られた標本は**確率標本**と呼ばれる。

しかし，大学の演習や卒論で全数調査や確率標本による標本調査の実施が要求されることはあまり多くない。大学や教員の支援を受けてグループで実施するというのなら話は別だが，そのような大規模な調査を個人で実施するのは費

用的にも時間的にもほとんど不可能である。

　そこで登場するのが，③**非確率標本による標本調査**である。非確率標本を得る主な方法としては，(1)コンビニエンス・サンプリング，(2)ジャッジメント・サンプリング，(3)クォータ・サンプリング，(4)スノーボール・サンプリングの4つがある（Young, 1992）。以下，それぞれの方法について説明しよう。

　(1)　**コンビニエンス・サンプリング**は，偶然の機会を利用したサンプリングで，便宜的抽出法，偶然抽出法とも呼ばれる。例としては，街頭インタビューや大学の授業中に実施される調査をあげることができる。また，雑誌の綴じ込み葉書による調査，電話による視聴者自主参加調査，登録制のインターネット調査など，有志からサンプルを得るボランティア・サンプリングも，この方法の特殊なケースだと考えられる。

　なお，このサンプリングには一定の手続きなどがなく，方法というより，実施の容易さだけを理由に対象者を決めることだといった方がいい場合が多い。

　これまで，こうしたサンプリングは予備調査（質問紙や研究計画の事前チェック）や探索的な研究には有効であるが，意見や行動の「割合」の記述や推測には用いることができないとされてきた。

　(2)　**ジャッジメント・サンプリング**は，調査を行う者が自己の判断によってもっとも代表的・典型的だと思われる対象者を選ぶ方法で，有意抽出法，判定抽出法，裁定抽出法と呼ばれることもある。例としては，若者の流行について知りたい場合に渋谷を歩いている女子高生にインタビューしたり，会社員の意見を聞きたい場合に新橋の駅前で40～50代の男性会社員に調査したりするようなケースをあげることができる。もちろん，こうした選定が妥当かどうかが，この方法の問題点でもある。なお，識者調査におけるサンプリングをエキスパート・サンプリングと呼ぶことがあるが，これもジャッジメント・サンプリングの一例である。

　この方法も，(1)と同様，予備調査や探索的な研究には有効であるが，意見や行動の「割合」の記述や推測には用いることができないとされてきた。

　(3)　**クォータ・サンプリング**は，事前の知識にもとづいて，性別や年代などの要因ごとに対象者を割り当てていく方法（ジャッジメント・サンプリングの一例）であり，割当法とも呼ばれる。

表1-2 大学生を対象としたクォータ・サンプリング(1)

学年	男性	女性	計
1	35 (0.125)	35 (0.125)	70 (0.250)
2	35 (0.125)	35 (0.125)	70 (0.250)
3	35 (0.125)	35 (0.125)	70 (0.250)
4	35 (0.125)	35 (0.125)	70 (0.250)
計	140 (0.500)	140 (0.500)	280 (1.000)

(注) 数字は人数。( )内の数字は全体を1とした場合の割合。

表1-3 大学生の性・学年別構成比

学年	男性	女性	計
1	500 (0.179)	300 (0.107)	800 (0.286)
2	500 (0.179)	200 (0.071)	700 (0.250)
3	500 (0.179)	200 (0.071)	700 (0.250)
4	500 (0.179)	100 (0.036)	600 (0.214)
計	2000 (0.714)	800 (0.286)	2800 (1.000)

(注) 数字は人数。( )内の数字は全体を1とした場合の割合。

表1-4 大学生を対象としたクォータ・サンプリング(2)

学年	男性	女性	計
1	50 (0.179)	30 (0.107)	80 (0.286)
2	50 (0.179)	20 (0.071)	70 (0.250)
3	50 (0.179)	20 (0.071)	70 (0.250)
4	50 (0.179)	10 (0.036)	60 (0.214)
計	200 (0.714)	80 (0.286)	280 (1.000)

(注) 数字は人数。( )内の数字は全体を1とした場合の割合。性・学年別構成比は表1-3と同一である。なお、この表と比較すると、表1-2ではサンプルが女性に偏っていることがわかる（とくに4年生の女性の割合は実際の割合よりもかなり高い）。

　もっともシンプルな例としては、男女差の検出を主目的とする研究で行われるように、大学生の男女100名ずつを集めたケースや、表1-2のように各学年ごとに男女同数を割り当てたケースなどをあげることができる。また、やや凝った例としては、母集団における割合の推測を主目的とする研究のように、各群（例：4年生の女性）が母集団全体に占める割合を算出し、サンプルにおけ

る各群の比率も，それに等しくなるように割り当てるケースをあげることができる（表 1-3，表 1-4 を参照）。

ただし，研究に関連する多くの要因を考慮に入れることは困難であり，(1)(2)と同様に，調査しやすい人を選んでしまうという偏りも避けがたい。

(4) **スノーボール・サンプリング**は，最初の何人かの調査対象者が指名・紹介した者を次のステップの対象者とし，これを繰り返すことにより，雪だるま式に対象者を増やしていくやり方のことである。都会で暮らす同郷出身者のネットワークを調べる場合のように，対象者集団の存在が顕在的でないケースでよく利用される方法である。聞き取り調査を中心とする領域においては機縁法とも呼ばれてきた。近年では確率標本による調査研究にも導入され，ソーシャル・ネットワークの研究に力を発揮している。

以上の方法のうち，(1)～(3)は確率標本のサンプリングに比べれば実施が容易である。しかし，調べやすい人を寄せ集めて調査するのでは，標本が何を代表しているのかわからなくなってしまう。また，標本が全体をどのくらいよく代表しているのかもわからない。

一体どのように考えたら，非確率標本による標本調査の結果に意味を与えることができるのだろうか。

2　非確率標本の代表性

大学生数百名を対象とした調査は，はたして「調査」と呼んでいいものなのだろうか。結果を眺めているうちに，意見を聞いたのが「大学によく来るマジメな人」に限られていて，それをもとにした**一般化**などできないのではないかという疑問が浮かんでくる。また，同じ大学といっても理系と文系とでは学生のタイプが大きく違っているような気がする。そう考え出すと，そもそも大学自体が偏差値によって序列化されており，違う大学で調査を行えば，まったく結果が違ってしまうかもしれない，ということにも気がつく。

このように，非確率標本は，それが全体の正確な縮図になっている保証がまったくないため，結果をどの程度一般化できるかという重大な問題を抱えているのである。このような問題は代表性の問題と呼ばれる。

非確率標本による標本調査結果の一般化については，「調査対象者を超えた

一般化をまったくしない」という極端な立場がある。このような立場では，集合調査の結果は「その日の講義に出席している人」の意識や行動を調べたものにすぎないことになる。もちろん，講義を担当する教員が自分の授業の評価を知りたい場合には，こうした方法が有効である。しかし，社会心理学研究のために行われる調査は，「その日の講義に出席している人」のことが知りたくてなされるわけではない。調査は，そこから大学生や若者一般の意識や行動を推測するためになされるのであり，最終的には「社会的存在としての人間」という普遍的なものを知るためになされるのである。

では，どのようにして，一般化は可能になるのか。あるいは，どの程度の一般化が可能なのか。

こうした問いに対するひとつの答えは，「調査結果を事例研究の集積だと考える」というものである（南風原，1995）。**事例研究**とは，単一または少数の事例について多面的で総合的な考察を行う研究スタイルのことである。こうした方法は，個性記述的研究や探索的研究において実施されることが多いが，調査研究も，個人における少数の変数の反応パターンを数多く集めてみたものだと考えてみることができる。

フォールス・コンセンサス効果を例にとれば，表1-1は「この現象は机上の空論ではなく，自分に引き寄せて『誤った意見分布』を推測する人が現実に一定数存在することを示している」ということになる。ただし，このような考え方は，事例研究と呼ぶには多面的でないし，せっかく研究したにもかかわらず，結果の解読の仕方が消極的である。

また，一般化に関するもうひとつの解答は，「自分の研究を追試とみなす」というものである（南風原，1995）。

追試とは，過去に実施された研究を，ほとんど同じ形でもう一度実施することをさしている。フォールス・コンセンサス効果の例でいえば，「歯みがき」に関する調査は，1970年代のアメリカで実施された研究を，1990年代の日本で別のトピックによって追試したものだと考えられる。時代を超え国を超え，同じ傾向が確認されるとしたら，もとの研究で主張された仮説も，それだけ確実性が増したことになる。また，同じ結果が得られなかったとしても，もとの研究の仮説の信憑性に疑問を投げかけたり，仮説がどのような条件下で成立する

のか（しないのか），ということについて，貴重な情報が得られたことになる。

　研究はあなた1人が行っているわけではない。会ったことはなくても，いろいろな研究者たちが，あなたと同じ関心をもって，あなたといっしょに研究を行っているのだ。そうした関係をうまく意識することができれば，あなたの研究は，一般化を考えるための貴重な材料を提供していることになるかもしれない。

　なお，大学生サンプルの問題点を厳しく指摘しながらも，理論検証型の研究においては，それらの代表性のなさが必ずしも致命的なものではないと主張する研究者もいる（Sears *et al.*, 1991）。たとえば，効率的な会社組織のあり方を研究することが目的である場合，会社で働いたことのない大学生を対象に労働意識調査を実施してもまったく無意味である。また，内閣支持率のように母集団の割合に決定的な意味があるような場合には，非確率標本にもとづく研究はまったく無意味である。しかし，フォールス・コンセンサス効果やフレーミング効果といった，すべての人に同じように起こりうると仮定されている心理的メカニズムを研究することが目的である場合には，会社員も大学生も，同じように調査対象者になりうると考えられる。

　しかし，以上のような考え方ができるからといって，まったく無計画に身近な友人を対象とする調査を行っていいかというと，もちろん，そうではない。せっかく研究をするのであれば，他の研究との関連において，従来対象にされてこなかった集団を選ぶくらいの工夫は必要である。男性だけを対象になされている研究があったとしたら，女性でもあてはまるかどうかを検討する。若者を対象にした調査結果があるとしたら，社会人と学生で違いがないかどうか検討する。そうしたときには，2群に同数のサンプルを割り当てるクォータ・サンプリングが有効だろう。

　すでに実施ずみの「確率標本による標本調査」が利用できる場合や，費用や時間に十分余裕がありサンプリングに使える名簿が入手できるのであれば，確率標本による研究は調査研究の有効性について学ぶよい機会となるはずである。しかし，多くの演習や卒論で，こうした条件が整うわけではない。また，テーマによっては，サンプリングに必要な調査対象者名簿が存在しないケースもある。そんなときでも，一般化に関する明確な考え方があれば，研究はそれ相応

の意味をもつことになる。

1-4 自己報告はどこまで信用できるか

　質問紙調査は使い方によっては非常に有効な研究ツールとなる。しかし，調査をしさえすれば現実がそのままの形で姿を表すかというと，もちろんそうではない。人間はウソをつく生き物だからである。また，ウソでなくても，「総論賛成・各論反対」というように，イエスはイエスでも，いろいろな条件のついたイエスもある。

　質問紙調査の結果は，どこまで信用できるのだろうか。最後に，この問題について考えておきたい。

1　いろいろな「ウソ」

　調査における「ウソ」について，シューマンとプレッサー（Schuman & Presser, 1980）は，次のような研究を行っている。彼らは，世論調査で，専門家しか知らない「1978年農業貿易法」という特殊な法律をとりあげ，その廃止に関する賛否を尋ねた。もちろん，回答者がありのままを回答しているなら，ほとんどの人が無回答であったり「わからない」という回答をしたりするはずである。ところが，電話調査の結果，この法律について意見を表明したものは全体の3分の1にも及んだのである。また，あらかじめ「わからない」という選択肢を用意した場合には，こうした意見表明は大幅に低下したが，それでも全体の約1割は意見を表明したという。

　われわれの社会では，公的な出来事を知っていることは好ましいことだと考えられている。したがって，公的に議論されているかもしれないことがらを「知らない」と回答するのは，時として恥ずかしいことになる。そう考えてみると，上述のような結果になるのも納得できなくはない。

　こうしたエピソードから連想されるようなウソは**虚偽報告**（misreporting）と呼ばれる。年齢，収入，学歴，免許や自動車の所有など，調査において虚偽報告が行われることはけっして珍しいことではない。

　また，副田（1979）は，老年社会学の研究事例として次のようなエピソード

を紹介している。「私たちはかつて，老人ホームの利用者を外部から訪れる面会者の数を面会者記録簿から引き出した。それは，それまでの調査が，私がおこなったものも含めて，利用者から，質問紙をもちいた直接面接法で聞き出した数を大幅に下まわっていた」(p. 28)。

どうしてこのようなことが起こるのだろうか。副田は次のように続けている。「記録簿についての職員の説明や記入の実際の観察から記入洩れがほとんどないことは確かめられた。利用者は希望と現実を混同して，あるいは見栄から，自分を訪れる面会者の数をより多くいうものらしかった」。

もしも，面会者数が多くなってしまったのが希望と現実を混同した結果だとしたら，それは虚偽報告というよりも**過大報告**（overreporting）と呼ぶべきかもしれない。虚偽報告は意図的なものであるが，過大報告は人間の情報処理能力の限界が原因で起こるものだからである[注6]。

このように，調査におけるウソにも，いくつかの種類があることがわかるが，小嶋（1975）は回答にウソや偏りが生じる回答者サイドの原因として以下の5点をあげている[注7]。

(1) 調査の場や条件からくるもの——予測調査の場合には，実際の行動と調査を行う時期・場所・条件が離れるほどウソが増えることが確かめられている。例としてあげられるのは選挙予測調査で，投票日に近いほど，実際の投票に近い結果が得られるといわれている。ただし，これは「ウソ」というよりも「ズレ」というべきものである。

(2) 一般論と自分（エゴ）に関する場合のズレとタテマエ的回答——「人に迷惑をかけなければ何をやってもいいか」という問いに賛成したからといって，自分の子どもにそう教えるかといわれれば，みんなが賛成するとは限らない。このように，一般論（タテマエ）と自分自身にかかわる問題とでは回答が変わって当然である。なお，これは質問紙法固有の問題というより，聞き方の問題である。

(3) エゴ・ディフェンスからくるウソ——学歴は実際以上に，女性の年齢は実際以下に回答される傾向があるといわれている。また，選挙後の調査では，当選者への投票が実際以上に，落選者への投票が実際よりも少なくなる傾向があるという。これらは，自尊心を守るため，あるいは，自分に不快なことを避

けるためのウソ（エゴ・ディフェンスのためのウソ）だと考えられている。

（4）ハロー効果からくる偏り——テレビでは宣伝していない商品を「テレビで知った」という回答が出てくることがある。たいていの商品はテレビで宣伝しているので，この商品もそうだろう，と思ってしまった結果だろうと考えられている（ハロー効果とは，特定の側面で好ましい特性があると，事実確認なしに「他の側面でも好ましいはずだ」と思い込んでしまう現象をさす）。

（5）無知識や無関心からくるいいかげんな回答と悪意のあるウソ——研究者を困らせてやろうとする悪意のある「ウソ」はきわめて少ないし，そうしたものは比較的容易に発見できるといわれている。これに対し，テーマについて知識がないにもかかわらず，もっともらしいことを回答しようとした「ウソ」は始末が悪い。たとえば，介護保険に関する法案への賛否を問う場合，その中身を知らずに，「福祉に関することだから賛成しておこう」などといった気持ちで回答する人が多ければ，研究結果は大きな問題を抱えたものとなる。こうしたことがないように，「わからない」「考えたことがない」などといった選択肢を入れたり，知識の有無によって回答者を限定できるよう下位質問を設けたりする必要がある。

2　「ウソ」について考える

このようにみてくると，自己報告にもとづく質問紙調査がとても頼りないもののように感じられるかもしれない。しかし，そう感じられるのは，われわれがいつのまにか技法に頼りきっていたり，技法ということばやその体系性に誤ったイメージをもっていたりするためである。

世の中に完璧な調査など存在しない。調査は必ず誤差や偏りを含んでいるものなのだ。したがって，大切なのは，誤差や偏りを「完璧に」なくすことではなく，「できるかぎり」なくすことである。また，必要なのは，誤差や偏りの程度を経験的に明らかにするとともに，そうした誤差や偏りのある調査を，どのように解読し，どう利用していけばいいのかについて，自分なりの答えをもっておくことである。

では，ウソが含まれているかもしれないデータを，どのように扱えばよいのだろうか。ここでは，この問題について，以下のような考え方があることを紹

1章 質問紙調査に何ができるか

介しておこう。

(1) 研究に先立って「ウソ」の割合を経験的に明らかにしておく——投票の有無や女性の年齢のように，質問紙のなかに回答者の自尊心にかかわる質問が含まれていないかどうか事前によく検討し，ウソが発生しにくいようにする。そのためには，自分が実施しようとしている研究に関連する文献をできるだけたくさん読んで，どのようなときにウソが出やすくなるのか，知っておく必要がある。また，回答する人の立場に立って質問の是非を考えてみる必要もあるだろう。

(2) 悪意のある「ウソ」が混在する可能性のある調査票は分析の対象としない——質問紙調査を実施すると，ごくまれに，全質問で先頭の選択肢に○がつけられた調査票（論理的にありえない回答パターン）や，男性しかいないはずのクラスで性別欄の「女性」に○がつけられた調査票が回収されることがある。このような調査票は，必ずしも善意の協力によるものだとはいえないので，無効票として分析から除外することが望ましい。ただし，そのような場合には，協力依頼の仕方が十分であったかどうか反省してみる必要もあるだろう。

(3) 「ウソがある」と仮定して分析を進める——「歯みがき」の例でいえば，表1-1の「みがいた」という人々のなかには，歯みがきの社会的望ましさゆえに「みがいた」とウソをついた人たちが紛れ込んでいるかもしれない。また，そのことによって，実際には存在しない効果が表1-1に表れているかもしれない[注8]。しかし，だからといって，この調査の意義がなくなるわけではない。なぜなら，以上の推論によって，こうした研究にとっては一定の人にウソをつかせるような「望ましさ」が非常に重要な要因であることが判明したからである。また，こうした立場に立てば，望ましさの程度が異なる複数の行動をとりあげた比較研究や，望ましさを感じさせないような質問の設計に関する研究が生まれてくるかもしれない。「ウソがある」ことが問題なのではない。「ウソがある」と思ったとたんに，それ以上考えなくなることが問題なのである。

(4) 「ウソ」自体を情報だと考える——先にあげた一般論と個人的意見の話では，どちらか一方の質問しかないと，どちらで回答したのか不明となるが，両方質問すれば人間の心理に関する興味深いデータが得られることになる（2章2-2の3aも参照）。また，老人ホームの事例でも，複数の情報を比較する

ことで，虚偽報告や過大報告の存在がクローズアップされる。このように，ウソが無視しえないほど系統的に出てくるような場合には，「理由のあるウソ」自体が追求すべき課題となるはずである。

世の中には，調査を「自己報告にもとづく頼りないもの」と考えている人もいる。しかし，頼りないのは「調査」ではなく，「調査をすれば何でもわかる」といった，技法に頼りきった「思い込み」の方である。また，逆に，「調査にはウソがつきものだから本当のことなど何もわからない」といった観念的な議論も，経験に根ざした調査の活用方法を認めず，しかも，代案すら提出していないという意味で，大変頼りないものであるといわざるをえない。

世の中に完璧な調査など存在しない。そして，だからこそ，悪意のウソができるだけ少なくなるような努力が意味をもつ。また，調査を分析する過程でも，ウソが含まれてしまう可能性を考慮に入れたうえで，分析の方針を立てたり，ウソの方向と程度を予測して結果を読むことが重要になる。

読者には，実際に「現実」と向き合い，いろいろと試行錯誤するなかから，質問紙調査の限界と可能性を学んでほしい。

■注

注1）調査は筆者が実施した。調査概要は以下の通り。調査対象：首都圏の1私立大学の大学生295人（1名はこの質問に無回答）。調査方法：質問紙法（自記式・集合調査）。調査時期：1998年5月13日。所要時間：15分程度（「社会調査」の講義時間中に実施）。なお，この調査票には「ポケベルの所有」と「映画タイタニックの鑑賞」についても同様の形式の質問が含まれていた。

注2）このほかにどんな説明が可能か考えてみてほしい。なお，村田（1986）も大学生を対象として同様の調査研究を行い，フォールス・コンセンサス効果のメカニズムについて検討している。

注3）こうした方法では，ランダム化によって2つの集団が等質になったと仮定されるが，厳密にいえば調査実施後に等質性のチェックが可能となるような研究計画が必要である。

注4）ほかにも，検査，内容分析，談話分析など，いろいろな方法がある。

注5）調査対象者に大教室や講堂のような場所に集まってもらい，調査員の指示で一斉に，自分で調査票に回答を記入してもらう方法は集合調査と呼ばれている。この方法のメリットは，一度に大量のデータを収集することができる点と，質問内容が文章だけでは表現しにくいような場合でも，スライドやビデオ映像を見てもらったうえで，回答を求めることができる点である（例：政治広告の映像を見てもらった後で，その認知を尋ねる）。

注6）この事例の場合，虚偽報告を行った者と過大報告を行った者の両方が混在していることも十分に考えられる。なお，一般に，過大報告とともに**過少報告**（underreporting）という現象も起こる。過大報告は個人的に好ましいことや社会的に望ましいことがらに

関して起こりやすく（例：投票や慈善事業への参加），過少報告は回答者の自己イメージを脅かす場合に起こりやすい（例：飲酒や経済的なトラブル）と考えられる。

注7）原典の例のうちいくつかは，読者にわかりやすいように変更した。

注8）全員の「善意による協力」を仮定できるのであれば，歯をみがいたのに「みがいていない」とウソをつく人がいるとは考えにくい。これに対し，本当は「みがいていない」のに「みがいた」とウソをつく人は一定数いそうである。また，そうした人がウソをつくのは「多くの人はみがいている」と思えばこそである。したがって，表1-1の下段の分布は，本当はもっと右側に偏ったものである可能性が高くなる。そして，このようなウソをつく人の数が多ければ，表1-1は，現実には存在しない傾向を示唆していることになってしまう。

■引用文献
南風原朝和(1995)．教育心理学研究と統計的検定　教育心理学年報，**34**，122-131．
小嶋外弘(1975)．質問紙調査法の技法に関する検討　続　有恒・八木 冕(監修)　続 有恒・村上英治(編)　質問紙調査　心理学研究法9　東京大学出版会　pp. 224-269．
村田光二(1986)．False Consensus 効果について　社会心理学評論，**5**，71-84．
Ross, L., Greene, D., & House, P.(1977). The "false consensus effect": An egocentric bias in social perception and attribution processes. *Journal of Experimental Social Psychology*, **13**, 279-301.
Schuman, H. & Presser, S.(1980). Public opinion and public ignorance: The fine line between attitudes and nonattitudes. *American Journal of Sociology*, **85**, 1214-1225.
Sears, D. O., Peplau, L. A., & Taylor, S. E.(1991). *Social psychology*(7th ed.). Prentice-Hall.
副田義也(1979)．データ収集の方法について——老年期の社会学的研究のばあい　UP（東京大学出版会），**81**，24-29．
Tversky, A. & Kahneman, D.(1981). The framing of decisions and the psychology of choice. *Science*, **211**, 453-458.
Young, M. L.(1992). *Dictionary of polling: The language of contemporary opinion research*. Greenwood Press.

■参考文献
池田　央(1980)．社会科学・行動科学のための数学入門4　調査と測定　新曜社
Sears, D. O.(1986). College sophomores in the laboratory: Influences of a narrow data base on social psychology's view of human nature. *Journal of Personality and Social Psychology*, **51**, 515-530.
末永俊郎(編)(1987)．社会心理学研究入門　東京大学出版会

（山田一成）

2章　調査研究のデザイン

　毎日生活するなかで「なんでだろう」「どうなっているんだろう」と思うことがたくさんある。大学で講義を聞きながら，本を読みながら「なるほど，そうなっているのか」と思いつつ，実際に確かめてみたいと思うことがある。こうした問題意識をもつことから調査研究が始まる。ここでとりあげる質問紙調査は研究に必要な情報を収集するためのひとつの方法だ。その方法を利用して，読者自身が調査を企画・設計・実施するための手順を示してみよう。図2-1に調査の標準的な流れを示したので，適宜参考にしてもらいたい。なお，本章では演習や卒論研究などで質問紙調査を行いたいと考えている学生が実施できる方法ということで，学内で学生を対象に集合調査を行うという前提で話を進めていく。

2-1　初めの一歩——知りたいことは何か？

1　調査目的の明確化

　調査の第一歩は，知りたいことは何かをはっきりさせること。問題意識を整理して焦点を絞り，何を知るために調査するのかという目的を明確にする。たとえば……

　大学3年生のAさん，大学では就職説明会が行われ，卒業後の進路についてそろそろまじめに考えようと思いはじめた。新聞やテレビの経済関係のニュースに目を配るようになって気づいたのが，「合併」や「○万人の人員削減計画」といったことばが頻繁に出てくること。年功序列による画一的な賃金・評価体制が変化しつつあるという話もよく出てくる。どうやら大手企業に就職すれば先行き安心などといった時代ではなくなっているようだ。一方で，勤務体系が多様化してき

2章　調査研究のデザイン　　　　　　　　　　　　　　　　　　　45

```
          ┌─────────────┐
          │  問題意識   │
          └──────┬──────┘
                 ▼
          ┌─────────────┐
          │調査目的の明確化│
          └──────┬──────┘
                 ▼
       ┌──────────────────┐
       │  調査のデザイン  │
       └──────────────────┘
```

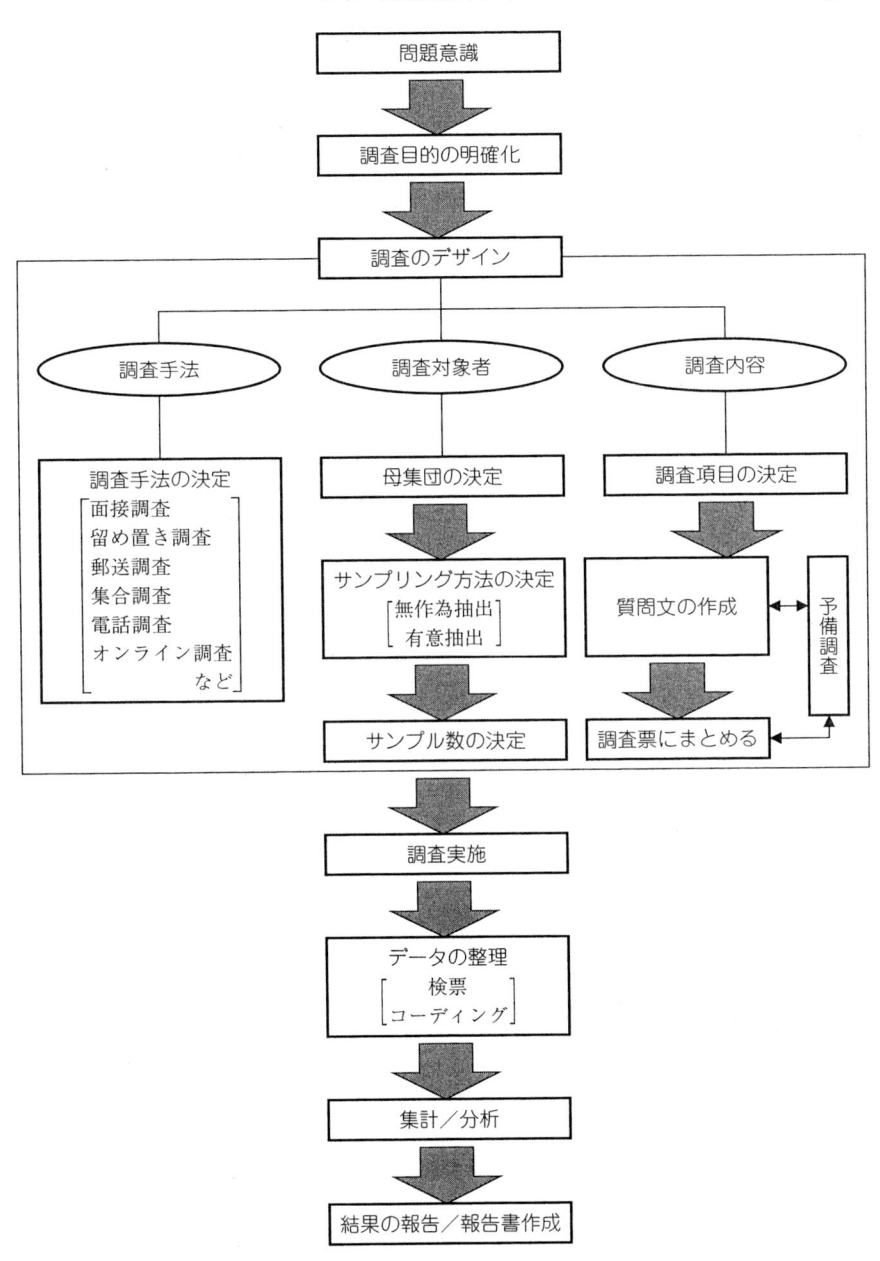

調査のデザインの構成要素：

- **調査手法**
  - 調査手法の決定
    - 面接調査
    - 留め置き調査
    - 郵送調査
    - 集合調査
    - 電話調査
    - オンライン調査
    - など

- **調査対象者**
  - 母集団の決定
  - サンプリング方法の決定
    - 無作為抽出
    - 有意抽出
  - サンプル数の決定

- **調査内容**
  - 調査項目の決定
  - 質問文の作成 ⇔ 予備調査
  - 調査票にまとめる ⇔ 予備調査

↓

- 調査実施
- データの整理（検票／コーディング）
- 集計／分析
- 結果の報告／報告書作成

図2-1　調査研究の流れ

ているとか，会社員にならずにインターネットを活用して自宅や小規模な事務所を仕事場として働くSOHO[注1]ワーカーが増えているとか，自分で会社を起こす起業への関心が高まっているという話も聞く。大学では，起業についての講座やセミナーをもつところも増えているということだ。卒業後はどこかの会社に就職しようと漠然と考えていたAさんは，働き方が大きく多様化してきていることに気づき，自分はどういう働き方をしたいのか改めて考えるようになった。友人たちにも，多様な働き方があるらしいと説明して，どんな働き方をしたいか尋ねてみたら，いろいろな答えが返ってきて，人によって考え方が違うことに驚かされた。Aさんは，他の大学生はどう考えているのか，もっと多くの人の考えを聞き，考え方の違いがなぜ生じるのか調べてみたくなった。そうだ，調査をしてみよう！

　Aさんは，起業やSOHOについての情報，会社の勤務形態などについての情報を，新聞や雑誌，統計資料を利用して集めだした。また，働き方についての既存の調査や研究事例についても調べ，調査の実施に向けての準備を開始した。Aさんはいろいろな資料を検討するなかで，働き方の選択肢として何を考えればいいのか，また，選択に影響を与える要因にはどんなことを想定すればいいのかを考えていった。

　漠然とした問題意識を焦点の絞れたものにしていくには，自分の関心を言い表すキーワードを見つけることから始めてみよう。上述の大学生の場合であれば，キーワードは「働き方」である。そして，このキーワードを使いながら，自分の関心や疑問をできるだけ具体的なことばで表現してみよう。「働き方」にはどのような形があるのか？　どういった「働き方」を希望する人が多いのか？　ここまでくれば，参考文献や資料も探しやすくなるだろう。集めた資料を参考にしながら，自分が知りたいと思う問題の構造について理解を深め，問題を整理していく。こうした手順を踏むことによって，調査目的は明確なものになっていくし，調査研究の意義もはっきりとさせられるだろう。

2　調査項目の設定

　調査の目的が明確になったら，次は調査すべき項目を設定する段階だ。調査目的にしたがって，何を調べればいいのかを考えてみよう。調査項目は調査の骨組みにあたるもので，それぞれの項目の間にどのような関係があるのか，問

題の構造を頭に描き，結果の予想や作業仮説を立てながら進めていくといいだろう。

　Aさんは，友人の何人かに，できればどんな働き方をしたいかを聞いたとき，理想とする働き方が人によって違うのはなぜだろうと疑問に思った。Aさんはそのときの友人とのやりとりや，既存の調査研究を調べるなかで，「人によって何のために働くのかという考えが違う」ことが大きくかかわっているのではないかと考えるようになった。さらに，「何のために働くのか」という考え方には，「親の働き方」や「親の仕事に対する態度」が大きく影響しているのではないかと考えた。
　そこでAさんは調査すべき項目として，(1)どのような働き方をしたいか，(2)何のために働くのか，(3)親はどのような働き方をしていたか，という3つを入れることにした。(1)，(2)といった項目については，どんな考えをもつ人がどの程度いるのかということ自体に関心があるが，さらに(2)と(1)との関連も調べてみたい。たとえば，金のために働くという人と，自己実現のために働くという人とでは，理想の働き方も違うのではないだろうか。また，(3)と(2)，(3)と(1)との関連も調べたい。たとえば，親が専門・自由業で自己裁量度の高い働き方をしているのを見てきた人と，親が勤め人で本人の希望とは異なる仕事や働き方をしているのを見てきた人とでは，「何のために働くのか」「どんな働き方をしたいのか」という考えは異なるのではないだろうか。このようにしてAさんは，項目間の関連について，いくつかの仮説を立てていった。

　調査する項目を設定する際には，過去の調査研究などの資料を参考に，まず調査テーマに関連する要因を取り出し，要因相互の関係の仕方について**仮説**を立ててみよう。そして，問題の構造を表す適切なモデルをつくり，調査目的に照らして過不足ない調査項目を設定することが重要だ。問題意識から出発して調査項目が決まるまでの段階は調査の初動段階だが，非常に大切なステップだ。十分な時間をかけて議論を練り，情報を集めながら進めていきたい。

3　調査対象者の決定

　調査目的が明確になった段階で，誰に調査するのかを決めておこう。ここで

は，学生を対象に教室で実施する集合調査を想定しているので，対象者の選び方（サンプリング）は**有意抽出法**（特定の条件によって適当なものを抽出する方法）となる。調査目的によって，1年生を対象にした方がいいなら，1年生のみを対象に開講されているクラスに調査協力をお願いする。男女の違いが想定されるような調査内容であれば，男女比に偏りが少ないクラスを選ぶとか，複数のクラスに協力してもらって男女とも十分な人数を確保できるよう対象者を決めることになる。

　有意抽出の場合は**ランダム・サンプリング（無作為抽出）**と異なり，調査結果から母集団の特徴・傾向を推測することはできない。したがって対象者数を決める場合にも無作為抽出の場合のように，推測の際に許容するサンプリング誤差にもとづいて理論的に決めるといった方法はとれない。有意抽出の場合には，分析の際に十分なサンプル数が確保できるように対象者数を決めることになる。たとえば男女別に分析する必要があるなら男女それぞれで，タイプ別に詳細な分析をする必要があるのなら各タイプで，少なくとも50〜100のサンプルを確保するように考えてサンプル総数を決めていくのがいいだろう。なお，集合調査の場合には総計で200〜300程度のサンプルが集められることが多いようである。いずれにしろ，どのような分析を行うのかという分析計画を立ててからサンプル設計を行うようにしたい。

4　集合調査にのりにくいテーマ

　集合調査は，無作為抽出された対象者に対する調査ではないため，そこで得られた結果を**一般化**するのは難しい。ある大学のあるクラスで実施した結果をもとに，「大学生では○○に賛成する人が多い」といった推測はできないからだ（一般化の問題については，1章1-3で詳述されているので参考にしてほしい）。したがって集合調査では，大学生一般や若者一般の傾向を見出すことを目的とするテーマは適さない。たとえば，大学生の小遣い額や費目別支出額の平均値を知る，車や家庭用ゲーム機等の所有率を知る，ある考え方にあてはまる大学生が全体の何％いるのかを知るといったこと自体を目的とする調査は，集合調査に適さないテーマといえよう。むしろ，小遣い額の多寡と金銭感覚との関連について調べるとか，家庭用ゲーム機の所有の有無と友だちとのつきあ

い方との関連について調べるといったように，ある事象がどのような要因と関係しているのかを探ることを調査目的とする方が，集合調査には適しているだろう。

2-2　調べたいことを質問文にしてみよう

1　質問文の形にする

　調査項目が固まったら，いよいよ**質問文**を作成していく段階だ。調査項目の内容を測定するための質問文を，ふだん考えていることや日常行動のレベルで答えられるように作っていく。作成した質問群が測定しようとしている調査項目の内容や定義に合っているか，過不足ないかを考えながら作業していこう。

　質問文はその内容によって，意識，行動，事実の3つに分類することができる（岩井，1975）。**意識に関する質問**には，動機，感情，意見，態度などさまざまなものが含まれている。意識に関する質問は，ふだんはっきりと意識していなかったようなことについて回答を求める場合も多く，質問の意図が正確に回答者に伝わり，回答者がある方向に誘導されたり，タテマエで回答しないように工夫する必要がある。また，意識をとらえるのに，行動や事実について調査することで間接的に調べる場合もある。

　行動に関する質問は，あくまでも回答者の意識を通して報告された行動をとらえるのであって，それが客観的事実と一致するとは限らないことに注意したい。時間がたって記憶があいまいになっていることや，複雑なことについての行動を質問する場合には，このズレが大きくなる可能性もある。

　事実に関する質問には，回答者自身の性，年齢，職業といった人口統計的指標や家族構成，居住地域，世帯年収といった社会経済的指標など，回答者の属性に関する質問群（**フェイスシート項目**と呼ばれる）がある。フェイスシート項目に含める質問は調査目的に応じて選ばれるが，分析の軸となる要因として調査のなかには必ず入っている調査項目だ。このほか，ある商品の所有実態とか，お金の使い方や時間の使い方に関する実態調査なども事実の調査である。事実に関する質問についても，その回答は事実として報告されたものであって，客観的事実と一致するとは限らないことに注意が必要だ。

2 質問文の作成

次に，実際に質問文を作成するにあたって，**ワーディング**（wording）を含む基本的な注意事項をあげてみよう。質問文は，調査対象者が容易に理解し，かまえずにありのまま答えられる形になっていることが重要だ。

a 簡潔かつ明確な表現であること

難しい表現を使った文章や，あまり複雑な条件つきの質問は理解しにくく，誤解も生じやすい。前置きや条件が多いと質問文も長くなり，全文をちゃんと読まずに一部分だけに反応することもあるので注意したい。また，あいまいなことばを使うと人による解釈の違いが生じるので，使わないようにするか，質問文中で明確に定義する必要がある。たとえば，「臨時収入が手に入ったら，あなたは何に使いますか」という質問では，人によって想定する臨時収入の金額が大きく異なる可能性が大きく，それによって回答も大きく異なるだろう。この場合にはいくらくらいの臨時収入かを提示しておく方がいい。

b 誰にでも理解できる平易なことばを使うこと

あまり知られていない特殊な用語や専門用語は使わないように注意する。平易なことばに言い換える方がいい。言い換えができないなら，なるべく具体的にわかりやすい説明を加えること。また，ある特定の人たちだけが使うことば（省略語，隠語，外来語，学術用語，俗語，符丁など）は使わない方がいい。ただし，学生を対象に行う調査で，若者の間で流行している隠語や俗語を使った方が，質問の意味が回答者に正確に伝えられる，言い換えるとむしろわかりにくくなるといったような場合にはこの限りではない。ただし，その場合も，調査対象となった学生のほとんどがそのことばの意味を正確に把握している必要がある。

c 特定の回答に誘導する質問はしないこと

ある特定の意見や見方だけを示したり，問題とする事象の一面だけを説明して回答を求めると，回答者は別の面もあることを考えずに答えてしまいがちだ。また，質問文のなかで回答の選択肢の一部にだけ言及するとその選択肢が選ばれる傾向があるので注意したい[注2]。社会的な権威のある人（機関）の発言・発表であることや，世間一般の見方であることを示すと，それに影響されて回答が歪むこともある。回答者のなかには，調査を設計する側が期待する選択肢

2章 調査研究のデザイン

が明らかだと，それに応えようとする傾向をもつ人もいる。

d 1つの質問のなかでは，1つの論点だけを含むこと

たとえば，「あなたは，所得税率の引き下げや地域振興券の配布は，景気回復に役立つと思いますか」といった質問では，所得税率の引き下げと地域振興券の配布という2つの論点が含まれており，その一方だけは役に立つと思っている回答者には答えにくい質問になっている。こうした質問を**ダブルバーレル質問**（double-barreled question）というが，この場合には2つの論点についてそれぞれ別に質問した方がいい。

e 一部の人にだけ質問するときの注意

たとえば，パソコンをもっている人にだけパソコンについて尋ねるとか，ひとり暮らしの大学生にだけ尋ねるといった場合には，回答者がその質問に答えるべき人なのかどうかを特定するための質問（**フィルター質問**）を入れておく。フィルター質問を入れずに，「パソコンをお持ちの方だけにうかがいます」といった前置きだけで質問文を作ると，その質問に無回答だった人が，質問に該当する人ではないから答えなかったのか，該当するのに答えなかったのかがわからなくなる。結果を分析する際に必要な情報である。

f サブ・クエスチョン設定時の注意

意見や態度を尋ねる質問に続けて，その理由などをさらに詳しく**サブ・クエスチョン**（SQ：sub-question）として質問することがある。このとき，ある選択肢を選んだ人だけにSQを設けると，SQに答えるのが面倒だという理由でSQ設定のない選択肢を選ぶ人が増えることがあるので注意したい。どの選択肢を選んだとしても答えられるようなSQにすることが望ましいだろう。それが難しい場合には，選択肢によって異なるSQを設けるといった工夫も考えられよう。

3 質問の形式

質問文を作成する際の参考に，いくつかの質問のタイプを紹介しておこう。

a 個人的質問と一般的質問

個人的質問は回答者個人の態度を尋ねるものであり，**一般的質問**は世間一般についての回答者の意見を求める質問である。西平（1985）があげている1978

年実施の国民性調査からの例を参考に紹介しよう。

A 中学生が先生の引率で旅行に行ったところ，ある生徒が夜中にひとりで外出して自動車にひかれたとします。つぎの意見のうち，あなたの意見に近いのはどちらですか？
(1)学校の旅行中に起きた事故だから，先生に責任がある
(2)その生徒は夜中にひとりで外出したのだから，先生に責任はない
B では，一般に多くの親たちの意見はどちらだと思いますか？

結果は，本人の意見としては「責任あり」が37％，一般の親たちの意見の予想では「責任あり」が75％となっている。質問が個人的になると回答者の心理的抵抗や反発が生じて，ホンネが引き出されにくい場合がある。ところが，同じ内容を一般的質問の形で尋ねると，回答者は心理的プレッシャーを感じないで気楽に答えられるため，むしろホンネを引き出しやすいことがある。ただし，一般的質問に対する回答は，そこに回答者自身の考えが投映されるという仮定をおいてみているだけで，それが本人自身の気持ちであるとは限らないことにも留意しておきたい。

b 直接的質問と間接的質問

「○○について，あなたはどう思いますか」と直接回答者の意見を尋ねる場合（**直接的質問**）と，「○○という意見がありますが，それに対してあなたはどう思いますか」といったように，ある意見を媒介にして間接的に尋ねる場合（**間接的質問**）がある。前項の一般的質問も間接的質問ということができる。杉山（1984）は，直接的か間接的かでどのように回答分布が異なるかについて実験例を示している。Aグループに対しては，「"最近，日本語が乱れているのは，マスコミのせいだ"という意見がありますが，あなたは，この意見に賛成ですか，それとも，そうではないと思いますか」と間接質問を行い，Bグループに対しては「最近，日本語が乱れていることについて，あなたは，それがマスコミのせいだと思いますか，それとも，そうではないと思いますか」と直接的質問を行っている。結果は，賛成がAで54％，Bで59％，反対はAで36％，Bで26％となった。わからない・無回答はA10％，B15％となっており，直接的質問にすると答えにくい人が多くなるようだ。

c　ふだんの習慣化した行動と特定の時点における行動についての質問

　ふだんの習慣化した行動について質問する場合には，「ふだん」「いつも」「ふつう」あるいは「最近」どうしているのかといった尋ね方をする。ただし，時間の使い方などは，平日と休日では大きく異なるだろうし，休日の過ごし方などは，夏休みや正月休みのような長期間の休みと，ふだんの土・日の休みとで異なるだろう。こういった場合には，習慣化した行動を聞くについても，時期を明確に分けて聞く必要がある。

　一方，実態を厳密に把握しようとすると，「ふだんどうしているのか」といった質問ではとらえることが難しいから，特定の時点における行動について調査する方法がとられる。生活時間調査や家計調査などは調査票を一定期間回答者の手元に留め置いて，調査期間中の特定された1日の時間の使い方を記録してもらうとか，1カ月間毎日家計簿をつけてもらうといった方法をとっている。集合調査の場合には，調査票留め置きの方法がとれないので，「昨日」とか，「最近1週間」といった形で調査時点に近い特定の期間における行動について質問することになる。

4　回答の形式

　質問紙調査での回答の形式は大きく2つに分けられる。回答者に自由に記述してもらう方法と，あらかじめ用意した選択肢のなかから選んでもらう方法だ。

a　自由回答法

　自由回答法は，質問に対する回答を，回答者が思いつくままに自由に記述してもらう方法だが，記述数を制限する場合もある。

- （例 i-1）　今，あなたが一番買いたいものは何ですか。1つだけ，なるべく具体的に書いてください。
- （例 i-2）　あなたは，人間が社会のなかで生きていくうえで大事なことは何だと思いますか。重要だと思うことを3つまであげてください。
- （例 i-3）　あなたは「幸せ」ということばから何を連想しますか。どんなことでもけっこうです。自由に書き込んでください。

　自由回答法では，調査設計者がつくる回答選択肢の枠にとらわれないため，回答の微妙なニュアンスを知ることができ，豊かな内容の回答を得られるとい

う長所がある。しかし，考えていることをうまく表現できない人や自分で考えることが面倒だと思う人だと表面的な回答が増えたり，「わからない」という回答が増えるおそれがある。また，調査設計者が期待したのとはまったく違う次元の回答が出現したり，集計の際に手間暇がかかるといった面倒な面もある。自由回答法は予備調査の段階などで，調査対象者がどのようなことを考えているのかをさぐりをいれるために使い，本調査における回答の選択肢を設定するための参考にするのに適している。本調査では，あまり自由回答法を多用せずに，あらかじめどんな回答が得られるか想定できない場合や，個別具体的な状況を把握したい場合などに限定して使った方が有効だろう。

b 選択肢を提示する方法

(1) 二項選択法

賛否や真偽，2つの対立概念など，2つの選択肢のどちらかを回答する方法が**二項選択法**である。

(例ii-1) もう一度生まれ変わるとしたら，あなたは男と女の，どちらに生まれてきたいと思いますか。
(例ii-2) 仕事について，つぎの2つの意見があります。どちらがあなたの気持ちに近いですか。
　　1 いくらお金があっても，仕事がなければ，人生はつまらない
　　2 お金があれば，仕事がなくても，人生がつまらないとは思わない

(統計数理研究所，1999)

二者択一なので比較的簡単に回答できる反面，あいまいな意識をあいまいなままに取り出すことができない。また，どちらか一方に決めかねるときには無回答になるおそれもある。この場合には，「場合による」「どちらともいえない」という選択肢を加えた方が答えやすくなるが，こうした中間項に回答が集中すると質問の意図が損なわれるような場合には注意が必要だ。

(2) 多項選択法

1つの質問にいくつかの選択肢を用意しておき，回答をそのなかから選んでもらう方法が**多項選択法**である。選択肢は相互に矛盾なく，すべての場合をつくすように設定する必要がある。多項選択法には，選択できる数によって**単一回答**(**SA** = Single Answer；1つだけ選んでもらう)，**複数回答**（**MA** = Multiple Answer；あてはまる選択肢をいくつでも選んでもらう)，**限定回答**（**LA**＝Limited Answer；2つまで，3つまでといった形で選べる選択肢の数を限定している）がある．選択肢がたくさんある場合や，どの選択肢も同じくらいにあてはまる場合など，1つだけ選ぶことが難しいときは，無理に1つだけ選ばせるSAより，複数選べるMAやLAの方が答えやすいだろう．LAは，MAより強い選択を知りたいときに利用される．また，SAにすると1つの選択肢に回答が集中してしまうといった場合にも，MAやLAの形をとった方がいいだろう．一方，回答者をいくつかのタイプに分けたいという場合にはSAの形をとった方がよい．

例iii-1，2は他記式調査[注3]のため選択肢に「その他」が含まれていないが，自記式調査の場合にはあらかじめ「その他」を含めておく場合も多い．選択肢は過不足なく用意する必要があるが，もしあらかじめ用意した選択肢以外の回答があった場合に対応できる．

(例iii-1) ここに仕事について，ふだん話題になることがあります．あなたはどれに一番関心がありますか．
　　1　かなりよい給料がもらえること
　　2　倒産や失業の恐れがない仕事
　　3　気の合った人たちと働くこと
　　4　やりとげたという感じが持てる仕事
(例iii-2) つぎのうち，日本人の性質をあらわしていると思うコトバがあったら，いくつでもあげてください．
　　1　合理的　　　6　親切
　　2　勤勉　　　　7　独創性にとむ
　　3　自由を尊ぶ　8　礼儀正しい
　　4　淡白　　　　9　明朗
　　5　ねばり強い　10　理想を求める　　　　　(統計数理研究所，1999)

例iv-1，2は程度を聞く質問で，中立的な反応を許容しない選択肢の設定の場合を示している．程度を聞く場合に，「ふつう」「どちらともいえない」「場合による」といった中間的な意見を用意しておくと，そこに多くの回答が集まってしまう場合がある．満足なのか，満足していないのか，どちらなのかを知りたいというときには，中間的な回答は用意しない方がよい．しかし，ど

ちらか決めかねるときに無理に選ばせると無回答になってしまう場合もあり，調査目的との関連で，中間的な回答を入れるか入れないかを決める必要がある。中間的回答を含めない場合には4段階の選択肢を用いることが多く，含める場合には5段階あるいは7段階の選択肢を用いることが多い。

（例iv-1）　あなたは現在の暮らし向きについて，どの程度満足していますか。
　　　　1　満足している
　　　　2　ある程度満足している
　　　　3　あまり満足していない
　　　　4　満足していない
（例iv-2）　お宅では現在，1年前に比べて家計を引きしめていますか。
　　　　1　かなり引きしめている
　　　　2　いくらか引きしめている
　　　　3　とくに引きしめていない　　　　　　　　（日経産業消費研究所，1995）

　ある事象に対する態度を測定しようといった場合に，1つの質問だけでとらえるのではなく，いくつもの質問を用いて**尺度**（スケール）を構成し，それによって態度を測定しようとすることが多い。こうした場合には，下の例に示すように，一群の質問項目について，同じように段階的評定をしてもらう。

（例v）　次にあげるようなことがらについて，あなたはご自身が当てはまる方だと思いますか，それとも当てはまらない方だと思いますか。

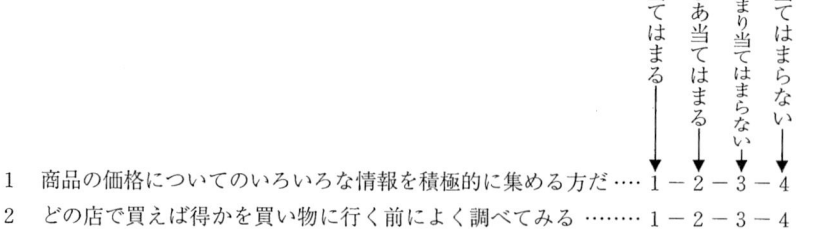

　　　　　　　　　　　　　　　　　　　　　当　まあ　あまり　当
　　　　　　　　　　　　　　　　　　　　　て　当て　当て　ては
　　　　　　　　　　　　　　　　　　　　　は　はま　はま　まら
　　　　　　　　　　　　　　　　　　　　　る　る　　らない　ない
　　　　　　　　　　　　　　　　　　　　　↓　↓　　↓　　↓
　　　1　商品の価格についてのいろいろな情報を積極的に集める方だ……1－2－3－4
　　　2　どの店で買えば得かを買い物に行く前によく調べてみる………1－2－3－4
　　　3　カタログやパンフレットをよくもらってくる方だ………………1－2－3－4
　　　　　　　　　　　　　　　　　　　　　　　　　（日経産業消費研究所，1990）

2-3 調査票を作ってみよう

質問文ができあがったら,次は質問の配列や分量を考えながら調査票の形にまとめていく段階に入る。

1 質問の配列

質問の配列を考えるときの基本原則は,回答者の思考の流れにそうこと。次に,いくつかの注意点をあげていこう。

(1) 調査票の冒頭には,回答者が調査全体に興味をもち協力する気にさせるような質問をおくこと。誰でも簡単に答えられるような質問をおき,複雑な質問や考え込んでしまうような質問は後に回す。

(2) 関連ある内容の質問は同じ箇所にまとめる。別の内容に移るときには,回答者の頭の切り替えを容易にするために,「ここからは〜についてうかがいます」といった前置きを述べたりする工夫も必要だ。

(3) フェイスシート項目など,回答者自身についての情報を尋ねる質問は調査票の最後にもってきた方がいいだろう。人によってはプライバシーにかかわることを質問されると思って身構えてしまうので,調査票の冒頭にもってくると,調査への協力が得られにくくなる場合もある。

(4) 質問の順序による影響に注意すること。前の質問が後続の質問への回答に影響を及ぼすことがある(**キャリーオーバー効果**という)ので,そうした効果を避ける場合には,2つの質問は離しておく。たとえば,内閣を支持するかどうかという質問を調査の初めにした場合に比べ,終わりの方で質問した方が支持率が下がるのは,経済問題や外交問題,教育問題など個々の具体的な質問をされると内閣について考え直すことがあるためだ(西平,1985)。ただし,キャリーオーバー効果を利用して,「今の景気は良い方だと思いますか,それとも悪い方だと思いますか」という質問に続けて,「では,1年後の景気についてはどう思いますか」と尋ね,後の方の質問に答えやすくすることもある。

2 質問の分量

質問数はあまり多くなると,調査拒否が増えたり,個々の質問についての無

回答が増えるおそれがある。適切な質問量は，実際の質問数だけでなく，回答に要する時間や回答者が興味をもてる内容かどうかも大きく関係する。一般的にいって，個人面接法の場合だと，質問数で30～40問，所要時間で20～30分程度が限界であろう（杉山，1984）といわれる。杉山は，個人面接法，面前記入法，配布回収法，郵送回収法の4方式[注4]を比較する実験調査を行ったところ，いずれの方式でもだいたい20問を超すあたりからいやになる人が増加したことを報告している。集合調査についてもこの結果は参考になるだろう。

調査票ができあがった時点で**予備調査**をしておこう。何人かに実際に調査票に回答してもらい，質問数や回答に要する時間が適当かどうか，質問の流れがスムーズで答えやすかったかどうかなどについてチェックしておくとよい。

3　調査票の体裁

調査票の体裁は，自記式調査の場合，回答者に協力的になってもらうための重要な要素となる。注意事項を以下にあげてみよう。

a　読みやすい活字の使用

調査票は手書きではなくワープロ等を利用して作成する。活字の大きさ，行間の開け方などについて，回答者が読みやすいように注意すること。小さい字で行間も詰まっている調査票では見ただけでやる気を失ってしまう。

b　調査票の表紙

調査票の表紙，あるいは表紙をつけない場合には質問が始まる前に，調査の名称，調査主体，調査のお願い（調査目的や結果の利用方法などについての説明），記入上の注意などについて記しておくこと[注5]。調査のお願いでは，回答内容については秘密が守られること，結果は統計数字として処理され，個人の名前が出たり，その他迷惑をかけるようなことは絶対ないということを明記することが重要である[注6]。集合調査の場合には，調査者が直接対象者に調査の説明をする機会があるが，調査票にも記載しておいた方がいい。なお，調査の目的については，目的を述べることによって，回答者がその目的にそった回答をすることがないように注意が必要だ。調査の仮説についてまで踏み込むような説明は加えないようにしたい。

c　レイアウト

1つの質問について，質問文と選択肢が別のページにまたがるようなことは避ける。また，質問用紙と回答用紙を別々に用意して回答してもらうと，記入欄を間違えるといったつまらないミスも起こりうるので，質問と回答は分けない方がよい。質問文の後に，その選択肢（選択肢番号をつけておく）を示し，あてはまる番号に〇をしてもらう形が望ましい。

SQを設定する質問では，もとの質問でどの選択肢を選んだ人がどのSQに答えればいいのかはっきりわかるように，矢印を引くなど，一目でわかるようにする工夫が必要だ。また，SQを含め，特定の人だけに尋ねる質問の場合は，「以下の質問は〇〇の方にうかがいます」と明記したうえで，この部分を太字にしたり下線を引くなどの工夫をしたい。また，回答すべき選択肢の数についても誤解が生じないように明記すること。

d　調査票の最後にお礼の一文

「ご協力いただき，どうもありがとうございました」といった調査協力に対するお礼の一文を入れておくとていねいだ。

2-4　調査をしてみよう

調査票ができあがったら，いよいよ調査開始だ。学生が教室で実施する集合調査を念頭において実施手順を示していく。

1　調査実施前にやること

調査実施前に調査対象集団に対する協力依頼を行う。調査の目的や趣旨について説明し，調査時期，調査に要する時間，調査結果の利用の仕方，そして調査主体を明記した依頼状を作成し，調査しようと考えているクラスの担当教員にまず協力を依頼する。依頼はなるべく早い時機にしておくこと。

担当教員の承諾が得られたら，調査対象となる学生に対しても事前に調査の予告をして協力を依頼する。直接依頼する機会がもてなければ，対象学生に調査協力の依頼状を配布するのもいいだろう。協力依頼の際には，結果はすべて統計的に処理され個人の回答が生のままで外に漏れることは一切ないこと，講

義時間を使って調査を行うがテストではないので成績とはまったく関係ないことも説明に加えておこう。集合調査はテストの場面と類似してくるので，対象者が模範回答をしようとホンネよりタテマエで答える傾向も出てくるので，テストではないことを強調する必要がある。

2 調査実施会場で行うこと

調査会場では，調査開始前に調査企画者が調査についての**インストラクション（教示）**を行う。事前に調査の目的や趣旨説明を行っていても，インストラクションでは再度，調査の趣旨等を説明し，回答を記入する際の注意事項を説明する。調査目的や記入上の注意をするときには，説明によって回答に変化が生じることがないように注意しよう。回答者がお互いに話し合って回答しないように注意しておくことも重要だ。また，対象者の質問などが，他の人たちの判断に影響することにも注意したい。一定の時間枠のなかで調査を実施するため，回答スピードが速い人は時間が余ってしまうし，遅い人はあわててしまうといったことが起きやすいので，事前に対応を考えておくといいだろう。なお複数の会場で調査を実施する場合には，インストラクションの内容を統一しておくこと。

3 調査終了後にやること
a 検 票

回収した調査票は散逸しないようにまとめて，その場で回収票の数をちゃんと数えておこう。その後，回収票にはそれぞれサンプル番号をつけた後，調査票の中身をチェックする（**検票**）。回収数が多く，検票を数人で分担して行う場合にはチェック要綱を作成して，統一した基準をもって検票を行うこと。チェックのポイントを以下にあげてみよう。

(1) 選択肢の選び方が指定通りになされているか（1つだけ選ぶところを2つ以上選んでいないか，選択数の制限が守られているかどうか）
(2) 一部の人だけに聞く質問や SQ において，答えるべき人が答えているか
(3) 数字を記入させる質問があれば，その数字が妥当な範囲のものか
(4) デタラメな回答がなされていないか

2章　調査研究のデザイン

選択する数を間違えている場合には原則としてその回答は不完全回答として無効にする。もし1つだけ選ぶところを2つ選んでいたとしても，どちらを選べばいいのか調査者にはわからない。答えなくてもいい人が間違えて答えている場合や数字の記入間違いも無効となる。また，質問Aにxと答えた場合には，質問Byと答えることはありえないといったように，質問間の回答に整合性がみられない場合には，デタラメな回答とみなし無効回答とする。分析の軸となる質問群や，フェイスシート項目で無回答や無効回答が多かった場合にはその票自体を無効票とする。

b　コーディング

検票が終わったら，次は**コーディング**の作業である。コーディングとは，各質問に対する回答にすべて記号や数字などの符号（code）を与えていくことである。選択肢を提示して尋ねる質問では，作成時に選択肢に番号や記号をつけておき，それをコードとして用いる（プリ・コード方式）。自由記述の回答の場合には，回答そのままでは集計がしにくいので，分類基準を決めて，分類コードを与えるアフター・コード方式を用いる。金額や時間量，年数など，数量で記入された回答については，記入された数値をそのままコーディングする。

自由記述の回答をアフター・コーディングする場合には，一応全体にわたって回答内容に目を通し，どういう基準でまとめるかを決める。その際にキーワードとなることばを抜き出し，それをもとに分類の仕方を考えていくといいだろう。分類基準は客観的で再現性があることが求められる。誰が分類しても何回分類しても同じ分類コードに入るように基準を設定することが重要だ。分類にあたって小分類，中分類，大分類それぞれのコードを決めておくと，分析目的によって各レベルを使い分けできる。最初からあまりおおまかな分類だけにすると，せっかく自由記述でとらえられた回答の微妙な差異が失われてしまうので注意したい。分類基準の定義とコードは，表にしてまとめておこう。

後は，コーディングした調査票をもとに，コンピュータに結果を入力して分析作業に入ることになる。

■**注**
注1）SOHO（Small Office Home Office）。小規模な事務所や自宅を仕事場とする環境。イン

ターネットを利用することで場所を限定することなくビジネス展開が可能となる(『現代用語の基礎知識』1998, p 347)。

注2) たとえば,「現在国会では景気浮揚策として所得税減税などいくつかの政策について論議されていますが,あなたがもっとも実行を期待する政策は何ですか」(以下,政策が選択肢で示される)という質問文のなかには「所得税減税」という回答選択肢の1つだけが言及されている。このような尋ね方をすると「所得税減税」の選択肢が選ばれる傾向があるので,選択肢の一部だけを例示にとりあげる場合には注意が必要だ。

注3) 質問紙調査の実施方法として,回答者が自分で答えを記入する自記式と,調査員が回答者の答えを聞いて記入する他記式がある。留め置き法,郵送法,集合法などは自記式,面接法や電話法などは他記式となる。他記式では,選択肢以外の答えは調査員が「その他」に分類する。

注4) ここでいう面前記入法とは,調査票を調査相手に渡し,調査員の面前で調査相手が回答を自分で記入する方法。また郵便回収法とは,調査票を郵送し,調査相手が自分で回答を記入したものを,後に調査員が回収する方法。

注5) 調査名は,名称の付け方によって回答者に構えが生じることがあるので,「大学生の将来観調査」といった当たりさわりのない一般的な名称の方がいいだろう。

注6) 回答者の名前を書いてもらう記名調査もあるが,一般的には無記名調査が多い。

■引用文献

岩井勇児(1975). 質問紙調査の諸形式　続　有恒・八木　冕(監修)　続　有恒・村上英治(編)　質問紙調査　心理学研究法9　東京大学出版会　pp. 65-106.

日経産業消費研究所(1990). 消費者の価格感と購買行動　日本経済新聞社・日経産業消費研究所

日経産業消費研究所(1995). 商品・サービスの消費動向95年版——日経消費予測調査　日本経済新聞社・日経産業消費研究所

西平重喜(1985). 統計調査法　新数学シリーズ8　培風館

杉山明子(1984). 社会調査の基本　現代人の統計3　朝倉書店

統計数理研究所(1999). 国民性の研究第10次全国調査　統計数理研究所研究リポート83

■参考文献

飽戸　弘(1987). 社会調査ハンドブック　日本経済新聞社

原　純輔・海野道郎(1984). 社会調査演習　東京大学出版会

林知己夫(1984). 調査の科学　講談社

NHK放送文化研究所(編)(1996). 世論調査事典　大空社

(佐野美智子)

3章　クロス表分析の基本

　とにかくあなたはアンケート調査をやり終えた。一生懸命に過去の研究を調べ調査票を作り，予備調査まで行い本調査を実施した。あるいは，あふれ出るアイデアを豊富に盛り込み，ユニークなアンケートを行った。しかし，ここからが正念場である。とりあえず一安心だが分析はこれからである。

　まず，あなたは回収された調査票をチェックし，回答のなかの明らかな誤りを訂正したり，場合によっては回答を分類してコーディングを行ったりして，調査票を分析しやすい数値に変換することになる。

　次に自分が考えた質問にどのような回答が得られたかを見ることになる。つまり，アンケート結果を質問項目の選択肢ごとに頻度を集計した**単純集計**に要約することになる。その際できあがった単純集計結果を見るのは調査の最初の楽しみである。ある意味ではワクワクすることでさえあるといえる。また，この単純集計を見ていくときに新たな興味・疑問が出てくるが，それを大切にするべきである。そこには予想外のアイデアや仮説が含まれるからである。

3-1　単純集計をふまえてクロス集計へ

　女子の名前に「子」がつく割合が高い高校は，「偏差値」評価が高いという研究結果がある（金原，1995）。そこで「子」がつく女子は学業成績がよいという仮説を立てて，アンケートによって，女子の名前の「子」の有無別に社会心理学の成績を調べようとしたとする。そして，自分の大学の女子卒業生に対して，名前の「子」の有無と大学時代の社会心理学の成績を尋ねたとしよう。

　そうするとまず，全体の何％に「子」がつく名前であるか，社会心理学の成績の分布はどの程度であるかという単純集計を知りたくなる。その結果，たとえば，名前に「子」がつく割合が40％で，成績はAが30％，Bが60％，Cが

表 3-1 女子卒業生の名前の「子」の有無別, 大学時代の社会心理学の成績（架空例）

名前の子の有無	社会心理学の成績(%)			合計(N)
	A	B	C	
「子」あり	44.2	55.8	0.0	120
「子」なし	20.6	62.8	16.7	180
合　計	30.0	60.0	10.0	300

注1) 母の名の記入のない5名を除く。
注2) 四捨五入の関係で合計が100%にならないところがある。

10%であったとしよう。この単純集計だけでも他の研究結果と比較ができて興味深い。そして，この結果をふまえて，名前の「子」の有無別に成績を調べていくことになるが，これが**クロス集計**である（表3-1）。その結果名前に「子」がつくグループとつかないグループでは前者で成績がよい者の割合が多いことがわかれば，仮説を支持する結果が得られたことになる。

このように，分析の仕方は調査を実施する前に考えておかなければならないが，単純集計結果から，分析項目が変更されることもある。たとえば，この例で，100%近くの者が社会心理学の成績がAであるという単純集計結果が得られたら，違いを見る質問としては適切でなく，代用可能な他の項目があるかどうか検討せざるをえなくなる。また，「子」がつく女子が10%しかおらず，サンプル数が少ないという場合であれば，この質問項目は回答者を分けるものとしては適切でないということになり，さらにサンプル数を増やすしかなくなる。このように単純集計結果だけを見ていても，仮説を検討する質問の有効性をチェックできるのである。

以上のように単純集計を検討している際にも予定していなかったクロス集計が必要となることは少なくない。その意味でも，簡単にクロス集計が可能なコンピュータ利用による集計が望ましい。

パソコンを利用するとしたら，得られたデータはExcelやLotus 1-2-3のような表計算ソフトに入力することになるだろう。個人対象のアンケートならば，列（縦）に同じ変数のデータを入れ，1人分のデータを同じ行（横）に入力していくことになる。その結果として，全員のデータを入力すると主に数値でできた長方形ができあがる。これは**ローデータ**と呼ばれるものである。このローデータを横に見ていくと，個人個人の情報がわかることになる。しかし，われわれは調査した特定個人の反応や意見を知りたいのではない。「心」の働

く一般的傾向や，集団間の違いを知りたいのである。

　たくさんのクロス集計を行うのであればSASやSPSSなどという統計ソフトを使用するのも効率的であるが，表計算ソフトでも「クロス集計表」を作ることは容易である[注1]。

　さて，専用の統計ソフトを使おうが，表計算ソフトを使おうが，クロス集計表を作って分析考察を進めるには，その基本的な表現方法や解釈の仕方がある。以下ではそれを説明していこう。

3-2　クロス表の表し方

1　クロス表の形式

　2つ以上の質問項目をクロスして選択肢ごとの単純集計を表の形にしたのが**クロス表**（cross-table）である。そのような表を作ると2つの質問項目の関係が一目瞭然となる（図3-1）。なお，質問項目のことを**変数**（variable）と呼ぶ。また，クロス表の横を**行**（row），縦を**列**（column）というが，これは表計算の場合と同じである。また，第3の変数を用いる場合には**層**（layer）ということばを使うときもある。

　変数の選択肢は**カテゴリー**（category）と呼ばれることもある。ある変数の「カテゴリー」と別の変数の「カテゴリー」がクロスする場所は**セル**（cell）と呼ばれる。また，行の合計や列の合計は**周辺度数（分布）**または**マージナル**と呼ばれる。原則として周辺度数の分布は単純集計結果と同じになる。なお，周辺度数の合計は N（number of cases の略），合計，人数，総数などと表記される。

　次に，罫線の引き方である。罫線の引き方は，あえて分けていうと欧米に多い「横罫線のみで縦罫線がないもの」と，比較的日本に多い「縦罫線も引き，四角で囲ってしまうもの」がある。ここでは開放的な縦罫線抜きの表記をしたいと思う。また，注目したセルの数字を太字にしたり，変数名やカテゴリー表記を囲む罫線を太字にしたりすることもプレゼンテーションにはよい。

　その次は，表のタイトルである。これは必ず入れなければならない。アンケート調査の分析の場合はとくにいくつものクロス表を掲載することが多いの

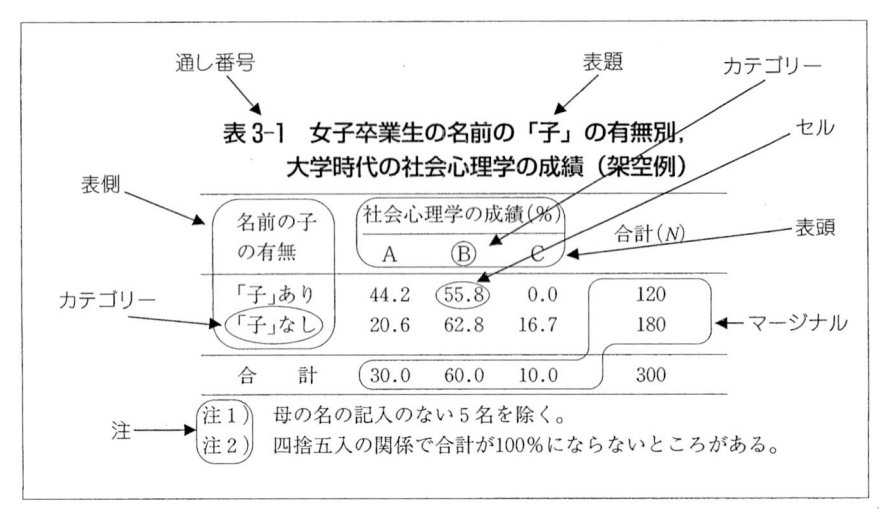

図3-1 クロス表の形式の例

（図中のラベル）
- 通し番号
- 表題
- カテゴリー
- セル
- 表頭
- 表側
- カテゴリー
- マージナル
- 注

表3-1 女子卒業生の名前の「子」の有無別，大学時代の社会心理学の成績（架空例）

名前の子の有無	社会心理学の成績（％）			合計（N）
	A	B	C	
「子」あり	44.2	55.8	0.0	120
「子」なし	20.6	62.8	16.7	180
合　計	30.0	60.0	10.0	300

注1）母の名の記入のない5名を除く。
注2）四捨五入の関係で合計が100％にならないところがある。

で，表の通し番号も入れなければならない。新聞などでは複数のクロス表を載せることが少ないこともあってか「表」ということばや「表の通し番号」はほとんど載せないが，研究論文やレポートでは必ず載せるべきである。

タイトルには変数名を用いて「卒業年次別，女子名の『子』の有無」「卒業年次別に見た，女子名の『子』の有無」等という表現を用いる。クロス集計表は調査項目をさまざまな視点から見るものなので，「○○別（に見た）……」ということは強く自覚する必要がある。また，先行研究が少なく仮説に十分な根拠がない場合には，クロス表は変数間の関係を探索する手段となる。このような場合には「○と×との関係」というタイトル表記になるだろう。

さて，一番重要なのは変数をどのようにクロス表に配置するかということである。変数の性質を考えて，一方の変数が原因（に近く），他方がその結果（に近い）と考えられる場合には，行に原因に近い変数（**独立変数**という；4章参照）をもってきて，列に結果に近い変数（**従属変数**という；4章参照）をもってくるとよい[注2]。レポートや報告書を書く際にいくつものクロス表を掲載する場合には，少なくとも自分なりに統一をしておく必要がある。その方が読み手にもわかりやすくなるからである。しかし，2つの変数間の因果関係があいまいだったり，わからなかったりするときは，どちらを行（列）にもって

きてもよいが，その場合にはタイトルに工夫をしたり，行と列の両方のパーセンテージ表記をしたりするのがよい。

なお，3つの変数をクロスさせる場合には**3重クロス表**という。以下4重クロス表，5重クロス表……となる。原理的には，いくらでも増やすことができる。たとえば，国勢調査では「世帯の家族類型（15区分），配偶関係（4区分），年齢（5歳階級），男女別2人以上の一般世帯人員」という4重クロス表が集計されており，すべてのセル数は1920もある。しかしこのクロス表はよほど丹念に見ない限り，意味をもってわれわれの前に現れることはない[注3]。

通常頭のなかだけで解釈できるのはせいぜい3重クロス表までである。したがって，最初に調査票を上手に設計し，最大3重クロス表程度で仮説を検証できるように項目を絞り込んでおくことが肝要となる。調査票の設計の際には，できる限りクロス表のイメージをつくっておくのがよい。

さて，3重クロス表のタイトルを考えてみよう。たとえば，学生の就職志向を例にとろう。これには，男女による違いが想定されるとともに，学部による違いも想定される。研究の焦点が学部の違いにあるならば，男女をまず分けておいてから学部による違いをみようということになる。ちなみにこれを男女別に「コントロール」するという。この場合には「男女，学部別，就職志向」と表記しよう。一方，男女差が研究の焦点であるならば「学部，男女別，就職志向」と表記しよう。また，男女も学部も同じように強く働く独立変数と考えられ，両方の効果をみたいのならば「男女・学部別，就職志向」という表記をしよう。さらに理想的には表のタイトルに記してある変数の順に，変数がクロス表の表側(ひょうそく)に展開されればわかりやすい。

以上，1回の調査で得られたデータを分析する場合について述べてきたが，研究によっては以前行われた調査の結果を引用する場合がある。このようなときには，表題の末尾または表の下に出典を明記しよう〔例：坂井（1984，p. 12）〕。また，元の調査結果を自分で変形・加工した場合にはたとえば，「坂井（1984，p. 96）より作成」と記そう（なお，出典を明記したものは，引用文献欄に書誌情報や日付をつけたホームページのアドレスをあげておこう）。なお，その際にもなるべく行や列の総数を示して，元のクロス表の実数をできるかぎり再現できる工夫をしよう[注4]。

また，非常に多くのクロス表を載せる場合には，その目次を作っておくことも有益である。というのは，実証的な社会心理学の場合，クロス表や他の実証データを用いてひとつひとつ説明しながら議論を進めていくので，極端な場合には統計図表だけを追ってもいいたいことやストーリーがわかることがあるからである。もちろん表層的な読み方は慎まなければならないが，統計図表だけでも著者の意図が読める論文はわかりやすい。

2 数値の表し方

一般的にはクロス表には実数表示だけのものや，実数の他にパーセンテージ（百分率）が表示してあるものも多い。パーセンテージは行合計を母数（100％）にするもの，列合計を母数（100％）にするもの，総数を母数（100％）にするものの3種類がある。このようにパーセンテージ表記するのは，クロス表を見てわかりやすくするとともに，解釈をしやすくするためである。先ほど書いたように行に独立変数をもってくるならば行合計が100％になるように**行パーセンテージ**を載せるべきである。また，2つの変数が独立・従属変数の関係にない場合には，行パーセンテージと**列パーセンテージ**の両方を併記しておいた方がよい。

また，パーセンテージは小数第1位まで記入することが多い。これは実数とまぎれることが少ないため，あるいは，パーセンテージが小数第1位まで表記してあれば実数をかなりの部分まで正確に再現できるからであろう。

パーセンテージは四捨五入で記入するために合計が100％にならない場合がある。そのため場合によっては，最大の頻度のセルで微調整をはかるよりもそのままにしておき，注において「四捨五入」により合計が100％にならない箇所があると表記した方がよい。

なお，パーセンテージの差は「〇〇パーセントの差がある」ではなく「〇〇ポイントの差がある」と表現すべきである。これは，「〇〇パーセントの差がある」と表記した場合に，パーセンテージどうしの差であるのか，どちらかのカテゴリーを100とした場合の差なのかがあいまいになるためである。たとえば，「BはAよりも20％大きい」という表現では，「Aが50％で，Bが70％」と20％の差があるのか，「Aが50％で，Bが60％（＝50×1.2）」とBがAの20％

分大きいのかわからない。たくさんクロス表を用いてパーセンテージの差の説明を行う場合にはこのような「ポイント」表現をとるのがよい。

3 NA，DK，「その他」の扱い

　質問の回答が得られなかったことを **NA**（no answer）という。NA はクロス表に含める必要は必ずしもない。とくに NA として表に含めると表の解釈がかえって煩雑になる場合には**欠損値**（missing value）として表から除外しておくのがよい。しかし，どの位の数が NA であったかはわかるようにすべきである。たとえば，クロス表の注に「○○名が無回答」と記入しておく。

　また，質問選択肢の「わからない」を選んだグループを **DK**（don't know）グループと呼ぶ。たとえば，現在政治的に論争の的になっている問題に関して意見を問う場合には「わからない」という項目は非常に重要な意味をもっている。あるいは，一般的にも設問が適切でなくその選択肢では選べないので回答者が「わからない」となる場合もあり，これも見逃せない。アンケート調査ではカテゴリーに「その他」を設けて，自由に記述する欄を設けることも多いが，なかなかそれを後で処理することは難しい。できるかぎり，予備調査の段階で「その他」を設ける必要がないようにすべきである。しかし，現実的には，DK や「その他」が非常に少数であれば，場合によっては，それらすべてを合併してしまってもかまわない。

　一般的には，それらの合併したカテゴリーを含めて集計する。その方が情報を失わずにすむからである。たとえば，政治的問題に関する態度を尋ねたとして，「わからない・その他」を含めて集計すれば，そうした回答が男子よりも女子の方に多いなどということがわかるかもしれない。しかし，とくに知識がある人に限定して意見分布を知りたい場合は「わからない」を除いて集計し，パーセンテージを算出してもよい。というのは，「わからない」という回答には，その項目について無知である人と知っているが判断を保留している人の両方が分かちがたく含まれている可能性があるからである。

4 いろいろなクロス表

　これまでは質問について単一回答を選ぶ例をみてきたが，質問に対して**複数**

回答を許す場合もある。複数回答は，①選択する数を制限しないもの（例：あなたの好きな名前にはすべて〇をつけてください），②決まった数の選択肢を選んでもらうもの（例：あなたの好きな名前を3つ選んでください），③決まった数以内の選択肢を選んでもらうもの（例：あなたがよく目にする名前を5つまで選んでください）に分けられる。どの場合もクロス表を作成する場合は，マージナルには実数を示すが，パーセンテージは人の総数をもとにする場合が多い（回答総数をもとにする場合もある）。

また，複数回答を許す質問の場合には，その主眼がどの選択肢に多くの反応があるかを知ることにあることが多いので，その結果を多い（少ない）順に並べ替えてクロス表を表示するのも一案である[注5]。並べ替えて，そのカテゴリーの性質に目をやると，頻度の高いカテゴリー群と低いカテゴリー群の間の特徴の違いに気がつくこともある。

さらに，複数回答の質問に関しては回答者が平均していくつの回答を行ったかということを示しておくのもよい。たとえば，「3個まで選んでください」という質問に対して，3個の回答を多くの人がする場合や，平均すると回答者が1つしか選ばないという場合などがある。このように平均回答数は，「適切な選択肢がなかった」などという情報を与えてくれることもあるので余裕があれば記載するようにしよう。

次に，枝分かれする質問について考えてみよう。たとえば，自動車運転免許の所有の有無を尋ねてから，所有している人に限って，日頃の運転の仕方について尋ねる場合である。このサブ・クエスチョンについて，最初の質問に「あり」と答えた人は全員回答し，「なし」と答えた人は全員回答しなかったのならば問題はないが，このような枝別れの質問には，必ずといってよいほど，「あり」に〇をつけてあるけれども運転の仕方に回答をしていないという場合や免許「なし」に〇をつけてあるけれども運転の仕方には回答をしているという例が出てくる。情報が失われてもったいないが厳密には両者ともに「欠損値」にするしかない。このような枝分かれの質問を含むクロス表の場合には注などで条件をきちんと示したり，タイトルで「運転免許証を所有している者の……」というように枝分かれの条件を明示することが必要である。

3-3　クロス集計結果の読み方

1　結果解釈の注意

　クロス表で行パーセンテージを計算して若干でも差が出ればそれについて言及したくなる。しかし，パーセンテージの違いは万能ではない。回答者の人数もあわせて考えなければいけない。たとえば，回答者が6人で5人が「はい」と答えると83.3％の者が「はい」と答えたことになるが，同様に回答者が600人で500人が「はい」と答えても83.3％の者が「はい」と答えたことになる。しかし，サンプルに1人の「いいえ」が増えると，前者は「はい」の割合が66.7％と大きく減少するが，後者は83.2％とほとんど変化しない。このように回答者が多い方がパーセンテージは安定しており信頼度は高い。よって同じパーセンテージでもサンプル数が異なればパーセンテージの意味はまったく違ってくるのである。

　そして，このようなことを考慮しながら，まずはもっとも大きなパーセンテージを示すマージナルのカテゴリーに注目すべきである。マージナルに過半数を超えるカテゴリーがあれば，まずそれを記述すべきである。その選択肢に関して独立変数の大きな違いがあればもっとも説得力がある。他方，過半数を超えるカテゴリーにはあまり差がなく，むしろ過半数を割るカテゴリーに差異がみられたならば，過半数の結果を押さえたうえで，少数派の違いを記述すべきである。

　しかし，パーセンテージにあまり差が出ないクロス表は，記述する必要がないのか？　原則としては，そのクロス表は関連がないことを確認し，それ以上検討の対象としなくてもよいが，本来いかにももっともらしい見通し（仮説）だったが違いが出なかった場合や，今までは検証されていたが自分たちの調査では検証されなかった場合などは記述して，できればその理由を考察すべきである。

　単純集計は意味をなさないが，クロス集計でみると意味をなす場合がある。たとえば，ある大学の集合調査で，大学生300人を対象に「生まれ変わるとしたら女に生まれたいか，それとも男に生まれ変わりたいか」と男女の生まれ変わりの希望に関して調査を行ったとしよう。この質問は実は回答者の性別とも

表3-2 大学生の「男女の生まれ変わりの希望」
（架空例）

回答者の性別	男女の生まれ変わりの希望(%)		合計(N)
	女	男	
女　子	74.0	26.0	200
男　子	12.0	88.0	100
合　計	53.3	46.7	300

っとも密接な関係があり，現在では女子は女に，男子は男に生まれたいとする者が相当に多いことがわかっている（統計数理研究所, 1994）。回答者の構成は女子が200人，男子が100人であるとしよう（表3-2）。その大学の全大学生は，回答者の男女比とは逆に，女子1000人，男子2000人からなるとしたら，得られた単純集計結果（＝マージナルの「生まれ変わりの意見の分布」）をその大学生一般の意見とすることはできない。回答にもっとも影響を与える回答者の性別の構成に偏りがあるからである。しかし，その大学が女子2000人，男子1000人の学生からなるとしたら，この回答者は少なくとも男女構成比率に関してはその大学の「縮図」になっているので，単純集計の分布をこの大学の学生全員に尋ねた分布により近いと考えてもよい。しかし，他の大学も含めた大学生全体の男女比が仮に1：1であるとすれば，そこで得られた単純集計結果を日本の大学生全体にあてはめることはできない。

　ところが，男女別にクロス集計を行った結果については，その大学の男女比にかかわらず，女（男）子大学生の生まれ変わりの希望の割合としてある程度の一般化が可能である。また，男女別に男女の生まれ変わりの希望を比較することも意味があるだろう。もちろん，回答者が特殊な属性（たとえばこの場合全員が女性学専攻等）でないことが条件で，一般化にあたっては慎重でなくてはならないが。

　このように集合調査のクロス集計は，マージナルは解釈できないがセルに示されるパーセンテージは解釈が可能な場合もあるので注意が必要である。

　ところで，たとえば自分たちが得た単純集計結果と，今まで行われた調査結果とを比べたいときがある。そんなときもクロス表を作成して，結果の比較を行うことができる。日本でも戦後たくさんの調査が積み重ねられてきており，自分が調べたい調査項目はまず調査ずみであると考えた方がよいくらいなので，今までの調査との比較ということが非常に重要になってくる。過去の調査と自

分がかかわった調査に違いがあれば，それを記述し，違いがなければ変化がないとか，より普遍性が広がったと解釈すればよい。

2 エラボレーション

たとえば，子どもの名づけという社会心理の変遷，とくに母親の名前とその娘の名前の「子」の有無の関係に興味を抱いているとしよう。そして，女子学生に自分の名前と母親の名前について尋ねたとしよう。仮説としては母親の名前に「子」がついている場合には，娘の名前には「子」をつける割合が高いと予想して，2つの変数をクロスさせる。いろいろな人が名づけ親になるであろうが，ここでは母が名づけに関連した場合を考えてみよう。その結果，図3-2のように母名に「子」がつくと，娘名に68.7%に「子」がつき，母名に「子」がないと娘には58.8%しか「子」がつかず，10ポイントほどの差があり，見通しが正しかったことが確認できたとしよう。しかし，日常の観察から年配の女性ほど名前に「子」がつくのではないかと気がつき，さらに母親の年齢別にみてみようと考えた。そして，3重クロス表をとってみると，母親の年齢の効果の方が大きく，年齢を「コントロール」すると母名の「子」の有無による娘名の「子」の割合の差がなくなった。その結果，仮説が正しいとはいえないということになった。見かけ上の2重クロス表における違いは，母名の「子」の有無別による娘の名づけの違いではなく，名前に「子」がつく母親は高年齢の者が多いというサンプルの年齢構成の違いを反映していたのであった。

次は，正反対の例である。2重クロス表では関連がみられなかったが，それは第3の変数が2変数の関係が表れるのを阻害していたためというものである（図3-3）。やはり母親の名前の「子」の有無別に娘の名前の「子」の有無を調べて，今度は，ほとんど関連が得られなかったとする。しかし，昔は名前に「子」がついている女性は名前に自信をもっていて，子どもにも「子」のつく名前をつけることを望んだが，最近は「子」がつくと古くさくて恥ずかしいのでむしろ避けるようになったという傾向があるのではないかと考えて，母親の年齢別に3重クロス表をとってみた。そうすると，高年齢では「子」がつく母親が娘に「子」をつける割合が高く，低年齢の母親では「子」をつけない割合が高いことがわかった。つまり，母親の年齢，とくに名前に「子」のつく母親

表3-3 母の名の「子」の有無別，娘の名の「子」の有無

母の名の「子」の有無	娘の名の「子」の有無(%) あり	なし	合計(N)
あり	68.7	31.3	179
なし	58.8	41.2	199
合計	63.5	36.5	378

表3-4 母の年齢別，母の名の「子」の有無別，娘の名の「子」の有無

母の年齢	母の名の「子」の有無	娘の名の「子」の有無(%) あり	なし	合計(N)
高年齢	あり	78.7	21.3	136
	なし	79.8	20.2	99
	合計	79.1	20.9	235
低年齢	あり	37.2	62.8	43
	なし	38.0	62.0	100
	合計	37.8	62.2	143

図3-2 母名と娘名の「子」の有無の関係を例にとった架空エラボレーション1

の年齢により娘の名づけの仕方が逆になったために見かけ上の違いが相殺されてしまっていたのである。

　以上のようにクロス表をにらんでいるうちに，その結果は第3の変数によって影響を受けているのだとピンとくるときがある。そのような場合には，その変数で「コントロール」して3重クロス表をとるとよい結果が出ることがある。これを**エラボレーション**（elaboration）という。たとえ，本来はこの3重クロス表を集計する予定でなかったとしても，それで「見かけ上の関係」が解きほぐされれば，理由のあとづけであっても，考察として論を展開すればよい。科学的発見は本来の目的とは異なった副産物であることが意外と少なくない。

　図3-2は関係が否定されるような，図3-3は関係が新たに肯定されるような

表 3-5 母の名の「子」の有無別，娘の名の「子」の有無

母の名の「子」の有無	娘の名の「子」の有無(%) あり	なし	合計(N)
あり	49.7	50.3	197
なし	48.1	51.9	189
合計	49.0	51.0	386

⬇

表 3-6 母の年齢別，母の名の「子」の有無別，娘の名の「子」の有無

母の年齢	母の名の「子」の有無	娘の名の「子」の有無(%) あり	なし	合計(N)
高年齢	あり	60.0	40.0	100
	なし	47.9	52.1	94
	合計	54.1	45.9	194
低年齢	あり	39.2	60.8	97
	なし	48.4	51.6	95
	合計	43.8	56.3	192

注) 四捨五入の関係で合計が100%にならないところがある。

図 3-3 母名と娘名の「子」の有無の関係を例にとった架空エラボレーション 2

例であるが，重要な変数を発見するには必要な作業である．しかし，エラボレーションの結果とは別に，他の要因がさらにかかわっている可能性もあることに留意しなければならない（たとえば，真の要因は母親の年齢ではなく，名づけ親の中心になることが多い父親の年齢であること）．

なお，仮説が否定される前のクロス表の関係を**見かけ上の相関**といっている．しかし，その見かけが現実的に意味があり，因果関係を必ずしも意味しないということを理解しているならば，それを用いることには多少の価値がある．たとえば，ある製品の購買行動に表面的に年齢が大きく影響を与えていたとする．それが見かけ上の相関で，真の要因は，個人の所得や家族構成等の複合的要因

であったとしても，購買層を選ぶのに年齢を考えればよいというような場合である。「見かけ上の相関」も少なくとも社会心理学のひとつの目的である「予測」にはある程度役に立つことがあるのである。

■注
注1） たとえば，Excel では「ピボットテーブル」という機能で容易にクロス集計を行うことができる。
注2） 独立変数は説明変数ともいう。また，従属変数は目的変数や被説明変数ともいう。
注3） このような多重クロス表の分析には，**多変量解析**という分析方法が開発されている（石村，1998）。
注4） 科学は，とくに再現性を重視する。社会心理学の実験の場合には平均値で議論されることが多く，たとえ標準偏差等を示してもなかなか元のデータを再現できない。その点クロス表分析の場合には素朴ながらも関連ある変数の素データが再現され，他の人がもう一度検討できるという利点があるので，ぜひ実行したい。
注5） 複数回答の質問に限らないが変数のカテゴリーの意味よりも，結果から考えて相関係数を最大になるようにカテゴリーを並べ替えるという方法も開発されている（芝・南風原，1990）。

■引用文献
石村貞夫(1998)．SPSS による多変量解析の手順　東京書籍
金原克範(1995)．"子"のつく名前の女の子は頭がいい　洋泉社
芝　祐順・南風原朝和(1990)．行動科学における統計技法　東京大学出版会
統計数理研究所(1994)．国民性の研究第9回全国調査　統計数理研究所研究リポート75

■参考文献
藤沢偉作(1978)．楽しく学べる統計教室　現代数学社
原　純輔・海野道郎(2004)．社会調査演習　第2版　東京大学出版会
林知己夫(1984)．調査の科学　講談社
平松貞美(1998)．世論調査で社会が読めるか　新曜社
池田　央(1976)．統計的方法Ⅰ　基礎　新曜社
石村貞夫・石村光資(2006)．SPSS でやさしく学ぶ多変量解析　第3版　東京書籍
菅　民郎(2006)．らくらく図解　統計分析教室　オーム社
武藤眞介(1995)．統計解析ハンドブック　朝倉書店
坂井博通(1984)．クロス表を組織的に検討する方法について　社会心理学評論，**3**, 51-63.
太郎丸博(2005)．人文・社会科学のためのカテゴリカル・データ解析入門　ナカニシヤ出版
内田　治(2002)．すぐわかるSPSSによるアンケートの調査・集計・解析　第2版　東京図書

（坂井博通）

Ⅱ部

質問紙実験の技法

4章　実験研究の考え方

　本章では，実験研究とは何かを考えてみたい。具体的には，実験とはどのようなものなのか，なぜ実験を行う必要があるのか，実験を行うためにはどのようなことに注意する必要があるのかなどについてみていく。

4-1　実験研究とは

1　実験とは

　実験と聞いてどのようなことをイメージするであろうか。日常的には，あることを試すという意味で使われることが多い。たとえば，「使いかけの小さい石鹸を電子レンジにかけると大きくなって使いやすくなる」（日本テレビ，「伊東家の食卓」より）ということを聞くと，本当にそうなるのか実験してみようという気になる。そして，実際に試してみるというわけである。

　その事実が確認されると，今度は，なぜ石鹸が大きくなるのか，その理由や原因を知りたくなる。本章で紹介する実験の出発点の1つは，そのような現象の原因を知りたいという素朴な好奇心である。しかし，単にその現象が生じるかどうかを試してみるだけでは，その原因を明らかにすることはできない。原因を明らかにするためには，今までの研究者が考案し，洗練させた科学的方法を用いる必要がある。

　それでは，社会心理学において，実験とはどのようなものとしてとらえられているのであろうか。**実験**とは，人の行動を引き起こしている要因（原因，条件）を明らかにするために，必要な状況を設定して，複数の個人の行動や認知などを観察，測定する一連の作業である。

2 実験の種類

実験は行われる場所によって，大きく2種類に分類される。実験室実験と現場（フィールド）実験である。**実験室実験**は，文字通り実験室（多くは大学のゼミ室ぐらいの広さの部屋）で行われる実験である。実験で操作する要因以外の影響を極力なくすために，日常的な生活から隔離された人工的な状況で行われる。他方，**現場実験**は，日常的な場面を利用して実験を行う場合である。例として，実際の授業を利用して，印象形成における中心的特性を明らかにしたケリー（Kelley, 1950）の研究をあげることができる。

さらに，第3の実験的方法として，6章で詳しく説明する**質問紙実験**がある。これは，質問紙を使って実験条件を操作し，同時に多人数を対象に実験を行うものである。厳密にいえば，これは実験室実験に入るのであるが，本書ではとくに第3のタイプとしてとりあげることにする。

実験室実験と質問紙実験との違いは，前者が実験参加者ごとに個別に実験を行ってデータをとるのに対して，後者は集合方式でデータをとったり，質問紙を郵送して個別にデータをとったりするという点である。また，質問紙実験では，回答者の認知的な反応しか測定できないが，実験室実験や現場実験の場合は，認知的反応と並んで，実験参加者の行動もその場で観察，測定することができる。

3 実験における登場人物

ここで，実験を構成しているものについて簡単に説明しておきたい。まず，実験にかかわる人物の種類を整理しておこう。実験には，少なくとも実験者と実験参加者が必要である。**実験者**は一連の実験を行う人である。実験条件ごとに必要な状況を設定したり，必要な器具を用意したりする。また，実験参加者に実験で行ってもらうことを説明（教示）したり，必要なデータを測定したり，実験参加者に質問紙に回答するようお願いしたりする。一方，**実験参加者**（participants, p. 23参照）は，実験に参加して，研究者が必要とするデータを提供する人である。実験者から説明されることをよく理解して，その実験状況で自然に行動することが求められる。ここでいう「自然」とは，実験の仮説を推測しようとしたり，実験者が喜ぶ，あるいは落胆すると思われるような行動

を意図的にとったりしないという意味である。実験室実験の参加者は、あらかじめ実験者から連絡を受けて、決められた日時に、指定の部屋におもむいて実験に参加することになる。一方、現場実験の参加者は自分がある実験の参加者にさせられているという認識がない状態で、実験に参加させられることになる。

研究者というのは、一般に、研究の総括責任者であり、研究テーマを設定し、そのための実験や調査を計画し、実施するための段取りを考え、得られたデータを分析し、それにもとづいて報告書や論文を作成する人である。研究全体の倫理的問題にも配慮する必要がある（安藤・安藤、2005）。研究者のおかれている立場によるが、研究者が実験者を兼ねる場合がある。その場合は、実験者があらかじめ仮説や実験条件の内容を知っていることになるので、実験中、自分が望むように意識的、無意識的に行動し、そのことがデータに悪影響を及ぼしてしまう可能性がある（実験者効果）。

また、**実験協力者**（confederate）というのは、実験室実験において参加者に実験操作を加えるために、あらかじめ実験者から特定の行動をとるよう（演技するよう）いわれている人である。彼らには各参加者に対して常に同じ行動をとることが求められている。

4　実験にかかわる変数

次に、実験で重要な2つの変数についてみておこう。すなわち、独立変数（independent variable）と従属変数（dependent variable）である。**変数**とは、いろいろな値をとりうるものの総称である。たとえば、身長、テストの点数、温度、成績順位などである。性別も変数である。性別は男性と女性の2種類あるが、男性と女性という2つの値をとりうる変数ということになる。

独立変数は、実験者が操作しようとする変数であり、実験条件（本章4-2の1を参照）に対応している。**操作**（manipulation）とは、実験に必要な条件を設定して、各条件において適切な実験的手続きをとることである。たとえば、傍観者効果（bystander effect；傍観者のいるときの方が、いないときよりも援助率が低下する現象）の場合では、傍観者の有無、もしくは人数が独立変数ということになる。傍観者の有無について条件を設定したとしよう。傍観者なし条件の場合には、実験参加者だけが腕いっぱいに本を抱えた人物に遭遇するのに

4章 実験研究の考え方

対し，傍観者あり条件では，実験参加者のほかにあらかじめ手助けしないようにいわれている実験協力者がそばにいて（この実験協力者が傍観者にあたる），その2人が本を抱えた人物に遭遇するということになる。そして，本を持ってあげようと援助を申し出る実験参加者の比率を両条件間で比較するのである。

独立変数に関して重要なことの1つは，研究者が想定したように，うまく実験操作ができたかどうかを確かめることである。上記の傍観者効果の場合は，傍観者の有無を操作するだけなので，その有効性を確認する必要はないであろう（実験参加者は，自分のほかに他者がいるかどうかをはっきりと認識できるであろう）。しかし，質問紙実験では多くの場合，質問紙に書かれている文章を通して実験参加者の認知を実験的に操作することになるので，その操作がうまくいったかどうかを確認するための質問項目を用意し，その有効性を確認することが必要である。たとえば，過去6カ月間に起こった悲しい出来事を実験参加者に思い出させて，実験参加者を悲しい情動状態にする条件と，うれしかった出来事を思い出させてうれしい情動状態にする条件を設定する場合，気分形容詞チェックリスト（mood adjective check list）を利用して，操作の有効性を確かめるという方法が考えられる。こうした手続きを**操作チェック**という。実験操作がうまくいかなかったことが確認されれば，必要な修正を加えた後，再度実験を行わなければならない。

従属変数とは，実験者がその実験において測定しようとする変数であり，独立変数の影響を受けていると予測される変数である。傍観者効果の例でいえば，実験参加者が本を持ってあげようと申し出たかどうか，あるいは，本を抱えている人物に遭遇してから申し出るまでの反応時間が従属変数になる。これらは，実験参加者の行動を観察して得たデータである。あるいは，その後，質問紙に回答させ，「本を持った人物はどのくらいつらそうであると思ったか」「本を持った人物に会った瞬間どのくらい手助けしてあげようと思ったか」など，実験参加者の認知を5点（あるいは7点）尺度上（まったくそう思わなかった〜どちらともいえない〜非常にそう思った）に回答させ，従属変数にすることもある。質問紙実験の場合は，すべてが認知的反応になる。そのため，どのような質問項目を設定すれば必要な従属変数を得ることができるのか，複数の質問項目をまとめてどのように信頼性，妥当性の高い尺度を構成するかという問題に

も対処する必要がある。この点については，5章を参照してほしい[注1]。

5 仮説の設定

われわれがあることを行うにあたって，多くの場合，あらかじめ目標を設定しているように，実験を行う際にも目標を明らかにさせておくことが重要である。実験の場合の目標は，仮説を検証することである。**仮説**とは，ある変数と他の変数とがどのような関係にあると考えられるかを理論や経験にもとづいて予測したものである。傍観者効果を例にとれば，「傍観者のいる方がいない場合よりも援助率は低くなるであろう」というものである[注2]。

実験を行う際には，こうした仮説を立てることが出発点になる。仮説の立て方については，安藤（1987）に詳しい。仮説を立てた後の作業は，実験のデザインを考えることである。その仮説を検証するために，どのような実験を行えばよいかを考えるのである。より具体的には，どのような状況をつくり，どのような実験条件を設定し，実験参加者にどのような反応をさせればよいかを考えることである（5章参照）。このとき，本章4-3で述べる実験の妥当性やリアリティが問題になってくる。

4-2 なぜ実験研究が必要なのか──因果関係

次に，なぜ実験研究を行う必要があるのかを考えてみよう。社会心理学者がめざしているのは，①個人，集団，社会レベルのいろいろな現象の原因を明らかにすること（たとえば，態度の類似していることが他者に対する好意をもたらす，情報の不足が流言を発生させる），②種々の原因がどのように作用し合って1つの現象をもたらすのか，そのプロセスを明らかにすること（たとえば，態度変容における精査可能性モデル；Petty & Cacioppo, 1986），③ある現象が生じることによってどのような効果がもたらされるのか（たとえば，集団の凝集性が高くなると，集団の業績が向上する）を明らかにすることなどである。いずれの場合も，関連する変数の**因果関係**を明らかにすることである。それでは，因果関係とは何なのか，どのようにすれば因果関係を把握できるのかを考えてみよう。

1　因果関係とは何か

2つの事象XとYがある場合，次の3つの条件を満たすと，事象Xは事象Yの原因であると判断できる（Kenny, 1979）。

(a) 事象Xは事象Yよりも時間的に先行している（いつも事象Xが生じた後に，事象Yが生じる。事象Yが事象Xよりも先に生じることはない）。

(b) 事象Xと事象Yとは共変している（事象Xが生じる場合は事象Yも生じ，事象Xが生じない場合は事象Yも生じない）。

(c) 事象Xと事象Yの両方に影響を及ぼしているような第3の事象は存在していない。

これらの条件を満たすために，5章で述べる実験デザインが考案されている。実験デザインのいちばん基本的な形は，傍観者効果の例でみたように，ある要因の効果を検証するために，実験的な操作を行う条件と実験的な操作を行わない条件を設定し，両条件における実験参加者の反応を比較するというデザインである。一般に，前者の条件を実験条件と呼び，実験条件に割り当てられた実験参加者の一群を**実験群**と呼ぶ。一方，後者をコントロール（統制）条件，および**コントロール（統制）群**と呼ぶ。また，すでに述べたことであるが，実験的な操作の有無は独立変数に対応し，実験参加者の反応は従属変数に対応している。

さて，因果関係を満たす上記の3条件と実験デザインとは次のように対応している。まず，事象Xは独立変数，事象Yは従属変数にあたる。実験群では独立変数を操作して，その後，従属変数を測定するので，両変数の時間的生起順序を操作していることになる。次に，コントロール群では実験的な操作を行わないので，事象Xが存在しないときに事象Yが生起しないことを確認することになる（要因実験においては，事象Xの生起量を操作することによって，事象Xと事象Yとの共変関係を検討していることになる；5章参照）。そして，第3の事象が存在していないことは，実験参加者のランダム配置とコントロールされた実験状況の設定によって達成している。**ランダム配置**（random assignment）とは，無作為割当とも呼ばれ，実験参加者を各実験条件に割り当てる際の手続きのことである。具体的には，いろいろな属性をもった複数の実験参加者を各条件に割り当てる確率を等しくすることである。この手続きによって，

実験的に操作された要因以外には条件（群）間の差がない（等質である）と理論上考えられる。

2 相関研究・重回帰分析と共分散構造分析

上記の3条件を満たすことによって2つの事象（変数）間の因果関係を明らかにできるのだが、研究の初期においては、ある事象の原因を探索するためにデータをとることもある。その際には、まず、事象Yと共変する事象（変数）を探すことになる（上記(b)の条件を満たす事象Xを探すことになる）。よく用いられる方法は、質問紙を使って、従属変数と相関係数（correlation coefficient）の高い（つまり、共変している）変数を探すというものである。これは、**相関研究**（correlational design）と呼ばれている。

あらかじめ従属変数に影響を及ぼすと考えられる変数が複数予測されている際には、**重回帰分析**（multiple regression analysis）を行い、どの説明変数がもっとも説明力があるか（外的基準との関連性が高いか）を明らかにすることができる。重回帰分析の場合、ある変数を説明する変数を説明変数と呼び、説明される方の変数（従属変数）を外的基準と呼んでいる。この場合も、相関研究と同じように、説明変数と外的基準との関連性（共変関係）が確認されるだけであり、両変数の因果関係まで言及できないことに注意する必要がある。

また、複数の変数間の因果関係をあらかじめ予測でき、因果モデルをつくることができる場合は、**共分散構造分析**（covariance structure analysis）を行って、モデルの妥当性を確認することができる（小塩，2004）。たとえば、父親の職業選択とその子どもの職業選択という変数においては、前者の方が時間的に先行しているので、両者の因果関係をあらかじめ想定できると考える。しかし、この場合の因果関係は、あくまでもモデル作成時の理論的、経験的根拠にもとづいているだけなので、実験研究ほどには変数間の因果関係を確実に明らかにすることはできない。

3 現象の予測とコントロール

因果関係の解明に関連して、最後に、なぜわれわれが因果関係を明らかにしようとするのかを考えておこう。ふだんの生活において、われわれは自然のう

ちにものごとの因果関係をとらえようとしている。つまり，心理学者と同じような作業を普通の人々も行っている。いつも仲の良い友人が今日に限って機嫌が悪いことを観察すると，なぜ機嫌が悪いのかその原因を探ろうとする（ものごとの原因を追究することを社会心理学では原因帰属〔causal attribution〕と呼んでいる）。昨日，自分が言い過ぎたからか，それともその友人が彼女（彼）とけんかしてしまったからか，などとその原因を推測する。そして，いくつかの情報を利用して特定の原因が見つかると，友人の不機嫌な状態を理解できたと安心するのである。ただ，普通の人々と社会心理学者の違いは，社会心理学者が用いる原因追究の仕方がより科学的であり，ある現象の原因が何であるかを確実にとらえることができるように彼らが努力しているということである。普通の人々の場合は，ある原因が特定されると，まだ他の原因の可能性も存在しているのに，他の原因の方を無視してしまいがちである。また，社会心理学者の場合は，他の原因による影響を極力排して，ある1つの要因がその現象の原因となっているかどうかを確実に判断しようとしている。

　ある現象の因果関係を明らかにすることを心理学では**説明**（explanation）と呼んでいる。そして，ある現象の背景にあるメカニズムを説明できれば，それにもとづいて，将来におけるものごとの発生の有無，推移，変化など**予測**（prediction）できるようになる。ある現象をあらかじめ予測できれば，それに対応して自分がどのような行動をとればよいかを事前に決めることが可能になる。ある事象が生じた直後にあわてふためく可能性を減らせるのである。

　さらに，ある事象が生じる十分な条件が明らかにされていれば，社会的に望ましい状況を作り出すことも可能になる。社会的に望ましい状況を作り出すために，必要な要因を操作することを**コントロール**（control）と呼んでいる。社会的な問題（たとえば，いじめや学級崩壊をなくす，禁煙させる，薬物に手を出させないなど）を解決するために，研究成果を応用するということである。

4-3　実験研究の妥当性とリアリティ

1　実験研究の妥当性

　実験計画を立てる際に注意すべきことがらがある。それは実験の妥当性

（validity）とリアリティ（reality）の問題である。

　実験研究の**妥当性**とは，仮説を検証するという目標のために，実験がどの程度適切な実験計画や手続きをとっているかを示す概念である。妥当性の高い実験ほど，変数間の因果関係を明らかにできることになる。妥当性については，内的妥当性，外的妥当性，構成概念妥当性という3種類のあることが指摘されている（Campbell & Stanley, 1966）。

　まず，**内的妥当性**（internal validity）とは，独立変数の実験操作が適切で，実験群とコントロール群の結果の差を独立変数だけに帰属できる程度を示している。実験群とコントロール群との間に統計的にみて有意な差が認められた場合，われわれは研究者としてその原因を独立変数の操作（実験操作を加えたか，加えなかったか）に起因していると考えたい。しかし，実験操作が適切でないと（たとえば，実験参加者をランダム配置しなかったり，実験協力者が実験ごとに同じように演技しなかったり，実験群の実施日だけが試験週間と重なってしまい実験参加者に心理的余裕がなかったりすると），その差を別の要因（ライバル仮説）で説明できてしまう。そうすると，その実験で操作した変数（独立変数）が従属変数の原因になっていると確実にいうことができなくなってしまうのである。

　次に，**外的妥当性**（external validity）とは，得られた結果の一般化可能性を示している。すなわち，ある実験で明らかにされた2変数間の因果関係が，その実験に参加した人々だけでなく，他の属性をもった人々にもあてはまり，実験の行われた社会的状況や地域だけでなく，他の社会的状況，地域，文化でも同じようにあてはまり，また，実験の行われた時期だけでなく，将来的にもあてはまるほど，その実験の外的妥当性が高いことになる。実験の外的妥当性を高めるためには，種々の属性をもつ実験参加者をランダム配置すること，あるいは，従属変数と関連すると思われる変数についてあらかじめ実験参加者をブロック化して（たとえば，実験参加者の比率を男女半々にしたり，年齢比率を20代，30代，40代ごとに同じにしておいたりする）実験を実施すること，一定の時間をおいて実験を繰り返してみること，他の地域や他の文化圏でも同じ実験を実施してみることなどの方法が考えられる。しかし，そうすると実験の実施コストが非常に高くなり，あまり現実的ではない。したがって，多くの場

合，できるだけ外的妥当性が高くなるよう留意しながら，結果を考察する際に，結果の一般化可能性について言及しておくことが重要である。

最後に，**構成概念妥当性**（construct validity）をあげることができる。これは，理論上，あるいは仮説上設定された独立変数，従属変数と実験で使われる独立変数の操作，従属変数の測定との対応関係にかかわる側面である。たとえば，独立変数として自尊心をとりあげ，実験で参加者の自尊心の高低を操作したいとする。研究者は，見本と同じ図形を4種類の図形のなかから探すというような課題を実験参加者に課し，偽の成績をフィードバックすることにした。すなわち，高自尊心群には，平均よりよくできたと伝え，低自尊心群には，平均よりできなかったと伝えるのである。研究者は実験参加者の自尊心を操作するためにこのような手続きをとったが，本当に実験参加者の自尊心を操作したことになるのかどうかが，ここで述べている構成概念妥当性にあたる。構成概念妥当性を高めるためには，まず，実験を行う前に，心理学，あるいは社会心理学の専門家の判断を参考にすることである。さらに，実験において自尊心の操作を行った後，たとえば，実験参加者に自尊心尺度（Rosenberg, 1965）に回答させ，高群の自尊心得点が低群よりも高いことを確認することである。

構成概念妥当性は従属変数についても考慮しなくてはならない。従属変数を測定するために心理尺度を用いることも多いが，心理尺度をつくる際にもその妥当性を確かめる必要があり，その1つに構成概念妥当性がある。すなわち，研究者が測定しようとしている構成概念を（他の概念ではなく）適切に測定しているかどうかということである。たとえば，攻撃行動のビデオを視聴した後に攻撃行動に対する態度を測定しようとするとき，20項目からなる尺度を作成したが，それが本当に攻撃行動に対する態度を測定していることになるのかどうかという問題である。心理尺度の構成概念妥当性を検討するには，因子分析をはじめとする統計的手法がある。

先に，実験には実験室実験，現場実験，質問紙実験があると述べた。実験の妥当性に関しては，どの実験のタイプが高い，あるいは低いという一般的な傾向はない。どのタイプであっても等しくその妥当性を高める努力をする必要がある。

2 実験研究におけるリアリティ

　実験の妥当性を高める努力をしても，実験参加者がまじめに参加する気になれないような実験状況では，必要なデータを得られなくなってしまう。つまり，参加者が自分のおかれている実験状況をどのように認知しているかということであり，実験の**リアリティ**（現実度）の問題である。リアリティについては実験的リアリティ，日常的リアリティ，そして，心理的リアリティという3種類がある（Aronson, Wilson, & Brewer, 1998）。

　まず，**実験的リアリティ**（experimental reality）とは，実験状況が参加者にとって意味のある状況であり，自然のうちに引き込まれ，ふだん通りに，まじめに反応しやすい状況である程度を示す概念である。実験参加者が何か嘘臭さを感じてしまったり，まじめに取り組む気が失せてしまうと，実験的リアリティが乏しいことになる。実験的リアリティの高い例として，ミルグラム（Milgram, 1974）による権威への服従に関する実験をみてみよう。実験参加者は新聞広告を通して募集された一般的なアメリカ市民であった。彼らは「罰が学習に及ぼす効果」を明らかにするための実験に参加するつもりで，ミルグラムの実験室を訪れた。彼らが実験で行うことは，先生役となって，対連合学習で正答できなかった初対面の生徒役の人に電気ショックを与えることであった。対連合学習とは，青い―箱，よい―日，野生の―鴨，……というように形容詞と名詞が対になったことばのリストを覚え，後のテストで「青い」と提示された際に，4つの選択肢のなかから「箱」を選べば正解とされるような課題のことである。実験参加者は，生徒が間違うたびに高い電圧の電気ショックを与えなければならなかった。生徒役は実験協力者であり，実際には，実験参加者の目の前にあるスイッチを入れても電気ショックは発生していなかった。生徒役は電気ショックの電圧がだんだん高くなると，うなったり，壁を蹴ったり，無反応になったりして迫真の演技をした。実験参加者は，苦しそうにしている生徒を見て，実験を途中でやめたいと申し出ても，実験者から実験を続行するように言われ，なんと65％もの参加者が最終電圧の電気ショックまで与えたことが見出された。実験の最中，参加者は苦しそうな生徒を目の前にしても実験を続行せざるをえない状況におかれ，唇をかんだり，手を組み合わせたりして，非常にストレスを感じていることが観察された。参加者はこの実験状況を疑う

ことなく素直に受け入れ，引き込まれていたといえる（Slater, 2004）。

次に，**日常的リアリティ**（mundane reality）とは，実験状況が参加者のふだんの生活の一部になっている程度を示す概念である。ミルグラムの実験の日常的リアリティは低いといわざるをえない。相手が間違った答えを言うたびにより強い電気ショックを与えるという状況にわれわれが遭遇することは，まずないであろう。その意味では，ミルグラムは非常に特殊な社会的状況を設定したといえる。しかし，そのためにミルグラムの実験の価値が下がるわけではない。彼の実験は，倫理的な問題は別にして，われわれがいかに科学的真実を明らかにしようとする実験者（権威）に服従しやすいかを明らかにした点で意味があるのである。

日常的リアリティの存在を指摘する意味は，われわれが日常的に経験する状況であれば，それだけ実験参加者の自然な反応がその実験状況でも生じやすいだろうと推測されるからである。また，日常的リアリティの高い実験から得られた結果であれば，すぐに日常的な場面に応用できると考えられるからである。ただ，人工的に設定された実験室実験の状況における人の行動は通常の生活場面のものとは異なり，したがって，日常的リアリティの低い実験状況で得られたデータだけにもとづいて人の行動の原因を明らかにすることは難しいという批判がある（Bell, 2002）。その意味では，実験法だけでなく，他の方法にもとづいたデータの収集も必要であろう。

最後に，**心理的リアリティ**（psychological reality）とは，実験状況で参加者に生じる心理的反応が，ふだんの生活で生じる心理的反応と似ている程度のことである。つまり，参加者の示す反応がその実験状況で特殊的に生じているのではなく，日常的に生じている心理的反応とほぼ等しいと考えられる程度のことである。

アロンソンら（Aronson et al., 1998）によれば，実験的リアリティは低いが，心理的リアリティの高い実験が存在するということである。それは，人の自動的な認知的反応に関する実験である。たとえば，ランガーら（Langer et al., 1978）は，われわれが周囲の情報を十分に処理せずに，（今までの経験にもとづいて）自動的に反応する場合のあることを見出し，それを**マインドレスネス**（mindlessness）と呼んだ。たとえば，「コピーをとらなくてはいけないので割

り込ませてほしい」と理由にならない理由をつけて頼むと，単に割り込ませてほしいと頼む場合よりも応じてもらいやすい。これは，われわれが与えられた情報をよく吟味せずに，自動的に反応していることを示している結果である。こうした自動的な反応に関する実験を行う際は，そもそも実験参加者は与えられた情報を十分意識して処理していないので，実験的リアリティは低いことになる。しかし，日常的によく示す反応を実験状況でも示したことになるので，心理的リアリティは高いというわけである。

いずれのリアリティに関しても，ある特定の実験がどの程度リアリティが高いかを判断する客観的な判断基準は存在しない。研究者が自分のセンスと他の研究者からのアドバイスにしたがって判断するしかないのである。

こうしたリアリティは，実験のタイプによって異なっている。実験室実験や現場実験に比べて，質問紙実験の実験的リアリティは一般に低いといわざるをえないだろう。質問紙実験の場合は，質問紙に書いた文章や提示するビデオによって実験状況を操作し，実験参加者にはそれらにもとづいて社会的な状況を想定させる。したがって，実験参加者が注意深く文章を読んだりビデオを視聴したりして，与えられた情報を十分理解しないと，実験状況の操作ができない，もしくは参加者にインパクトのある実験操作を行いにくいのである。

4-4 研究のコストと質問紙実験

最後に，実際に実験を行うために研究者（あるいは実験者）が用意すべきことをみておこう。言い換えれば，実験を行うにはどのようなコストがかかるかということである。少なくとも，時間，場所の確保，実験参加者の募集，実験材料の作成，実験参加者ごとの実験の反復という5点が考えられる。

まず，実験の実施時間であるが，実験者と参加者の都合のよい時間帯ということになる。実験室実験において，参加者が大学生の場合は，比較的時間の都合がつきやすいが，会社員の場合は就業時間中に協力してもらうのは難しく，それ以外の時間に設定せざるをえない場合がある。また，実験の所要時間が実験参加者1人あたり30分程度であれば協力してもらいやすいが，1時間以上，しかも，2回以上の実験に参加してもらうとなると実験参加者の協力率も低下

する。質問紙実験の場合は，授業の担当教員にある程度の時間を割いてもらうようお願いできれば，あるいは，質問紙を参加者に郵送すれば，実験を実施することが可能になる。

　次に，実験を行う場所であるが，大学生を実験参加者にする場合は，ゼミ室のような机とイスが用意されている部屋を借りられれば，多くの場合対応できる。会社員に協力してもらう場合は，その企業の一室を借りた方がよいときもある。質問紙実験の場合は，大学の授業において集合方式で行ったり，質問紙を郵送したりするので，場所の心配をする必要はない。

　実験室実験を行う場合，参加者を集めるのが一番苦労することである。現場実験の場合は，日常的な場面にいる人を勝手に参加者にしてしまうので，実験室実験ほど参加者を集めるのに苦労することは少ない。また，質問紙実験の場合は，参加者に個別に連絡をとるという作業は必要ない。

　大学生を実験参加者にする場合は，ある授業に出席している大学生たちに，1週間のうち都合のつく時間帯と心理学の実験に参加してくれるかどうかを聞いておき，実験を行う1〜2週間ほど前に連絡して，実験実施の日時を決めるのが1つのやり方である。電話であれば同じ依頼を繰り返さなければならないこと，メールであればこまめにやりとりしなければならないこと，約束をしても実験に来てくれない場合があることなど，実験研究においてストレスのかかる側面である。とくに，集団実験のように一度に複数の参加者に対して実験を行う場合は，1人でも欠席すると実験を行えないので，欠席者が出てもすぐに代わりの実験参加者に来てもらえるような工夫が必要である。

　実験材料の作成も時間のかかる作業である。実験参加者に伝えるためにわかりやすい教示文を作成すること，実験状況に関する参加者の理解を補助するような実験の流れ図やイラストなどを用意すること，参加者に行わせる課題を用意したり，参加者に呈示する写真やビデオを集めて編集したりすること，実験協力者にどのように演技してほしいかを伝え訓練することなど多くの作業が存在する。いずれの場合も，内的妥当性や構成概念妥当性，そして，3種のリアリティを高めることを念頭に作業を進めることが大切である。この実験材料の作成については，どの実験のタイプに対してもあてはまることである。

　実験の重要な点は，どの参加者に対しても同一の手続きで実験を実施するこ

とである。そのために，実験手続きを正確に反復することが求められる。これも，参加者を集めることと並んでつらい作業である。できるだけ一字一句間違わないように参加者に教示を与えること，実験者は毎回同じような服装，髪型などをしていること，立ち居振る舞いやしゃべり方もできるだけ同じようにすること，実験者の一時的な情動や欲求が実験の実施に反映されないようにすることなど，注意すべき点は多い。その点，質問紙実験を集合方式で行う場合には，このような心配はいらない。

　こうしてみると，質問紙実験はその実施にあたって，他の実験タイプに比べてコストが低いようである。しかし，その反面，実験的リアリティが相対的に低いこと，実験参加者のランダム配置が難しいなどの短所もあることに注意しなければならないだろう。

■注
注1）独立変数と従属変数に関係する変数として，調整変数と媒介変数がある。**調整変数**（moderating variable）とは，独立変数と従属変数との関係に影響を及ぼす変数であり，両変数の関係に**交互作用効果**（5章の5-1の2「2元配置計画」を参照）をもたらすような変数である。
　　一方，**媒介変数**（mediating or intervening variable）とは，独立変数と従属変数を媒介する変数である。たとえば，一般に，親の社会的地位（独立変数）が子どもの社会的地位（従属変数）に影響を与えていると考えられるが，子どもの学歴が両変数を媒介しているという場合である。たとえば，社会的地位の高い親の子どもほど，多くの教育を受ける機会が多くなって学歴が高くなり，そのために子どもの社会的地位も高くなるというつながりが考えられる。こうした変数間のつながりは，共分散構造分析で確かめることができる。
注2）実験条件に即した仮説をとくに**作業仮説**（working hypothesis）という。傍観者効果を例にとれば，たとえば，「傍観者が1人いる条件の場合は，傍観者がいない条件に比べ，腕いっぱいに本を抱えた人に手を貸す実験参加者の比率が小さいであろう」という作業仮説を立てることができよう。

■引用文献
安藤清志(1987)．問題の設定と仮説の構成　末永俊郎（編）社会心理学研究入門　東京大学出版会　pp. 15-22.
安藤寿康・安藤典明（編）(2005)．事例に学ぶ心理学者のための研究倫理　ナカニシヤ出版
Aronson, E., Wilson, T. D., & Brewer, M. B.(1998)．Experimentation in social psychology. In D. T. Gilbert, S. T. Fiske, & G. Lindzey (Eds.), *The handbook of social psychology*：Vol. 1. (4th ed.)．New York：McGraw-Hill. pp. 99-142.
Bell, A.(2002)．渡辺恒夫・小松栄一（訳）(2006)．論争のなかの心理学――どこまで科学たりうるか　新曜社

Campbell, D. T. & Stanley, J. C. (1966). *Experimental and quasiexperimental designs for research*. Rand-McNally.
Kelley, H. H. (1950). The warm-cold variables in first impressions of persons. *Journal of Personality*, **18**, 431-439.
Kenny, D. A. (1979). *Correlation and causality*. Wiley.
Langer, E., Blank, A., & Chanowitz, B. (1978). The mindless of ostensibly thoughtful action : The role of "placebic" information in interpersonal interaction. *Journal of Personality and Social Psychology*, **36**, 635-642.
Milgram, S. (1974). 岸田　秀(訳)(1995). 服従の心理 改訂版新装　河出書房新社
小塩真司(2004). SPSSとAmosによる心理・調査データ解析——因子分析・共分散構造分析まで　東京図書
Petty, R. E. & Cacioppo, J. T. (1986). *Communication and persuasion: Central and peripheral routes to attitude change*. Springer-Verlag.
Rosenberg, M. (1965). *Society and the adolescent self-image*. Princeton University Press.
Slater, L. (2004). 岩坂　彰(訳)(2005). 心は実験できるか——20世紀心理学実験物語　紀伊國屋書店

■参考文献
Bausell, R. B. (1994). *Conducting meaningful experiments: 40 steps to becoming a scientist*. SAGE.
後藤宗理・大野木裕明・中澤　潤(編著)(2000). 心理学マニュアル　要因計画法　北大路書房
Kelly, J. R. & McGrath, J. E. (1988). *On time and method*. Applied social research methods series, Vol. 13. SAGE.
北村英哉・坂本正浩(2004). パーソナル・コンピュータによる心理学実験入門　ナカニシヤ出版
Ross, A. S. & Grant, M. (1996). *Experimental and nonexperimental designs in social psychology*. Westview Press.
Solso, R. L. & Johnson, H. H. (1984). 浅井邦二（監訳)(1988). 心理学実験計画入門　学芸社
末永俊郎(編)(1987). 社会心理学研究入門　東京大学出版会
高野陽太郎・岡　隆(編)(2004). 心理学研究法——心を見つめる科学のまなざし　有斐閣

（今井芳昭）

5章　実験研究のデザイン

　質問紙を使ってデータをとることは比較的容易にできると考えられやすい。たしかにデータをとること自体は容易かもしれない。とくに教室で学生を対象としたデータ収集を行う場合には，今日つくった質問紙を明日使うということもできないわけではない。しかし，急いでつくった質問紙は実験であろうと調査であろうと，ほとんど失敗作だと思っていた方がよいであろう。実験や調査に用いる質問紙は計画的に作成しなければならない。本章では質問紙を使った実験を計画するときのポイントを3つの節に分けて述べる。

5-1　要因配置の考え方

1　要因と条件

　社会心理学の多くの実験は，ある**条件**のもとで起こると予想される反応の確認を目的としている。したがって，いくつかの条件を人工的につくりだして，その状況におかれた人の反応を測定する。これが**社会心理学実験**の典型である。

　要因配置とは，実験にどのような条件をいくつ設定するかを計画することである。たとえば，人々のもつ意見が説得によって変化するのはどのような場合かを検討するとしよう。この問題については，説得メッセージを送る人物の「専門性」が説得効果を左右する要因の1つであることが知られている (Bochner & Insko, 1966)。この専門性の効果を実験的に検討するためには，専門性の高い送り手と低い送り手というように2つの条件をつくる。このとき説得のテーマが「適切な睡眠時間」であるとすれば，高専門性条件の実験参加者はたとえば「ノーベル生理学賞を受賞した博士」の意見を読み，低専門性条件の実験参加者は「学習塾教師」の意見を読むというようにする[注1]。意見の内容はもちろん同一で，「誰の（どの程度専門性のある人の）」意見かという点だ

けが異なるようにするのである。このように1つの要因は少なくとも2つ，あるいはそれ以上の複数の条件で構成する。なお，条件（condition）の代わりに**水準**（level）という用語を使うことも多い。

要因に関してもうひとつ知っておいた方がよいことがある。それは実験的に操作する要因と個人差要因の区別である。4章で述べられた実験という手法の特徴は因果関係を検討する点にあった。この特徴は厳密には実験者が計画的に設定した要因についてのみいえることである。

ところが，社会心理学においては，もともと実験参加者に備わっている個人的特性（さまざまな性格特性や能力など）の相違を独立変数として扱うことも多い。しかし，個人差要因を独立変数としたときに観察された条件間の差は，その個人差要因の直接的な因果として現れたものだとは結論できない。たとえば「向性」を要因として扱うときに，「外向的」な人は向性以外に他の何らかの変数も同時に高く，「内向的」な人はその変数が同時に低いという可能性が常に存在するからである[注2]。

もっとも，このことは実験研究に個人差要因をもち込んではいけないということを意味しない。モデルや仮説に特定の個人差要因が含まれる場合には，そのモデルを検証するという点からみて，その個人差を要因配置計画のなかで扱うことは完全な誤りではない。この場合，ある個人差要因と従属変数の間に見出された関係は，モデルや仮説に対する結論として意味をもつのであり，モデルを離れてその個人差要因が従属変数に直接的な因果関係をもつとはいえない。

2　2元配置計画

2元配置は，1つの実験のなかで同時に2つの要因の効果を検討する計画である。表5-1をみてほしい。これは**従属変数**Xについて要因Aと要因Bの効果を検討するための計画である。表中では要因Aも要因Bも2つの水準（条件）をもっている。要因Aの水準がA1とA2，要因Bの水準がB1とB2である。要因配置計画は一般に「（要因Aの水準数）×（要因Bの水準数）」という形で表現される。この場合は「2×2」の計画である。計画によっては，1要因が3水準以上をもつ場合も少なくない。2×3，2×4という計画は珍しくないが，3×4や4×5など多水準の計画はあまりみかけない。いずれにせよ自分の計

表 5-1　2×2の要因配置計画

	要因A		要因Bの主効果
	A1	A2	
要因B　B1	x_{11}	x_{21}	b_1
B2	x_{12}	x_{22}	b_2
要因Aの主効果	a_1	a_2	全体の平均 x

（注）表中の x_{11}〜x_{22} はそれぞれの条件における従属変数Xの測定値を表している。x_{11} の小さな数字は左側が要因Aの水準を，右側が要因Bの水準を示している。また，たとえば，a_1 は要因Bの効果を無視したときの条件A1の平均値を表している。a_2，b_1，b_2 もこれと同様である。

画を作表してみることは重要である。

このような計画によって得られたデータには**分散分析**（analysis of variance：ANOVA）を行うのが一般的である。分散分析は要因の主効果（main effect）と交互作用効果（interaction effect）を検定する推測統計法である。**主効果**は，要因Aと要因Bについてそれぞれ検定される。主効果検定によって，要因Aが従属変数Xに影響を及ぼしたか（a_1 と a_2 の差の比較），要因Bが従属変数Xに影響を及ぼしたか（b_1 と b_2 の差の比較）が独立に確認できる。

2元配置計画の利点は交互作用効果が検定できる点にある。**交互作用効果**とは，ある条件と別の条件が組み合わされたときの効果をさしている。たとえば，表5-1でA1の条件の実験参加者たちは要因Bによって2群に分割される。もし要因Aしか存在しないならば，同じような反応を示すはずであったこれらの2つの実験参加者群は，要因Bが導入されたために異なる反応を示すかもしれない。同様にA2の条件の実験参加者たちも要因Bによって2群に分割される。こちらの場合も要因Bのために反応が異なるかもしれない。

表5-1の x_{11}，x_{12}，x_{21}，x_{22} にそれぞれ架空の測定値を入れてグラフ化したものが図5-1と図5-2である。交互作用効果にはいくつかのパターンがあるのだが，これらのグラフはそのうち2つを示したものである。図5-1はA1において要因Bの効果が大きいことを示している。これはA1における要因Bの**単純主効果**（simple main effect）という。一方，A2における要因Bの単純主効果はほとんどないことがわかる。また，図5-2はA1においてもA2においても要因Bの単純主効果が明確にみられるのだが，その効果がA1とA2でそれぞれ逆方向に働いていることを示している。このように交互作用効果は一方の要因の条件に応じて他方の要因の単純主効果の大きさや方向が異なるときに観察される。

2元配置計画に，さらに要因を加えた3元配置計画や4元配置計画もあり，

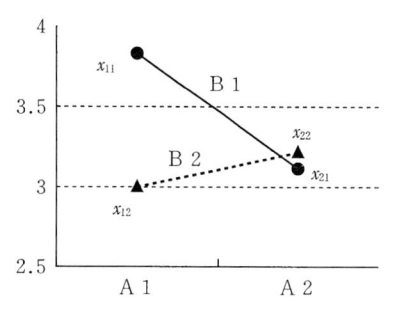

図 5-1　2×2 計画による交互作用の例 1

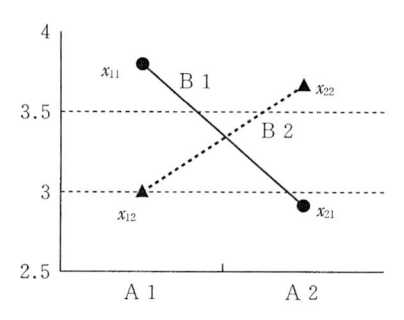

図 5-2　2×2 計画による交互作用の例 2

2×2×3 や 2×2×2×2 などの計画も可能である。理屈のうえではいくらでも要因を増やすことができる。また，各要因の水準もいくらでも増やせる。しかし，あまりに多要因多水準の計画は実験参加者の確保や結果の解釈に混乱をもたらすという点で現実的ではない。要因配置は研究目的や仮説に従ってつくられるべきである。

3　要因配置と実験参加者

　要因配置には実験参加者の割り当て方に関する問題もある。先の 2×2 計画の例をもう一度みてほしい。要因 A と要因 B の組み合わせで 4 つの条件があった。もし各条件に実験参加者を10名おけば全部で40名の実験参加者が必要である。このような方法は**被験者間計画**（between-subjects design）という。各条件間の比較を異なる実験参加者の間で行う計画になるからである。

　一方，研究によっては同じ実験参加者を複数の条件に割り当てることがある。この方法は**被験者内計画**（within-subjects design）という。2×2 の被験者内計画では同じ実験参加者が 4 つの条件のもとで繰り返し実験を受けて，そのつど，測定が行われる。表 5-1 を被験者内計画としてみると，x_{11}～x_{22} は同じ実験参加者を 4 つの異なる条件に割り当てて得た測定値となる。このようにして測定された値は**繰り返し測度**（repeated measures）とも呼ばれる。

　被験者間計画と被験者内計画をミックスした計画もある。**混合計画**である。表 5-1 を使って説明すると，たとえば要因 A の各水準には異なる実験参加者を割り当てて，要因 B の各水準には同じ実験参加者を割り当てる。つまり，A 1

の実験参加者たちはＢ１とＢ２の条件を体験し，それとは別のＡ２の実験参加者たちもＢ１とＢ２の条件を体験することになる。この場合，要因Ａを**被験者間要因**（between-subjects factor），要因Ｂを**被験者内要因**（within-subjects factor）と呼んで区別する。

　これらの計画の特徴について簡単にふれておく。被験者間計画の特徴は実験操作の独立性が保ちやすいことである。つまり，ある条件が別の条件に影響しないことや実験参加者に他の条件の内容を知られないといったことが保証されやすくなる。しかし，この計画は条件の数が増えるほど実験参加者の数を増やさねばならない。一方，被験者内計画は各条件に同じ実験参加者を使うので個体差から生じる条件間の誤差が小さくなり，それだけ純粋な条件間の差を観察することができる。しかし，実験参加者は常に新しい状態で各条件下の反応をするわけではなく，前の条件の影響を必ず受ける。とくに各条件の意味や違いが実験参加者にとって理解しやすい実験においては，実験操作の独立性を維持するのが困難になりがちである。そのため，実験参加者が実験者の望む反応をしたり，逆に意図的に条件に合わない反応をする可能性が高くなる。また，繰り返し測定をするために実験参加者に慣れや飽きが生じることもある。要因配置にあたっては，被験者間計画と被験者内計画のそれぞれの特徴を考慮して，混合計画も視野に入れながら，検討しようとすることがらにふさわしい計画を立てる。

5-2　実験のコントロール

　実験は研究者が関心をもつ要因の効果だけを取り出して分析することが目的である。実験結果を解釈するときにあいまいさをなくし，操作した要因だけがたしかに効果をもっていたと結論づけるためには，いくつかの工夫が必要である。要因配置はその工夫の１つであるが，ほかにも重要な工夫がある。実験をコントロール（統制）するということは，そうした工夫を駆使することにほかならない。

1 コントロール群の設定

要因配置は実は凝った実験計画である。よりシンプルな形で実験を行うことが可能で

表5-2 事後テスト計画

	コントロール群	実験群	……
従属変数	測定値	測定値	……

ある。もっとも基礎的な実験計画は表5-2のように実験群とコントロール群の2群を比較するタイプである。**実験群**（実験条件）の実験参加者は研究者が関心をもつ特定の条件にさらされるが，**コントロール群**（統制条件）の実験参加者は特別な環境にはおかれない。このコントロール群の測定値を基準として実験群の測定値と比較するのである。このとき，コントロール群と実験群の測定値が異なったならば，条件の効果があったと結論することができる。これは**事後テスト計画**[注3]と呼ばれる。また，実験群は1つである必要はない。異なる条件を観察したいならば，実験群A，実験群B，コントロール群の3群を設けて3水準としてもよい。このような計画は1つの実験で1つの要因を検討するので**1元配置計画**と呼ばれることもある。

2 事前テストの利用

実験群とコントロール群を比較した結果，仮に2群の測定値に差が観察されたとしよう。事後テスト計画上は実験操作の効果があったといえるが，もう少し疑ってみると，たとえば次のような懸念がある。実験群とコントロール群に差異が観察されたのは，実験群の方にもともとその測定値を高く（あるいは低く）させるような実験参加者が集まっていたからではないだろうか。実験参加者のランダム配置が保証されていれば，このような懸念をするには及ばないのだが，それでも研究者が関心をもつ測定値に関して，実験参加者のもともとの性質が異なっていたという可能性がないわけではない。

このような懸念がある場合には**事前テスト**（プリテスト）を利用する[注4]。実験操作をする前にあらかじめ実験群とコントロール群の両方の実験参加者について従属変数に関連する測定を行うのである。たとえば，人物情報を処理する方法の違いがその情報の記憶量に及ぼす影響を調べた研究がある（Hamilton, Katz, & Leirer, 1980）。このような問題では一般的な記憶力が高ければ人物情報の記憶に関してもすぐれていると考えられる。そこで，表5-3の

表5-3 事前—事後テスト計画の例

	条件	
	コントロール群（記憶群）	印象形成群
一般的記憶力（事前テスト）	測定値	測定値
人物情報の記憶成績（従属変数：事後テスト）	測定値	測定値

ように一般的な記憶力を事前テストとして測定しておく。その後で実験操作を施して他者情報の記憶に関する測定を行うようにする。この事前テストの測定値に条件間の差がなければ，他者情報の記憶成績に関する群間の差は一般的な記憶力が異なったからではなく，たしかに実験操作によるものであったと結論することができる。このような計画は**事前—事後テスト計画**と呼ばれる。

また，実験参加者を各条件に割り当てる前に事前テストを実施し，その得点にもとづいて実験群とコントロール群の間で成績が等しくなるように実験参加者を割り当てる方法もある。これはすでに次の剰余変数のコントロールを意味している。

3 剰余変数のコントロール

剰余変数とは実験計画に含まれないが，従属変数に影響する可能性のある変数のことである。このような変数がわかっているときはその変数をコントロールする必要がある。研究内容にもよるが，実験参加者の性別や年齢や他の個人差変数は剰余変数としてコントロールされることがある。

剰余変数のコントロールが必要な理由を極端な例で説明しよう。図5-3をみてほしい。このようにコントロール群の実験参加者がほとんど男性で実験群の実験参加者がほとんど女性であったとしよう。この2群の測定値に差異があったとして，それは実験群に対して施した操作によって生じた効果といえるだろうか。たしかにそこには実験操作の効果が含まれているかもしれない。しかし，それと同時に女性と男性の反応の差異も含まれているかもしれない。つまり，コントロール群と実験群の差異と女性と男性の差異とがほとんど一体化してしまっているのである。このような場合には2群の差異が実験操作と性差のどちらを反映したものかわからない（2つの要因の効果が一体化して区別できないことを**交絡**という）。

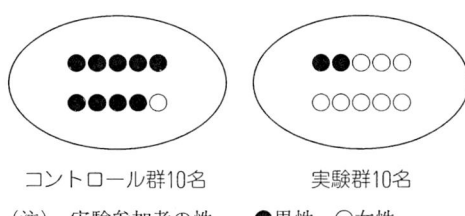

5章　実験研究のデザイン

実験参加者の性が従属変数に影響することがわかっているときや，理論的に従属変数に関連があるといえるならば，性は剰余変数となる。これをコントロールするためには，条件間の男女比を等しくしなければならない。この場合は男性と女性と独立に実験参加者の**ランダム配置**を行う。その調節が困難なときは男性だけか女性だけを実験参加者とした方がよい。したがって，図5-3のままでは実験参加者の割り当て方が不適切である。

コントロール群10名　　実験群10名
(注)　実験参加者の性　●男性　〇女性

図5-3　実験参加者の割り当てにおける剰余変数の問題

しかし，性が従属変数に影響しないことがわかっているときや，理論的に無関連であるといえるときは，性を剰余変数と考えなくてもよい。したがって，条件間の男女比を意図的にコントロールする必要はなく，男性と女性とを区別せずにランダム配置を行えばよい。その結果，図5-3のようになったとしても手続き上の問題はない。しかし，現実には性を剰余変数とするとしないとにかかわらず，実験参加者の男女比が極端に偏らないように割り当てられることが多い。

もともとランダム配置は剰余変数の影響を小さくするための手続きともいえる。したがって，ランダム配置を実行すれば剰余変数は自動的にコントロールされていることになる。しかし，剰余変数があらかじめわかっているときには，その影響を排除するように意図的にコントロールした方が実験の精度を上げることができる。

4　カバーストーリーとディブリーフィング

実験を行うときには，その目的や流れを実験参加者に説明した方がよい。これは一般に**教示**（**インストラクション**）と呼ばれている。教示によって実験のストーリーをつくることが実験のリアリティ（4章4-3参照）を増すうえで重要な役割をもつ。実験参加者のなかには自分が一体どのような実験に参加しており，自分の反応がどのような意味をもつのかを知りたがっている者も多い。

そうした実験参加者の気持ちに答えることによって，実験に真剣に参加してもらえる。

しかし，社会心理学の実験では，実験参加者が実験の本当の目的を知ってしまうと素直な気持ちで答えてもらえなくなることがある。あるいは目的の説明によって仮説が実験参加者に知られて，意図的に仮説と一致する反応や逆に一致しない反応があらわれるおそれもある。これを防ぐためには実験参加者に偽の目的を説明するための**カバーストーリー**を用いる。つまり，実験参加者にもっともらしい偽の説明をして実験参加への動機づけを維持しつつ，実験者側の意図を隠すのである。このような場合には結果的に実験参加者をだますことになるので，実験終了後に実験参加者に真の目的を話し，偽の目的を告げたことを謝罪してカバーストーリーを用いる必要があったことを十分に説明しなければならない。

このような説明は一般に**ディブリーフィング**という。ディブリーフィングでは，実験者側からの説明や謝罪だけにとどまらず，質問をしたり意見を述べる機会を実験参加者に提供する。そこで実験に対する疑問や不満が出てきたときには誠実に回答しなければならない。実験参加者がディブリーフィングを通して実験への理解を深め，実験の価値や参加したことに意義を認めてくれるようにすることが重要である。

社会心理学関係の学会では，実験参加者に十分な説明を行ったうえで研究参加への同意を求めることを**倫理基準**の1つとして掲げている（American Psychological Association, 1992）。**インフォームド・コンセント**（説明と同意）の基準という。カバーストーリーを用いることは，このインフォームド・コンセントに抵触する可能性があるので，次の点を十分に吟味しておくことが必要である。実験を実施する際に，実験参加者を欺くことになる内容を含んだカバーストーリーを与えることが不可欠で，他に代わる方法がないのかどうか。実験参加者が自分の意志で研究に参加し，途中であったとしても自分の意志で研究を中断したり放棄したりできるよう許容しているかどうか。実験参加者に苦痛や不快感を与えていないかどうか。そしてすでに述べたように，カバーストーリーを用いた場合に，事後に十分なディブリーフィングを行っているかどうかである。

記憶群	印象形成群
この実験の最初の部分は我々が人物の行動を記憶する方法に関心があります。この後，たくさんのスライドをお見せします。各スライドにはある人物の行動が1つ書かれています。その文を注意深く読んで次のスライドが出てくるまでよく検討して下さい。<u>書かれている語句をできるだけ正しく記憶するようにして下さい。</u>この作業の終わりに，<u>含まれていた情報</u>に関する質問に回答してもらいます。	この実験の最初の部分は我々が人物の行動に基づいてその人の印象を形成する方法に関心があります。この後，たくさんのスライドをお見せします。各スライドにはある人物の行動が1つ書かれています。その文を注意深く読んで次のスライドが出てくるまでよく検討して下さい。<u>記憶すること</u>にこだわらないで下さい。非常にたくさんのスライドがあります。その人物が<u>全体的にどのような人であるか，印象を作って下さい。</u>この作業の終わりに，<u>その人物についての印象</u>に関する質問に回答してもらいます。

(注) 下線部が2つの条件間で異なる部分。

図5-4　教示による実験操作の例（Hamilton *et al.*, 1980）

5　独立変数の操作

次に**独立変数の操作**の概要を説明しよう。ポイントは，研究のうえで関心のある部分（操作の対象）のほかは，どの実験参加者にも等しい情報が伝わるようにすることである。第1に教示を使う方法がある。たとえば，情報処理方法の相違が記憶に及ぼす影響を検討するために，図5-4のような教示によって2つの実験群をつくることができる。このように教示だけを変化させて，後は2群とも行動記述文を呈示し，その後に行動文の再生を求める。これで情報処理の目的だけを変化させた場合の記憶成績の相違が検討可能になる。

第2に刺激呈示による方法がある。たとえば，自己呈示が対人魅力に及ぼす影響を検討するために，刺激人物の発言内容を操作するといった方法が考えられる。自分を賞賛するような自己高揚的な発言が含まれる割合を70%とし，自分を少し悪く言うような自己卑下的な発言が含まれる割合を30%とする自己高揚条件と，これらの比率を逆転させた自己卑下条件をつくることができる（中村，1986）。これらの発言は協力者を見つけてビデオ撮影して刺激としてもよいし，刺激文として質問紙のなかで発言を呈示してもよい。

第3に情報フィードバックによる方法がある。たとえば，自尊心が脅かされる状況を実験的につくるためには，テスト結果のフィードバックが行われる。

実際の得点ではなく実験者が用意しておくもので，成功条件では「あなたの得点は92点でした。これは100人中の上から10番目です」とし，失敗条件では「あなたの得点は45点でした。これは100人中の下から10番目です」などとする。あるいは特定の基準（たとえば，中学生の平均値，大学生の平均値）を上回っていたか下回っていたかで操作することもできる（鹿内，1978）。情報フィードバックを用いる場合は，実験参加者にとって自己評価をすることが難しいテストを用いた方がよい。自分の能力がどれほどかを自分で判断できるような課題では，人工的なフィードバックを与えても実験参加者は「おかしい」と思って，フィードバックの信憑性がなくなってしまう。また，人工的に成功者や失敗者をつくることになるので，ディブリーフィングにはとくに注意を払う必要がある。研究の目的やその手続きの必要性について実験参加者に十分に説明し，実験参加者の内的状態を実験前と同様の状態に回復させることを目的としなくてはならない。

　最後に，独立変数の操作にかかわる重要な事項が1つある。**操作チェック**である。上記のような方法で実験操作を施したとき，それが研究者の望んでいる効果を実験参加者にもたらしたか否かを確認しなければならない。たとえば，刺激人物の自己呈示がどの程度自己高揚的に知覚されたか，あるいは自己卑下的に知覚されたか，情報フィードバックによって実際に成功感や失敗感があったか，などを確認することは重要である。このような操作をしたときにはその効果をチェックするための項目を用意しなくてはならない。

6　予備実験の役割

　質問紙実験は実施時のコストが低く，**予備実験**は比較的行いやすい。闇雲にやればよいわけではないが，しかるべき準備を経た予備実験によって，よりよい質問紙実験へと発展する。予備実験は次のような重要な役割を果たす。第1は実験計画と手続きの洗練である。無駄に要因や水準を増やしていないか，インストラクションやカバーストーリーが実験参加者にとってわかりにくくはないか，独立変数の操作が実験者の意図した実験参加者の内的状態を生み出しているかといったことの確認を可能にする。第2は測定道具の確認である。質問文や項目文の表現の理解しやすさや，それらを用いて得られる測定値の信頼性

と概念的な妥当性（4章4-3参照）をチェックすることができる。

5-3　従属変数の測定

1　測定の対象

　社会心理学の測定対象には，直接に観察できるものと観察できないものとがある。観察可能な対象は行動である。たとえば攻撃行動は，さまざまな測定法を使って研究されてきた（大渕，1993参照）。しかし，直接に観察できない対象についても多くの研究が行われている。認知，感情，動機といった内的な心理過程は直接観察できないが，最近の研究はむしろこれらの側面に関する研究の方が多い。

　直接見ることのできない対象をどうやって研究するのであろうか。それには**自己報告**という方法が用いられる。多くの場合，実験参加者は文章で質問項目を示され，書かれている内容が自分の考えや気持ちにどの程度あてはまっているかを回答する。こうして実験参加者に自分の内的な状態の報告をしてもらうのである。

　この方法の弱点としては，**虚偽報告**への懸念がぬぐえないことと，自分の内的状態は本人も正確に把握できないこと（Nisbett & Wilson, 1977）があげられる[注5]。しかし，低コストで多くの情報を得られるという大きな利点がある（1章1-4, 4章4-4を参照）。

2　質問紙による測定の特徴

　質問紙を使った実験では，自己報告によって実験参加者の内的状態や行動を測定することになる。その際には，**尺度**を付した質問項目を用いることが多い。図5-5のような尺度が典型的である。これはリッカート・タイプと呼ばれる尺度の例で，もっともよく使われるものである[注6]。

　尺度評定による測定の場合，質問項目をどのように並べるかということが問題となる。とくに項目数が多いときには，後の方の質問は実験参加者が疲れたり飽きてきて，回答の信頼性が低下するかもしれない。そこで，質問項目の配置順序について，たとえば昇順と降順のように少なくとも2つのバリエーショ

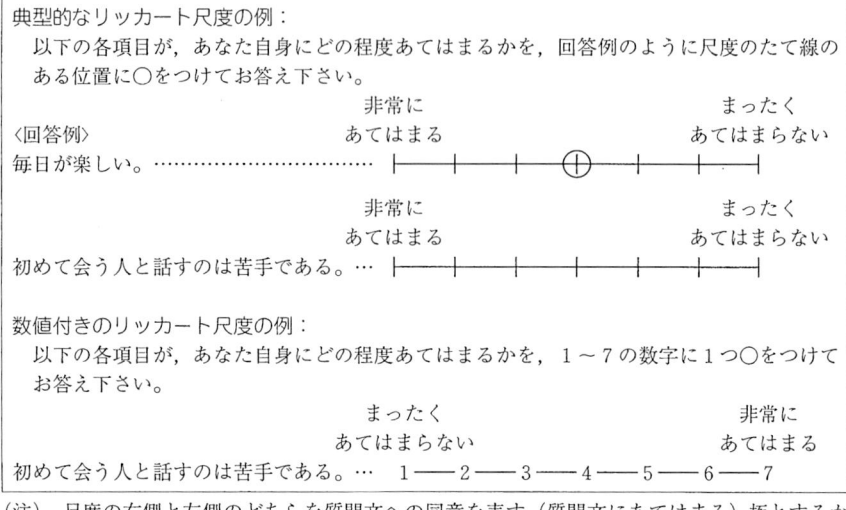

典型的なリッカート尺度の例：
　以下の各項目が，あなた自身にどの程度あてはまるかを，回答例のように尺度のたて線のある位置に〇をつけてお答え下さい。

〈回答例〉
　　　　　　　　　　　　　　　非常に　　　　　　　　　　まったく
　　　　　　　　　　　　　　あてはまる　　　　　　　　あてはまらない
毎日が楽しい。‥‥‥‥‥‥‥‥├───┼───┼───⊕───┼───┤

　　　　　　　　　　　　　　　非常に　　　　　　　　　　まったく
　　　　　　　　　　　　　　あてはまる　　　　　　　　あてはまらない
初めて会う人と話すのは苦手である。‥├───┼───┼───┼───┼───┤

数値付きのリッカート尺度の例：
　以下の各項目が，あなた自身にどの程度あてはまるかを，1〜7の数字に1つ〇をつけてお答え下さい。

　　　　　　　　　　　　　　まったく　　　　　　　　　　非常に
　　　　　　　　　　　　　あてはまらない　　　　　　　あてはまる
初めて会う人と話すのは苦手である。‥ 1──2──3──4──5──6──7

（注）尺度の右側と左側のどちらを質問文への同意を表す（質問文にあてはまる）極とするかは任意である。

図 5-5　リッカート尺度の例

ンをつくることが望ましい。

　また，実験参加者が虚偽報告をする可能性が高いときには，率直な質問項目は使えない。たとえば，「あなたは外国人に偏見をもっていますか」という質問に「はい」と答える人はまれであろう。偏見をもっていると答えることは社会的に望ましくないからである。このように，直接質問すると実験参加者の反応に歪みが出ると予想されるときには，質問項目や測定方法自体を工夫する必要がある。実験法に精通しているアロンソンら（Aronson et al., 1998）はそうした工夫の例として，ギルバートとヒクソン（Gilbert & Hixon, 1991）が使った単語完成法をあげている。これはアジア人のステレオタイプを扱ったものである。アメリカでは，アジア人はていねい（polite）といったステレオタイプがあるようである。したがって，このステレオタイプをもつ人は，"POLI__E"の空欄を埋めて単語を完成させる課題で"POLICE"でもよいはずが"POLITE"と回答しやすいという。ほかに内気，小さい，米を食べる，身軽といったアジア人ステレオタイプがあり，それぞれに関連させてS__Y（SHY），S__ORT（SHORT），RI__E（RICE），N__P（NIP）という単語完成

課題が作成された。これら5語の課題を実験参加者に行わせて，ステレオタイプ的な単語を完成させた数を測定するのである。この数が多いほどアジア人ステレオタイプにもとづいて反応したといえる。信頼性の高い測定を行うためにはこのような工夫が重要である。

そのほかにも尺度を用いない測定はある。記憶研究などでは一度呈示した刺激について実験参加者に自由再生を求めることがある。たとえば，自己関連づけ効果といって，特定の対象について自分に関連づけて情報処理した場合に，その対象についての記憶が残りやすいという現象がある。複数の形容詞が自分にあてはまる程度を判断した場合と，それらの形容詞がどの程度抽象的な意味をもつかを判断した場合とでは，前者の方が後で多くの形容詞を思い出して紙に書けるというのである。このときの従属変数は，実験参加者が正しく書いた単語の数になる（Kuiper & Rogers, 1979参照）。

3　尺度構成

ある対象を測定するためには複数の項目を用いることが多い。たとえば，自己評価について図5-6のように性格面と能力面に分けて測定したとしよう。性格に関する項目には肯定的なものと否定的なものがある。ある実験参加者の性格評価がどの程度肯定的かを知るための指標を得るには，否定的な意味をもつ項目（1，3，7，8）の値を逆転させて合計値や平均値を算出すればよい。能力評価はA～Jに1～10点を割り当て，同様の計算をする。これらは単純加算による方法である。このように，多数の項目をまとめて，少数の意味ある指標にすることを**尺度構成**という。

次に，性格の評価と能力に関する評価とを比較して，どちらの側面をより肯定的にとらえているかを調べてみよう。能力評価は大学内での位置づけによる測定であるために，性格の場合とは尺度の幅や単位が異なっている。このような場合には，性格面の得点と能力面の得点をそのまま比較するのは適切ではない。長さ（m）と重さ（kg）のように，単位が異なる測定値についてどちらが大きいかを単純に比較しても意味がないのはすぐにわかるであろう。また，1～7点の幅をもつ7段階尺度と1～5点の5段階尺度を比較するようなケースも理論的な最大値が異なるので単純に比較できない。

このようなときには，測定値の**標準化**という方法を採用する。これは単位や得点幅をそろえる手続きである。標準化された得点は **Z 得点**や**標準得点**と呼ばれ，どの項目も平均値は 0，分散は 1 にそろう。t 検定や分散分析などで単位や幅の異なる測定値の比較を行う場合には測定値の標準化が必要である。図

I　性格特性語で自己評価をして下さい。あなた自身の性格が各語にあてはまる程度を数字に 1 つ○をつけてお答え下さい。

		まったく あてはまらない					非常に あてはまる
1	逃げ腰になる……	1	2	3	4	5	6 — 7
2	説得力のある……	1	2	3	4	5	6 — 7
3	いい加減な………	1	2	3	4	5	6 — 7
4	親切な……………	1	2	3	4	5	6 — 7
5	責任感のある……	1	2	3	4	5	6 — 7
6	明るい……………	1	2	3	4	5	6 — 7
7	口先だけの………	1	2	3	4	5	6 — 7
8	無愛想な…………	1	2	3	4	5	6 — 7
9	協調的な…………	1	2	3	4	5	6 — 7
10	人あたりのよい…	1	2	3	4	5	6 — 7

II　各能力について同じ大学の他の学生と比べてあなた自身の位置づけを評価して下さい。尺度上の該当する位置の記号を 1 つだけ○で囲んでお答え下さい。

←全学生の平均値より下					全学生の平均値より上→				
A	B	C	D	E	F	G	H	I	J
下位	下位	下位	下位	下位	上位	上位	上位	上位	上位
10%	20%	30%	40%	50%	50%	40%	30%	20%	10%

1　知性・学問的能力……………………………A—B—C—D—E—F—G—H—I—J
2　社会性・社交能力……………………………A—B—C—D—E—F—G—H—I—J
3　スポーツ・運動能力…………………………A—B—C—D—E—F—G—H—I—J
4　芸術的・音楽的能力やセンス………………A—B—C—D—E—F—G—H—I—J

（注）　I の性格面は 1，3，7，8 が否定的な意味をもつので逆転させてから，合計得点を算出する。したがって，性格面が取り得る範囲は 0 点から 60 点の間になる。II の能力面は A から J にそれぞれ 1 点から 10 点を与える。能力面の範囲は 4 点から 40 点の間になる。このように性格面と能力面の合計得点は範囲が異なるので，そのまま比較しても意味がないことはわかるであろう。これは 200 点満点の国語のテストと 100 点満点の地理のテストの得点を直接比較するようなものである。なお，I はよく使われる典型的な特性語評定の尺度であり，II は Pelham & Swann（1989）を参考にして作成したものである。

図 5-6　尺度構成の例：性格面と能力面の自己評価

5-6の例では性格面と能力面の項目ひとつひとつについて標準化を行う必要はない。性格面の合計得点と能力面の合計得点についてそれぞれ行う。したがって，標準化した得点も単純加算である点は変わりがない。

単純加算による得点を用いる場合は，**信頼性係数**を示すことが望ましい。代表的なものは**クロンバックのα係数**である。複数項目による測定のまとまりのよさを表すものである[注7]。

尺度構成に因子分析が用いられることもある。これは項目間の相関を利用して，多数の項目を類似した少数のグループに分類する方法である。項目間に潜在的な構造を見出そうとするときや，想定される構造を確認するときに用いられる。因子分析を使った尺度構成は2通りある。1つは因子分析を項目の分類にだけ適用し，各因子を構成すると解釈される項目群について単純加算を行う方法である。もう1つは因子得点を用いる方法である。これは全測定項目に対する全実験参加者の反応にもとづいて，各因子における個々の実験参加者の位置づけを推定した値である。感覚的には因子を構成する複数の項目の合成得点を算出することと同様であるために単純加算と似ているが，合成得点に対する各項目の重みが異なっている。単純加算の場合は，各項目が合成得点に対して等しく影響するが，因子得点の場合は因子負荷量が大きい項目ほど合成得点への影響が大きいのである。

■注
注1） ボクナーら（Bochner & Insko, 1966）では，高専門性条件はここで示した例と同じであるが，低専門性条件ではなく中程度の専門性条件として「YMCAの指導者」が設定された。ここではわかりやすさのためにこの条件をアレンジした。
注2） つまり個人差変数の共変量が問題となる。実験参加者たちの向性と相関をもつ何らかの変数の存在が常に仮定できる。そのために実験のなかの要因として向性が従属変数に影響を及ぼしているようにみえても，実際には向性と相関のある別の変数の影響が現れたという可能性が残る。個人差要因を扱う場合には常にこのような可能性があり，これを完全に排除することはできない。
注3） 事後テスト計画という呼び方は，事前―事後テスト計画との対照で用いられる。また，事後テスト計画と事前―事後テスト計画を組み合わせたソロモン計画もあるが，最近の研究では利用されていないように思われたので，初学者向けという本書の趣旨から説明を省いた。
注4） ここでの事前テスト（プリテスト）は，主たる研究の一部であるが，研究の準備段階の予備調査のことを「プリテスト」と呼ぶこともある。

注5） ニスベットら（Nisbett & Wilson, 1977）は一連の実験結果を紹介しながら，人間が自分自身の判断や行動の原因について正確に認識することが困難であることを論じた。たとえば，実験参加者がある人物のプロフィールを見てその人物に感じた好意の程度や共感性，知性，柔軟性を評価したとき，プロフィールのどの要素がそれらの評価に影響を与えたかの実験参加者自身の判断は，実際に実験参加者の評価に影響を与えた要素とは異なっていた。ただし，知性評価に影響した要素については，実験参加者は実際の効果と一致してその人物の学業成績情報に影響されたと正しく回答した（Nisbett & Bellows, 1977）。

注6） リッカート尺度のほかに，SD（セマンティック・ディファレンシャル）尺度，サーストン尺度などがある（末永，1987，第10章参照）。また，名義尺度，順序尺度，間隔尺度，比率尺度といった値の性質そのものに注目した区別も重要である（本書11章参照）。心理学辞典などで確認してほしい。リッカート尺度の各項目は，本質的には間隔の大きさは同等ではないので順序尺度であるが，複数の項目の合成得点は，間隔尺度として用いられている。

注7） 代表的な統計パッケージには，クロンバックの α 係数を算出するプログラムが含まれているが，各項目の分散と合成得点の分散がわかっていれば次式で算出することができる。n は項目の数，σ_j^2 は各項目の分散，σ^2 は合成得点の分散である。

$$\alpha = \frac{n}{n-1}\left\{1 - \frac{\sum_{j=1}^{n} \sigma_j^2}{\sigma^2}\right\}$$

■引用文献

American Psychological Association (1992). 冨田正利・深澤道子(訳)(1996). サイコロジストのための倫理綱領および行動規範　社団法人日本心理学会

Aronson, E., Wilson, T.D., & Brewer, M.B.(1998). Experimentation in social psychology. In D. T. Gilbert, S. T. Fiske, & G. Lindzey(Eds.), *The handbook of social psychology* : Vol. 1. (4th ed.). New York : McGraw-Hill. pp. 99-142.

Bochner, S. & Insko, C. A.(1966). Communicator discrepancy, source credibility, and opinion change. *Journal of Personality and Social Psychology*, **4**, 614-621.

Gilbert, D.T. & Hixon, J. G.(1991). The trouble of thinking: Activation and application of stereotypic beliefs. *Journal of Personality and Social Psychology*, **60**, 509-517.

Hamilton, D. L., Katz, L. B., & Leirer, V. O.(1980). Cognitive representation of personality impressions: Organizational processes in first impression formation. *Journal of Personality and Social Psychology*, **39**, 1050-1063.

Kuiper, N. A. & Rogers, T. B.(1979). Encoding personal information : Self-other difference. *Journal of Personality and Social Psychology*, **37**, 499-514.

中村雅彦(1986). 自己開示の対人魅力に及ぼす影響(2)――開示内容の望ましさの要因に関する検討　実験社会心理学研究, **25**, 107-114.

Nisbett, R. E. & Bellows, N.(1977). Verbal reports about causal influences on social judgements: Private access versus public theories. *Journal of Personality and Social Psychology*, **35**, 613-624.

Nisbett, R. E. & Wilson, T. D.(1977). Telling more than we can know : Verbal reports on mental process. *Psychological Review*, **84**, 231-259.

大渕憲一(1993). 人を傷つける心 —— 攻撃性の社会心理学　サイエンス社
Pelham, B. W. & Swann, W. B.(1989). From self-conception to self-worth : On the sources and structure of global self-esteem. *Journal of Personality and Social Psychology,* **57**, 672-680.
鹿内啓子(1978). 成功・失敗の帰因作用に及ぼす Self-esteem の影響　実験社会心理学研究, **18**, 35-46.
末永俊郎(編)(1987). 社会心理学研究入門　東京大学出版会

■参考文献

市川伸一(編著)(1991). 心理測定法への招待 —— 測定からみた心理学入門　サイエンス社
鎌原雅彦・宮下一博・大野木裕明・中澤　潤(編著)(1998). 心理学マニュアル　質問紙法　北大路書房
末永俊郎(編)(1987). 社会心理学研究入門　東京大学出版会

〈福島　治〉

6章　質問紙実験のテクニック

　質問紙実験は，厳密には実験室実験の1つの形式と考えられるが，実験室実験とはしばしば区別してとりあげられる（4章参照）。実験室実験では1人（あるいは少人数）を実験室に呼んで，そこで個別に実験することが多い。他方で，質問紙実験では教室などで多人数に同時に質問紙を配って実験することが可能であって，しばしば「鉛筆と紙（paper and pencil）の実験」と呼ばれている。このため，集合調査とほぼ同じ形式で実施可能であり，2章で紹介したような集合調査の技法が役に立つ。しかし，集合調査や実験室実験と異なる質問紙実験独特の技法も存在する。そこで本章では，質問紙実験の主要な2つのタイプである場面想定法と判断型実験について，具体的な研究例をとりあげながらその内容と技法を紹介したい。研究例としては，読者が原典を参照しやすいように，できるだけ日本で行われた実験を紹介した。

6-1　場面想定法

　場面想定法では，あるシナリオで描写された社会的場面のなかに自分がいると想定して，その場面での自分の認知，感情，行動などを推測する。実験室で行うことが難しい内容を，このような方法を用いて実験することがある。

1　行為者としての場面想定

　場面想定法は，対人行動の行為者に関する研究でしばしば用いられる。ここでは，**援助行動**についての清水（1994）の研究を紹介しよう[注1]。この研究は「失敗経験をすると自尊感情（**自尊心**）が低下するが，それを回復するために援助行動が増える」と考えて実施されたものである。

　そのなかで研究2が場面想定法を用いた質問紙実験であった。その手続きは，

まず，実験者が実験参加者に2種類のうちいずれかの質問紙をランダムに配布して，失敗を経験した仮想場面に関する文章を読ませた。仮想場面には，私的失敗条件（心理学実験のなかの能力テストで悪い成績を返された場面）と加害条件（電車で老人に席をうまく譲れなかった場面）の2種類があった。そして，その事態をできるだけはっきりと想像するように教示して，いずれかの文章を読ませた。次に，その場面でどのくらい自尊心が低下すると思うかを回答させた（操作チェック）。そして，実験参加者に9つの援助場面を読ませて，それぞれの場面で自分が援助をするか（援助行動意図），援助することが自尊心回復に効果があるか（援助の道具性の認知）を評定させたのである。援助場面のなかには，「見知らぬ学生が落として捜しているコンタクトレンズをいっしょに捜す」といった相互作用のあるものと，「切手が貼ってあり，宛名も書いてある封筒の落とし物をポストに入れに行く」といった相互作用のないものが含まれていた。

以上の場面想定法の研究は，研究1で実験室実験が行われた後に，それと対応する内容の仮説を検証するために実施されたものであった。では，なぜ実験室実験に加えて場面想定法の実験が行われたのだろうか。実験室実験では被援助者と相互作用のある場面でしか実験が実施されなかった。それを実施するだけでも，実験室の設定，実験者の練習，被援助者を演ずる実験協力者の手配など，かなり労力が必要だったと思われる。他方，質問紙を用いると，多くの援助場面を文章で設定して実験参加者に判断を求めることができる。つまり，「自尊心と援助行動」に関する関係を，異なる種類の援助場面で検証してみることが可能なのである。

しかし清水（1994；研究2）では，残念ながら仮説を支持する結果は得られなかった[注2]。この理由はさまざま考えられるが，場面想定法がもつもっとも基本的な短所が理由の1つとして推測される。それは，実験条件がもたらすインパクトが，どうしても弱まりやすいことである。この実験に即して述べると，「私的失敗条件」の実験参加者は想像するだけで本当に「失敗した気持ち」になったのかどうか，「加害条件」の実験参加者は「被害を与えたという気持ち」に本当になれたのかどうか，ということである。実験参加者が場面を想定して，そこにいる気分にどれだけなれるかは，必ずしも実験者が望む通りでは

ない。実験参加者は，その場面のもつ影響力を感じにくいだろう。

　場面想定法には，多数の場面や条件をたやすく設定して多くのデータを得る長所と，**実験的リアリティ**（4章参照）が低くなって条件間の差が得にくくなることの短所があるが，いずれを重視するのかはそのときの研究目標によるだろう。長所を重視して場面想定法の実験を実施するときには，想定させる場面をどれだけリアルに描けるのか，その場面にどれだけ実験参加者を没入させることができるのかが重要になる。

2　観察者となった場面想定

　場面想定法は，自分が観察者となった場面を想定することによって，対人認知や社会的判断に関しても応用できる[注3]。小杉・山岸（1998）の研究はその1つの例である。この研究は「**信頼**と騙されやすさ」の関係を検討したものである。素朴に考えると，他人を信頼しやすいお人好しは騙されやすいのではないかと予想される。しかし，山岸（1998）の信頼に関する理論によれば，他者一般を信頼しやすい人（高信頼者）は，他人が信頼できるかどうかを示唆する情報に敏感で，他人が信頼に値する行動をとるかどうか予測できると考えられる。したがって高信頼者が低信頼者よりも，（信頼してはいけない）他人を誤って信頼して騙されやすいことはないと推測したのである。

　この研究の実験参加者は，図6-1に示したように，社会的場面が15呈示され，それぞれの場面で登場人物の行動を予測した。これらの場面には登場人物の信頼性を示唆する情報が付加されていたが，ポジティブ情報が1個または2個の場合と，ネガティブ情報が1個または2個の場合，そして情報が含まれていない場合があった。最後に実験参加者は一般的信頼の個人差を測定する尺度に回答した。その結果，低信頼者と比較して高信頼者は，信頼性を示唆する情報に敏感に反応して登場人物の行動を予測していた。いずれの者も，信頼性を示唆するポジティブな情報が多く含まれるほど相手が信頼に値する行動をとり，ネガティブな情報が多く含まれるほど相手が信頼に値しない行動をとると予測していたが，高信頼者の方が情報の個数に応じて極端に予測したのである。このように，山岸の信頼に関する理論に一致する結果を得た。

　しかし，この結果は，別解釈も可能である。高信頼者の方が「（実験者によ

> 1．Aさんは車に乗っていて，駐車場に駐車してある車に自分の車をぶつけてしまいました。車を降りて相手の車を見てみたところ，明らかにぶつけた跡が分かりました。しかしその場にはAさんの他に人はおらず，決して誰かにそのことを知られることはありません。
>
> 下の ☐ の部分に書いてあることをよく読んで「当て逃げをするか，しないか」を予測して，当てはまるところに○をつけてください。
>
> ┌─────────────────────────────┐
> この場面に登場しているのは"Aさん"という人です。
>   Aさんは，親切にしてもらってもその人にお礼を言わない
>   Aさんは，並んでいる列に割り込んでいた
> この場面で"Aさん"がどのように行動するか予測してください。
> └─────────────────────────────┘
>
> ↘当て逃げを
> 0%　10%　20%　30%　40%　50%　60%　70%　80%　90%　100%
> +----+----+----+----+----+----+----+----+----+----+
> 絶対にしない　　多分しないだろう　五分五分　多分するだろう　　絶対にする

図6-1 小杉・山岸（1998）で用いられた社会的場面および質問の例

って提供された）"情報をそのまま鵜呑みにする傾向が強い"ことを示している」（p. 335）のかもしれないと，小杉・山岸（1998）自身が考察している[注4]。また，現実場面での判断にまで拡張できるのかどうかはっきりしない。山岸（1998）は「現実に自分の得る利益が相手の信頼性の評定にかかっているような場面では，シナリオに対する反応と違った反応をしないという保証はない」（p. 161）と論じている。このような疑問に答えるためには，場面想定法による研究だけでは不十分である。実際，山岸たちの研究グループは，実験室実験による研究でも同様の結果を得て，高信頼者が情報に敏感であるという結果の妥当性と一般性を確認している（たとえば垣内・山岸，1997）。さらに重要なことは，一連の結果を1つの理論から統合的に解釈している点である。

　場面想定法の研究は，単独で価値をもつことは多くない。理論的背景がしっかりしていること，想定される社会心理過程の妥当性が実験室実験で確かめられていること，そのうえで結果の一般性を高めるために行われることが望ましい。他方で，よいシナリオをつくることができれば，実験室実験で確証されている成果の一般性を増す研究を，場面想定法を用いて実施することも可能なのである。初学者が場面想定法を用いるのであれば，まずこのタイプの研究を考

えるとよいだろう。

3　場面想定法の特徴

　場面想定法で得られた結果と実験室実験で得られた結果の違いについて，沼崎（1999）は検討した。この研究では，**セルフ・ハンディキャッピング**に関する実験室実験（沼崎，1995）の状況をシナリオにして，同一の質問紙を用いて従属変数を測定し，実験室実験と結果を比較した。セルフ・ハンディキャッピングとは，失敗が予期される状況でその失敗に備えて，何らかの不利な点（ハンディキャップ）を自分がもつことを表明したり（主張的セルフ・ハンディキャッピング），そうなるように行動したりする（獲得的セルフ・ハンディキャッピング）ことである。

　沼崎（1995，1999）の実験デザインは，ハンディキャップ（有 vs 無）×主張的セルフ・ハンディキャッピング（有 vs 無）×実験参加者の性別（男 vs 女）の2×2×2の要因配置で，すべて**被験者間要因**（5章参照）であった。使用されたシナリオを図6-2に示したが，このなかで各要因がどのように情報によって操作されたのかがわかるだろう。簡単に述べると，実験参加者は対象人物（Aさん）といっしょに心理学の実験に参加して，Aさんがある課題で平均以下の成績をとる場面に出会うというシナリオである。シナリオのなかでは，Aさんのハンディキャップの有無（手に包帯をしている／手に包帯をしていない）とAさんの主張的セルフ・ハンディキャッピングの有無（手が痛いことを発言する／手が痛いことを発言しない）の2つの要因が操作された。つまり，シナリオは全部で4通りあったことになる。実験参加者はシナリオを読んだ後に，Aさんに対する印象，好意，成績，能力を回答した。その結果，沼崎（1995）と同様に，ハンディキャップがないときには主張的セルフ・ハンディキャッピングがあると好意が低下した。他方，成績と能力の認知に関しては，沼崎（1995）とは異なって，ハンディキャップがあると成績が高く認知され，能力も高く評定されるという結果が得られた。

　以上の結果は，従来欧米で行われてきた場面想定法による結果とほぼ一致していた。これは「ハンディキャップをもっている人に対しては，好意的に接しなければならない」という規範が，日本にも欧米にもあるからだと沼崎

> あなたは心理学の実験に協力するために実験室に行きました。あらかじめ，その実験は，共同場面における立体認知と思考力との関係を調べるものであると言われていました。実験者の1人と実験室に入ってしばらくすると，もうひとりの同性の実験参加者（Aさん）が，別の実験者とともに入室してきました。
>
> その時Aさんは右手の人差し指と親指から手首にかけて包帯を巻いていました。
> 【ハンディキャップ有群；無群はこの文がなかった】
>
> あなたは実験者から立体認知課題を行うと告げられ，立体認知課題とは制限時間内に完成図と同じ立体を作る課題であると説明されました。実験者のひとりが，試しに実際1つの立方体を作って見せてくれました。その時，実験者は良く手を動かしながら立体図形を完成させました。
>
> すると，もうひとりの実験参加者であるAさんは，手をさすりながら，「こういうのをやるのですか，手を動かすと痛いんだけど」と発言しました。
> 【主張的セルフ・ハンディキャッピング有群；無群はこの文がなかった】
>
> 簡単な自己紹介をした後，実験者から最初に単独で別々の部屋で課題をしてもらい，その後で，協同して課題を行うと告げられました。Aさんは実験者のひとりとともに退室していきました。
>
> あなたは残った実験者から課題を出題され，立体認知テストを行いました。制限時間内に6問中3問を完成させることができました。実験者は「採点をしてくる」と言って退室し，約1分後，Aさんの結果を持って再び入室してきました。
>
> あなたは，実験者から，「この実験は相手の能力を知っている場合と知っていない場合では共同作業に差が見られるかを調べるものであり，あなたは相手の得点を知っておいてもらう群である」と告げられました。その後，Aさんの得点を教えてもらいました。「Aさんの得点は100点満点の35点で，これまでに行った人の平均点はだいたい55点である」と教えられました。
>
> あなたは，協同で作業で行う前に，Aさんの印象を聞かれました。

図6-2　沼崎（1999）で用いられたシナリオ

(1999) は考察している。つまり，場面想定法では，実験室実験に比べて，社会的規範の影響を受けやすいと考えられる（Freedman, 1969）。逆にいうと，場面想定法では，社会的規範が何である（とみなされている）かを測定している側面が強い。そうすると，日本と欧米で社会的規範の異なる場合には，場面想定法を用いた研究結果が異なってくることがあるだろう。実際，自己宣伝的な**自己呈示**の受け手研究では，場面想定法を用いると，日本と欧米では違いが認められるそうである。欧米では自己宣伝的な自己呈示をすると能力が高く認知されやすいが，日本では必ずしもそうではないことが認められている。これ

は，能力の高い人が自己宣伝をすることを善しとみなすか否かの規範が，日本と欧米では違うことによるのではないかと沼崎（1999）は論じている。

場面想定法を用いるときには，現実の状況の影響力ではなく，その状況のもとでどうすべきかの規範を測定しやすいことに注意が必要である。

6-2 判断型実験

社会的情報の**自動的処理**過程の役割を重視する社会的認知研究が盛んになるにつれて，いろいろな判断型実験が行われるようになってきた。**判断型実験**とは，実験参加者が刺激や情報を受け取り，それに対する認知や評価を回答するものである。このことの詳しい意味は最後に述べることにして，以下ではさっそく具体的な研究例を紹介する。ここでは，技法を紹介するという立場から，研究領域別の紹介ではなく，質問紙の上で独立変数を操作する方法を3つのタイプに分け，そのタイプ別に判断型実験を紹介する。

1 課題を変える

教示を変えることによって**独立変数**を操作する方法は，質問紙実験でもよく用いられる。5章5-2でも「カバーストーリーや教示を使う方法」を紹介したが，質問紙の上でもこの方法を用いることができる。たとえば，そこで紹介した情報処理の目標を変えるための教示（図5-4参照）は，質問紙に印刷しておいて実験参加者に黙読させることもできるかもしれない[注5]。黙読させるだけで十分理解させることが可能であれば，異なる教示の書かれた何種類かの質問紙をランダムに配って，集合実験を実施できる。

教示を変えることは，それによって実験参加者に課す課題を変えることである。社会的認知研究の分野では，広い意味で情報処理の目標や構えを変えるようにして，情報処理の過程や結末が変化するかどうかを研究している。5章5-2で紹介した研究は，他者に関する情報を，「記憶目標」あるいは「印象形成目標」のもとで処理させるようにしたものである（Hamilton et al., 1980）。そのほかにも，注目させようとする情報を変える操作もよく用いられる（たとえば坂元，1995）。たとえば，田村（1996）の研究では，集団情報あるいは個人情

報に注目させることによって，集団に関しての誤った関連づけが異なることを検討している。**誤った関連づけ**とは，集団と集団成員の行動に示される特徴とを，実際以上に結びつきが強いと誤って推測してしまう傾向のことである。たとえば，反社会的行動と少数派集団（マイノリティ）はともに目立ちやすいので，両者が関連していると判断する傾向である。これは，ステレオタイプが形成されるひとつの基礎過程と考えられている。

池上（Ikegami, 1993）の研究は，質問紙を用いて，意識可能な水準でプライミング課題を操作した実験研究である。**プライミング**（priming）とは，ある情報を処理したことが，本人が意識しないうちに次の情報処理に影響を及ぼすことをさす（「プライミング効果」と呼ぶこともある）。ステレオタイプなどの既有知識の影響の背後には，このような認知過程が介在している可能性が高い。近年の社会的認知研究では，純粋な自動的処理過程の影響を調べるために，最初に処理する情報に関しても意識させない水準で呈示することがある（たとえば池上・川口，1989）。これを**閾下プライミング**と呼ぶ。閾下プライミングを質問紙実験で実現することはかなり困難であるが，意識可能な閾上でのプライミングであれば実施可能である。その研究の1つを紹介する（池上，1996参照）。

池上（1993）の実験1では，文章完成課題で敵意語を用いた場合には，中立語を用いた場合と比べて，その後の印象形成にどのような影響が現れるのかを検討した。この実験は，実験参加者を教室に集める集合方式で，3つの課題を1つの冊子にまとめたものを配布して実施した。3つの課題とは，(1)文章完成課題，(2)暗算課題，(3)印象形成課題であった。最初の文章完成課題（プライミング課題）では，途中まで書かれた文を完成することを求めた。たとえば，「私は薄情な人を見ると＿＿＿＿」といった内容のもので，アンダーラインの部分に文を作成させた。このなかで「薄情な」が敵意語である。中立語条件では「私は人に説明するとき＿＿＿＿」といった内容のもので，「説明」が中立語である。敵意語条件，中立語条件ともに6つの文を完成させた。これがプライミング課題の操作である。次の暗算課題では，1000から3つずつ逆算するという計算問題を1分間与えた。これは文章完成課題と次の印象課題とが無関係であることを強調するための挿入課題である。そして，印象形成課題で，ある人物に

関する行動記述文を読ませて，その印象を特性尺度のうえに評定させた[注6]。最後に，途中の過程を検討するためのいくつかの質問を付加した。

この結果，最初の課題と最後の課題とは関係がないと強調されたにもかかわらず，また実験参加者本人も関係がなかったと最後に回答していたにもかかわらず，実験条件に応じて対象人物の印象は異なった。敵意語条件では，中立語条件よりも，対象人物の敵意性を高く評価し，友好性を低く評価した。このように最初に呈示された情報に同化する方向で，プライミング効果が生じたのである。この効果は，最初の情報を意識的に処理した結果生まれたものであるが，その影響過程を意識的にはコントロールできなかったことを示唆している。

社会的認知以外の研究分野でも，課題を変えることによって独立変数を操作する質問紙実験が行われている。磯崎（1995）は，「ある対象についてよく考えることが，その対象に対する態度の**極性化を導く**」という自己生成的な態度変化（Tesser, 1978参照）について質問紙実験を用いて検討した。この実験1で実験参加者はまず，対象人物が交通事故を起こすという内容の事例を読んだ。その後に，対象人物の事故の責任について回答した（1回目の判断）。次に思考条件の実験参加者は，事故の責任の判断の理由・根拠を6分間考えた。他方，思考妨害条件では，実験参加者は**アナグラム課題**を6分間実施した。最後に，実験参加者は対象人物の事故の責任について再度回答した（2回目の判断）。その結果，思考条件は1回目と比較して2回目で，対象人物を有罪と判断する傾向が強くなっていたが，思考妨害条件は1回目と2回目で判断の強さに差はなかった。

磯崎（1995）の実験で用いられたアナグラム課題とは，たとえば「いほうが」を「ぼうがい」と直すもので，意味の通らないデタラメに並べられた文字を並べ替えて，正しい単語を完成する課題である。これは社会心理学の実験の挿入課題としてしばしば使われ，磯崎（1995）の研究でも，思考条件と思考妨害条件で，1回目と2回目の判断の時間間隔をそろえるため挿入された課題である。こういった課題を挿入することによって，「2つの条件間で1回目と2回目の判断の時間間隔が異なることが結果の違いを生み出した」といった**代替説明**を排除することができる。

2　呈示刺激を変える

　次に呈示刺激を変える方法がある。すでに紹介した場面想定法は，独立変数の操作の点ではこれと同じ技法である。また，内容の異なる何種類かの質問用紙を用意して配布する点は，教示を変える場合と同様である。質問紙調査の技法としては，1章で紹介した**スプリット(法)**に相当する。

　ここでは印象評定における**ネガティビティ・バイアス**を検討した吉川(1989)の研究を紹介する。ネガティビティ・バイアスとは，ある人物に関するネガティブな情報とポジティブな情報では，その好ましさの程度が中立的な点から等しく隔たっていた場合でも，ネガティブな情報の方が印象評定に影響が大きいことをさす。

　吉川(1989)の実験では初めに，対象人物の行動記述文を示して，実験参加者に印象評定を求めた。行動記述文にはネガティブな内容のものとポジティブな内容のものを用意して，いずれかを評定させた[注7]。この行動記述文の作成に際しては，評価の極端さに関して中立点からの距離がほぼ等しいことが必要である。この研究ではあらかじめ予備調査を実施して，この点を確認していた。次に挿入課題として性格テストへの回答を求めた。そして，初めに与えたものと反対の，ポジティブな行動記述文あるいはネガティブな行動記述文を読ませて，2回目の印象評定を行った。さらに，1週間後に同じ人物に関して3回目の印象評定を求めた。その結果，評価の次元では，ネガティビティ・バイアスが認められ，悪印象は覆しにくく，1週間後も持続しやすかったことが認められた。

　文章によって呈示刺激を変える対人認知の研究では，条件操作に文章の具体的内容が対応していることが重要である。吉川(1989)の実験でいえば，ポジティブな内容とネガティブな内容になっていたかどうかということである。同時に，それ以外の点では可能な限り差がないように統制されていることも重要である。ポジティブ—ネガティブ以外の対人認知の次元，たとえば活動性の次元では差がないことが望ましい。

　このような刺激材料の作成はけっしてやさしくはない。自分で初めから作成するよりも，過去の研究から借りてきた方がよいことも多い。その場合でも，意図した内容となっているのかどうか，予備調査をして検討する必要がある。

なお，9章では，ジェンダー・ステレオタイプが就職希望者の採用決定場面で果たす役割を検討した実験で，ある程度詳しく「刺激材料の作成」(就職希望者の個人情報) を説明しているので参照してほしい。

3 複数の判断対象を与える

これまでの2種類の判断型実験は，原則として被験者間要因を操作するものだった。これに対して，**被験者内要因**を操作する質問紙実験も考えられる。前者が実験参加者に異なる質問紙への回答を求めていたのに対して，後者ではすべての実験参加者が同じ質問紙に回答することになる。これは，実験参加者にいくつかの対象に関する同じ判断を繰り返してもらい，対象間の判断の違いを検討する実験である。

自己に関する肯定的幻想 (positive illusion) についての質問紙実験は，その1つの例である。**肯定的幻想**とは，自己に関する認識が好ましい方向に偏向していることをさす。自己認識が正確な場合よりも，肯定的に歪んでいる場合の方がむしろ精神的な健康に結びつくのではないかと考えられて，研究が積み重ねられている (遠藤，1995参照)。この肯定的幻想を明確に理解するためには，何と比べて肯定的方向に偏向しているのか問うことが重要である。

肯定的幻想に関する研究の端緒となったブラウン (Brown, 1986) は，実験1で「自分自身 (self)」と「他者 (others)」を比較した。この実験では，自分あるいは他者が，10個のポジティブな特性形容詞と10個のネガティブな特性形容詞のそれぞれに，どれだけあてはまるのかを回答した。合計20個の特性形容詞の順番はランダムに並べられていた。また，自分と他者を評定する順番は，半数の実験参加者には自分から，残り半数の実験参加者には他者からにして，**順序効果**を相殺するようにした[注8]。その結果，ポジティブな特性形容詞に関してもネガティブな特性形容詞に関しても，他者よりも自分に対して肯定的評価を与えていることが認められた。また，**自尊心**の高い人の方がポジティブな特性形容詞に関して自―他の違いを大きく見積もったことも認められた。このように他者と比べて自己は肯定的に認識されていたのだった。

では，その「他者」とは一体誰のことであろうか。その点をもう少し明確にするために，ブラウンの実験2では，「大部分の他者 (most other people)」と

「同性の友人」，そして自分を対象に加えて同じ判断を求めた。同性の友人に関しては，特定の実在の人物を想定してもらうために，この実験では名前（first name）の記入を求めた。この手続きに関しては，プライバシー保護の観点から，イニシャルの記入を求めるのが一般的である。また，対象を判断する順序効果を相殺するために，6通りの質問紙を作成して，実験参加者にランダムに配布した。その結果，実験1と同様に，自己は大部分の他者よりもかなり肯定的に評価されていた。また，程度は小さくなるが，自己は同性の友人よりも肯定的に評価されていた。さらに，同性の友人は大部分の他者よりも肯定的に評価されていた。つまり，評価の順番は，自己，同性の友人，大部分の他者であった。

同様の研究は日本でも実施されている（たとえば宮本，1999）。また，「自分と友人との関係」と「他者とその友人との関係」に関する評価の違いといった問題に応用することも可能である（遠藤，1997）。さらに集団認知の問題でも使用可能な技法である。現実集団を用いて，**外集団同質性効果**[注9]を検討する場合には，自分の所属する集団と所属しない集団に関して評定させて，その違いを検討することが行われる（たとえば唐沢，1996）。このように，認知のバイアスを検討する研究では，複数の判断対象を与えて回答の差異を比較することが有効だと考えられる。

しかし，いずれの判断対象も，実験参加者の頭のなかに描かれたイメージである。そのイメージを研究者が想定しているように，きちんと区別して描いているのかどうか，よく吟味する必要がある。そのためには，判断対象についての質問をすることが望ましい。

4　判断型実験の意義

判断型実験は**インパクト型実験**との対比で，近年提案されるようになったタイプの実験である（Aronson et al., 1998参照）。判断型実験では，実験参加者が刺激や情報を受け取り，それに対する認知や評価を回答する。インパクト型実験では，実験参加者がある出来事に反応して，その反応が観察されたり測定されたりする。両者の最大の違いは，実験参加者にある出来事が降りかかるか（インパクト型）そうでないか（判断型）ということである。判断型実験は質

問紙実験の形式で実施可能なことが多いのに対して，インパクト型実験は原則として実験室で個別に実施するものである．なお，判断型実験を実験室で行うことも可能である．たとえば5章で紹介したギルバートとヒクソン（Gilbert & Hixon, 1991）の実験は，代表的な判断型実験の1つだが，実験室で実施された[注10]。

　従来は，**実験的リアリティ**を高めることが重要であるという考え方にそって，インパクト型の実験室実験が重視されてきた．しかし近年では，社会的認知研究の発展にともなって，意識的に情報を処理して行動する過程だけでなく，意識しないうちに情報を処理して判断したり行動したりする自動的過程の重要性が認識されはじめてきた[注11]．それにともなって**心理的リアリティ**（4章参照）が高い状況の検討も大切であることが主張されている．判断型実験では実験的リアリティを高めることはほとんど困難だが，心理的リアリティを高めることは可能である．心理的リアリティを高めるためには，本人も気づかないような心理過程に関する検討と，その理論化が重要である．そのうえで，判断型実験を実施することは，インパクト型の実験室実験の実施と並んで今後重要になっていくだろう．

　判断型実験は，個人の社会的認知にかかわる研究分野，たとえば自己認知，対人認知，原因帰属（たとえば外山，1984），集団認知，社会的判断（たとえば亀田，1986），態度変容などで多く用いられてきた．社会的認知に関する展望論文を読むと，さまざまな判断型実験について知ることができるだろう（たとえば岡・佐藤・池上，1999；山本・外山，1998）．他方で，対人行動，集団行動，集合行動など，個人を超える現象を扱うことは少ない．

　判断型実験が対象としている社会的認知の基本的過程は，成人であれば人間に普遍的であると考えられている[注12]．この点で，基本的な社会的認知過程を研究対象とする場合には，大学生を実験参加者としてもおそらく他の人たちと同じ結果が予想される．しかし，社会的認知の内容（つまり知識）や，社会的認知の能力は，大学生と他の人たちの間では大きな開きがある．したがって，過程だけではなく，内容や能力がかかわる問題を研究対象とする場合には，大学生を実験参加者とすることには十分注意が必要であり，大学生から得た結果を一般化できる範囲には限りがある（1章参照）．

6-3 質問紙実験の技法──実施にあたっての注意

　質問紙実験といっても，社会心理学の実験であることに変わりがない。その点で，4，5章で論じた実験研究の考え方にそって，質問紙実験も実施するよう努めてほしい。他方，質問紙実験は集合調査と形式上はほとんど同じである。独立変数の操作にあたる情報が含まれている点だけが異なる。したがって，2章で紹介した集合調査の技法にも参考になる点が多い。ここでは，すでに指摘した点以外の質問紙実験の技法について簡単に紹介したい。

1　質問紙配布の技法

　課題を変える方法や呈示刺激を変える方法は，質問紙実験を教室等で実施する場合には，実験参加者によって質問紙を変えることによって実現できる。すなわち，実験参加者によって異なる質問紙がランダムに配布されることが必要である。同じ質問紙を配っているように見せかけながら，何種類かの質問紙をランダムに配布するためには，あらかじめランダムな順番に質問紙を重ねておくとよい。

　この際，次のいずれかの方法をとって，他人の質問紙の内容や回答の様子から実験参加者が影響を受けないようにすることが大切である。1つの方法は，質問紙の内容が異なることがわからないように工夫することである。具体的には，席の間を開けるように座り直してもらい，自分の回答に集中するように注意を促す。もちろん，他人と情報を交換しないように注意する。もう1つの正反対の方法は，何らかの**カバーストーリー**（たとえば「1人の人に全部答えてもらうと大変なので，質問内容をいくつかに分けた」）を与えて，人によって違った用紙をわたすことを明らかにしたうえで，やはりそれぞれ自分の質問紙に集中してもらうように注意を促す方法である。

　後者の方法は，実験参加者が実験条件について何らかの推測を働かせる可能性が生じるので，できれば前者の方法が望ましい。しかし，教室が小さかったり，実験参加者が多かったり，実験補助者の人数が少なかったりした場合には，後者の方法の方が実用的なときがある。いずれの方法を用いる場合でも，「実験」と伝えるよりも「調査」と伝える方が，実験参加者が抱きやすい不安や懸

念を少なくできると思われる。

2 呈示刺激のリアリティを増す技法

　質問紙による刺激呈示は，**日常的リアリティ**についても，**実験的リアリティ**についても乏しくなりがちである。判断型実験であれば，心理的リアリティが高いことが重要なので，これら2つのリアリティが低いことが致命的な問題となるわけではない。しかし，課題を熱心に遂行してもらうためには実験的リアリティが高い方が望ましいし，呈示した文章を真剣に読んでもらうためには日常的リアリティが高い方がよいだろう。したがって，可能であれば呈示刺激のリアリティを増すように工夫した方がよい。

　もっともよく用いられる技法は，視聴覚に訴える技法である。とくに刺激呈示をビデオ映像にすることは，実行可能で有効な方法の1つである。文章で書かれた行動記述文の内容を実際の行動を録画した映像にすると，日常的リアリティが増すことが多い。しかし，作成にはコストがかかり，**剰余変数**をコントロールすることが難しい（5章参照）。とくに条件に応じて何種類かつくる場合には，操作すべき変数以外の点で同質な内容に保つことが難しい。これらの短所は情報機器の技術的発展にともなって克服できるかもしれないので，今後は積極的に利用することを考えたらよいだろう。なお，呈示刺激として音声や映像を用いると，刺激にふれる時間を統制できるという長所がある。

3 質問紙回収の技法

　配布した質問紙を回収する方法は，質問紙調査の場合と基本的には同じである。ここでは質問紙実験特有の問題に対処するために，封筒に入れてもらって回収する技法を紹介する。質問紙実験ではほとんどの場合，質問紙の後半に出てきた情報を使って，質問紙前半の質問に回答することを禁じている。しかし，1つの冊子に質問紙がまとめられていると，前に戻ったり，あるいは先のページを読んでから前のページに答えたりする者も出る可能性がある。多人数を同時に対象にする場合には，これを完全になくすことは困難である。しかし，質問紙をいくつかの冊子に分け，そのまま入れることが可能な封筒を用意しておけば，1つの冊子が終わったら封筒の中に入れてもらうことによって，回答時

に不要な情報を見る可能性をある程度抑えることができる。

　なお質問紙実験では，全員が回答し終わるまで待って一斉に回収するのが通常の方法である。しかし実際上は，授業時間の最後を借りて実験することが多く，回答し終わった学生を拘束しておくことは苦痛を与えることになりかねないし，うるさくなってしまいがちである。こういった場合には，回答した者から提出してもらって，退席可能とするのがよい。この場合には，退席にともなってうるさくならないように注意する。これらの点は，授業担当教員とあらかじめよく打ち合わせをして，その指示に従うことが必要である。

4　ディブリーフィングの技法

　質問紙実験であったとしても，**ディブリーフィング**は必要である。少なくとも質問紙の種類が複数あって，それらへの回答の違いを分析することが研究の主たる目的であったことを最後に伝えた方がよいだろう。しかし，当日の実験の最後は上述のように，終了時間が実験参加者によって異なってくる可能性がある。また，実験直後は緊張感から解放されて，他人の話をあまり聞かない状態になっていることが多い。

　そこで，ディブリーフィングも用紙に書いてわたしてしまうことをお勧めする。あらかじめ実験の内容についてわかりやすく説明した用紙を作成し，回答が終わって教室から出てきた人に実験補助者がわたすようにするのである。これを実験直後ではなくて，少し後に行う方法もある。実験結果の基本的な分析がすんだ後に，その結果も含めて実験内容を説明する用紙を実験参加者たちに配布するようにするのである。いずれの方法を用いるのかについても，授業担当教員とよく相談しておく必要がある。

■注
注1）　ここでは場面想定法の一例として援助行動の研究をあげたが，援助行動の研究方法として場面想定法が一般的なわけではない。援助行動の社会心理学研究については高木（1998）などを参照のこと。
注2）　私的失敗条件では被援助者と相互作用がない場面で援助行動が起きやすくなり，加害条件では被援助者との相互作用がある場面で援助行動が起きやすくなるという仮説を支持する結果は得られなかった。これらの仮説は，援助の道具性（自尊心の回復に役立つ程度）の認知がどれだけ高いのかに応じて援助意図が増すだろうという推測で立てら

れたものであった。なお，9つの援助場面の道具性の認知が，事前の失敗経験に応じて差が出ることは認められた。

注3） このタイプの場面想定法と，対人認知に関する判断型実験とを区別することは厳密には困難である。

注4） 信頼の高低は個人差変数（個人差要因；5章参照）なので，他の個人差変数（たとえば「知能」）と相関をもつ可能性がある。その場合，他の個人差変数の違いが結果を生み出している可能性もある。

注5） ハミルトンら（Hamilton et al., 1980）では，実験室で，実験者が口頭で教示しながら，印刷された同じ内容を実験参加者に黙読させた。

注6） 池上（1993）の実験では実際には，行動記述文を実験者が実験参加者に口頭で読んで聞かせた。

注7） この実験では原因帰属を操作するために，状況帰属の手がかりのある文章とない文章を用意して，ポジティブおよびネガティブな行動記述文と組み合わせて，2×2の全部で4通りの刺激文の条件を設けていた。この紹介では，原因帰属の操作については割愛した。

注8） このことを「カウンター・バランス」と呼ぶ。また，結果を分析するときにはこの順序の違いも1つの要因として加えて，その順序効果がなかったことを確認することが望ましい。

注9） 自分の所属する集団（内集団）と比較して，自分の所属しない集団（外集団）の成員どうしを類似していると認知する傾向のことをさす。

注10） アメリカなどでは，授業中の時間を研究に割くことが難しく，質問紙実験の場合でも実験室に学生を呼んで，数人から十数人の集団で実施することが多い。

注11） こういった立場をよく紹介している最近のテキストに池上・遠藤（1998）がある。また，チャルディーニ（Cialdini, 1988）は，現実の対人行動においても自動的過程が重要であることを論じている。心理学全般に関しては下條（1996）が幅広く議論している。

注12） 年齢あるいは発達段階によって認知過程が異なることが主張されている（Ruble & Goodnow, 1998参照）。文化によって認知過程も異なるという主張もある（北山・増田，1997）。

■引用文献

Aronson, E., Wilson, T. D., & Brewer, M. B.(1998). Experimentation in social psychology. In D. T. Gilbert, S. T. Fiske, & G. Lindzey (Eds.), *The handbook of social psychology* (4th ed.). Vol. 1. McGraw-Hill. pp. 99-142.

Brown, J. D.(1986). Evaluations of self and others : Self-enhancement biases in social judgments. *Social Cognition*, **4**, 353-376.

Cialdini, R. B.(1988). 社会行動研究会（訳）(1991). 影響力の武器——なぜ人は動かされるのか 誠信書房

遠藤由美(1995). 精神的健康の指標としての自己をめぐる議論 社会心理学研究，**11**，134-144.

遠藤由美(1997). 親密な関係性における高揚と相対的自己卑下 心理学研究，**68**，387-395.

Freedman, J. L.(1969). Role playing : Psychology by consensus. *Journal of Personality and Social Psychology*, **13**, 107-114.

Gilbert, D. T. & Hixon, J. G.(1991). The trouble of thinking : Activation and application of

stereotypic beliefs. *Journal of Personality and Social Psychology*, **60**, 509-517.
Hamilton, D. L., Katz, L. B., & Leirer, V. O.(1980). Cognitive representation of personality impressions : Organizational processes in first impression formation. *Journal of Personality and Social Psychology*, **39**, 1050-1063.
Ikegami, T.(1993). Positive-negative asymmetry of priming effects on impression formation. *European Journal of Social Psychology*, **23**, 1-16.
池上知子(1996). 対人認知の心的機構——ポスト認知モデルへの提言 風間書房
池上知子・遠藤由美(1998). グラフィック社会心理学 サイエンス社
池上知子・川口 潤(1989). 敵意語・友好語の意識的・無意識的処理が他者のパーソナリティ評価に及ぼす効果 心理学研究, **60**, 38-44.
磯崎三喜年(1995). 自己生成的態度変化としての極性化効果とその持続性に関する研究 心理学研究, **66**, 161-168.
垣内理希・山岸俊男(1997). 一般的信頼と依存度選択型囚人のジレンマ 社会心理学研究, **12**, 212-221.
亀田達也(1986). ステレオタイプに基づく予期が社会的判断に及ぼす効果——ベイズモデルによる検討 心理学研究, **57**, 27-34.
唐沢 穣(1996). 地域ステレオタイプと集団間認知——名古屋人・大阪人ステレオタイプと外集団均質化効果 日本グループ・ダイナミックス学会第44回大会発表論文集, 100-101.
吉川肇子(1989). 悪印象は残りやすいか？ 実験社会心理学研究, **29**, 45-54.
北山 忍・増田貴彦(1997). 社会的認識の文化的媒介モデル——対応性バイアスの文化心理学的検討 柏木惠子・北山 忍・東 洋(編) 文化心理学——理論と実証 東京大学出版会 pp.109-127.
小杉素子・山岸俊男(1998). 一般的信頼と信頼性判断 心理学研究, **69**, 349-357.
宮本聡介(1999). 運や能力, 将来の出来事に対する自己評価, 一般的な他者への評価——繰り返し測定による相対的自己高揚傾向の安定性 筑波大学心理学研究, **21**, 155-161.
沼崎 誠(1995). 受け手が抱く印象に獲得的及び主張的セルフ・ハンディキャッピングが与える効果 実験社会心理学研究, **35**, 14-22.
沼崎 誠(1999). ハンディキャップの有無が能力認知に及ぼす効果——実験室実験と場面想定法の相違 人文学報(東京都立大学人文学部), **297**, 25-39.
岡 隆・佐藤達哉・池上知子(編)(1999). 偏見とステレオタイプの心理学(現代のエスプリ 384) 至文堂
Ruble, D. N. & Goodnow, J. J.(1998). Social development in childhood and adulthood. In D. T. Gilbert, S. T. Fiske, & G. Lindzey (Eds.), *The handbook of social psychology* : Vol. 1.(4th ed.). New York : McGraw-Hill. pp. 741-787.
坂元 章(1995). 血液型ステレオタイプによる選択的な情報使用——女子学生に対する2つの実験 実験社会心理学研究, **35**, 35-48.
清水 裕(1994). 失敗経験と援助行動意図との関係について——低下した自尊感情回復のための認知された援助の道具性 実験社会心理学研究, **34**, 21-32.
下條信輔(1996). サブリミナル・マインド——潜在的人間観のゆくえ 中央公論新社
高木 修(1998). 人を助ける心——援助の社会心理学 サイエンス社
田村美恵(1996). 情報処理の視点が illusory correlation (誤った関連づけ) 現象に及ぼす効果 実験社会心理学研究, **36**, 248-260.

Tesser, A.(1978). Self-generated attitude change. In L. Berkowitz (Ed.), *Advances in experimental social psychology.* Vol. 11. Academic Press. pp. 289-338.
外山みどり(1984). 他者行動の帰属における推論の過程——割引原理・割増原理の検討 実験社会心理学研究, **24**, 23-25.
山岸俊男(1998). 信頼の構造——こころと社会の進化ゲーム 東京大学出版会
山本眞理子・外山みどり(編著)(1998). 社会的認知 誠信書房

(村田光二・佐久間勲)

Ⅲ部

テーマ別にみる質問紙研究

7章　調査で探るマス・コミュニケーション

　われわれの日常生活には，マスメディア[注1]からの情報があふれている。
　朝起きてまずすることはテレビをつけること，という人は少なくないだろう。テレビのニュース番組や情報番組，天気予報などを見ながら朝食を食べたり，外出の支度をする人もいると思われる。また，通勤電車では，多くの人が新聞を読んでいるのを目にするし，夜になると，テレビで楽しみにしていたドラマやバラエティ，歌番組などを見て，次の日に友だちとその内容を話題にする人もいる。もちろん，テレビや新聞だけでなく，ラジオ，映画，雑誌なども，今日のわれわれの生活に欠かせないマスメディアである。
　ふだんわれわれは，自分のまわりの世の中の状況を把握するために，マスメディアを利用することがある。その反面，あまりにマスメディアからの情報に依存していると，われわれの頭のなかの世界像は，そのほとんどがマスメディアによってつくられてしまうかもしれない。たとえば，まだ訪れたことのない外国の街について話をするとき，何となく頭のなかにその街の風景が浮かぶことはないだろうか。また，これまで警察の取り調べを受けた経験がない人でも，だいたいどのような部屋や状況で犯罪の容疑者が刑事に取り調べを受けるのか，想像することができる。
　このような状況を考えてみると，われわれとマスメディアとの関係について，質問紙調査で調べ，研究してみることは，何らかの意義がありそうである。また，その結果は，われわれがこれからマスメディアにどのように接していったらよいかについて，何らかのヒントを与えてくれるにちがいない。
　そこで本章では，われわれにとって大変身近で深いかかわりのあるマス・コミュニケーションの現状やその影響などを，質問紙調査によってどのように明らかにすることができるか考えていきたい。

7-1 マス・コミュニケーション研究とは

1 マス・コミュニケーション研究の種類と研究対象

　マス・コミュニケーション研究にはどのような種類があるのだろうか。また，調査法によって研究する場合，マス・コミュニケーションのどのような側面をとりあげる分析が可能なのだろうか。この点について知るために，まずマス・コミュニケーションについて，そのプロセスと研究の全体像を概観してみよう。

　ラスウェル（Lasswell, 1948）は戦争時のプロパガンダ研究をもとに，コミュニケーションの基本的なプロセスを表す「誰が→何を言うか→どのチャンネルで→誰に向けて→いかなる効果をともなって」というモデルを提唱した。このモデルを参照すると，マス・コミュニケーション研究の分析単位，そして研究対象の全体像をつかむことができる。

　表7-1は，ラスウェルのモデルとそれに対応するマス・コミュニケーションの分析や研究対象，研究例をまとめたものである。まず，このモデルの「誰が（メッセージを送る人々）」に焦点を当てているのは，「送り手に関する研究」である。これについては，マスメディアの内容を実際に決定したり，制作したりする人々についての研究が例としてあげられる。

　また，「何を言うか」では，マスメディアによって送られるコミュニケーシ

表7-1　ラスウェルのコミュニケーション・モデルとそれに対応する研究例

ラスウェルのモデルでの疑問	研究対象	研究例
誰が (Who)	送り手	ニュース制作過程の研究
何を言うか (Says What)	メッセージ	テレビドラマの内容分析 新聞報道の内容分析
どのチャンネルで (In Which Channel)	媒体 (メディア)	メディア技術の研究 メディア特性の研究
誰に向けて (To Whom)	受け手 (オーディエンス)	オーディエンス研究 利用と満足研究
いかなる効果をともなって (With What Effect?)	受け手に与える 効果や影響	キャンペーン効果研究 議題設定研究 培養理論

ョン内容を調べる研究を示している。いわゆる**内容分析**と呼ばれるものであるが，たとえば，テレビドラマの内容，具体的にはそこに登場する人物の性別や職業，年齢などの属性，そして行動などについてを分析することがこれにあたる。

さらに「どのチャンネルで」では，「メッセージが送られるチャンネル」に注目した，「媒体分析」と呼ばれる研究が行われている。ここでは，メッセージを送る「媒体（メディア）」，すなわち手段として，どのような技術が用いられうるのか，またさまざまなメディアの特性に関する研究がその例としてあげられるであろう。

そして「誰に向けて」は，メッセージを受け取る人々，すなわち「受け手（オーディエンス）」の特性を研究する「受け手分析」がその研究としてあげられる。具体的には，受け手がなぜあるマスメディアに接しているのか，その動機や利用によって得る満足はどのようなものかを探る，いわゆる「利用と満足研究」がこれにあたる。

最後に，「いかなる効果をともなって」にあてはまるのは，そのマス・コミュニケーションが受け手に対してどのような効果や影響を与えるかを探る「効果分析」と呼ばれる研究であり，マスメディアのメッセージに対する受け手の反応を調べるものである。なお，ここでいう効果分析のなかの「効果」ということばには，広く「影響」という意味も含まれている。また，その具体例としては，広告キャンペーンの効果や，テレビのなかの暴力シーンが視聴者に対して与える影響，ニュース報道が世論に与える影響などについての研究をあげることができるであろう。

これまでに行われてきたマス・コミュニケーションに関する研究の大部分は，これら5つの分類にあてはまる。そこで，まずマス・コミュニケーションについて，このモデルのどのような部分に「疑問」あるいは「興味」をもっているかを明確にすることで，調査を行う分析の種類を決めることができるだろう。

2　マス・コミュニケーション研究における効果分析

本章では，以上の研究のなかでも，マス・コミュニケーションの効果や影響を探る**効果分析**について主にとりあげていく。このタイプの研究はマス・コミ

7章　調査で探るマス・コミュニケーション　　　135

ュニケーション研究のなかでもとくに重要な役割を果たしてきた。マスメディアによって発信されたメッセージが，受け手にどのような効果や影響を及ぼすかについては，われわれにとっても身近で興味のある疑問であろう。

　もちろん，他の分析も効果分析と同様重要である。たとえば，われわれがマス・コミュニケーションによってどのような影響を受けているかを知るためには，マスメディアがどのようなメッセージを発信しているのか，その内容を知ることが必要である。つまり，メッセージの内容分析を行ってその内容の特徴が明らかになれば，人々がその内容に接した場合，一体どのような影響を受けるのかという予測を立てることもできる。すなわち効果分析の仮説づくりにも役立つのである。また，そこで明らかになったメッセージの内容がどのようにつくられているかを知るためには，送り手の分析も必要である。さらに，メディアからの効果や影響の受け方は，われわれのマスメディアへの接し方，利用する動機，その利用による満足の度合いなどによっても変わってくるだろう。これらのマスメディアの利用の仕方は，受け手分析により明らかにすることができる。このように，それぞれの研究が互いの役割を補完しあう関係にもなっている。本章では効果分析以外の分析については詳細にふれることはできないが，興味のある人は，ぜひマス・コミュニケーションのいろいろな側面について分析してほしい。

　さて，効果分析におけるマスメディアの「効果」とは，どのようなものだろうか。ここでいう効果は，それが元来送り手によって意図されたものとされていないものの両方をさしている。また，その効果・影響が現れる時間が短期的なものであったり，長期的なものであったりする（McQuail, 1983）。

a　短期的・意図的な効果

　たとえば短期的で意図的なマスメディアの効果の例としては，身近なものではテレビのCM，またメディアによるキャンペーンなどがあげられる。「24時間テレビ」（日本テレビ系）のような，メディアを用いて募金を集めることを目的としたキャンペーンは，マスメディアが短期的に人々に影響を与えようと意図的に行っているコミュニケーションである。

b　短期的・非意図的な効果

　同じように期間は短期的であるが，非意図的なマスメディアの影響・効果と

しては、たとえば受け手がテレビの暴力シーンなどの攻撃的，あるいは犯罪的な行為や，反対に社会的に望ましい行動について，メディア内容の模倣や学習をする場合があげられる。さらに，1999年2月に起こったダイオキシン報道による影響（「ある地域の野菜に高濃度のダイオキシンが含まれていた」とするテレビニュース番組での報道により，その地域の野菜の売上げが激減した出来事）などもこの例としてあてはまるであろう。このような影響は，ふつう送り手側が意図して与えているわけではない。また，その影響の予防のため，対策がとられることもある。以前話題になったVチップ[注2]は，テレビの暴力的なシーンが子どもに与える影響を懸念して考え出された。

c 長期的・意図的な効果

一方，長期的で意図的なメディアの効果としては，メディアがある特定の知識を伝播あるいは普及させるためにニュースや情報を送る，知識の伝播の影響があげられる。後述する議題設定機能は，長期的・中期的なタイムスパンでこの効果をともなうものと考えられる。

d 長期的・非意図的な効果

そして長期的で非意図的なマスメディアの影響・効果にあたるものは，たとえばマスメディアによる社会化，現実の定義などがある。マスメディアによる社会化とは，社会における規範や価値，および期待される行動について，受け手に長期的に学習させるメディアの非意図的な影響であり，たとえば人々がテレビに長期的に接することで，ドラマなどで描かれているその社会におけるさまざまな価値観や規範を学習していくというものにあたる。また，暴力的なシーンを長期的に見続けることで，現実の世界に対する不安感が増すという影響も考えられる。これらは後述する培養理論とも関連する影響である。さらに，現実の定義とは，やはりメディアが操作しようとする意図なしに，価値よりも知識や意見などの認知的な面で人々の現実認識に与えている影響のことである。

以上のようなさまざまなマスメディアの効果のタイプ分けは，実際に調査を計画する際にも参考になると思われる。次に，われわれの身近な疑問を明らかにするために，主に効果分析を中心に，質問紙調査で何ができるかを考えていこう。

7-2　マス・コミュニケーション研究の実践

1　マス・コミュニケーションに関する疑問・興味をもとう

　研究は，まず興味や疑問をもつことから始まる。どんなに調査や分析の技術がすぐれていても，研究の出発点，すなわち研究に結びつく**問題意識**や**研究の目的**が明確にされていないと，おもしろく，すぐれた成果は得られない。よって，マス・コミュニケーションについての調査研究を行うためには，まずマス・コミュニケーションに関して何を調べたいのかということを考えることが第一である。あなたは，日常的にマスメディアに接していて，何か不思議に感じたり，知りたいと思ったことはないだろうか。たとえば，われわれが日常的に接しているテレビからどのような影響を受けているのか。ホラー映画ばかり見ている人は残酷になるのだろうか。テレビニュースをよく見る人は，見ない人と比べてどのような特徴があるのだろうか。

2　マス・コミュニケーション研究の既存の仮説・理論を参考にしよう

　興味のあるテーマが見つかったら，そのテーマについて，これまで行われてきた**先行研究**を調べてみよう。そのなかで，自分の疑問に関連した仮説がすでに研究者によって示され，検証が行われているかもしれない。もちろん自分なりに，マスメディアの影響についての仮説をつくりだすのもいい。このような研究は，「仮説発見型」と呼ばれている。しかし，よく行われるのは，既存の理論や仮説の形式に，自分なりのテーマをあてはめて検証することである。こちらの方が参考にできる先行研究があり，調査は行いやすいと思われる。

　このように，既存の理論を参考にして，自分なりの仮説を立て，それを検証するために調査を行う研究は，「仮説検証型」と呼ばれている。

　ここで，効果分析に関連する理論を2つとりあげて簡単に説明しておく。

　1つは，**培養理論**である。これは，長期的にテレビに接していることで，偏った描かれ方をしているテレビのなかの世界に現実の認知が影響されて，現実の世界をテレビの世界寄りに認識してしまうのではないかといった説である (Gerbner & Gross, 1976； Gerbner et al., 1982, 1994)。

　もう1つは，**議題設定研究**である。これによると，マスメディアは，ある話

題や争点を選択して報道することによって，いま世の中で何が重要な問題かという人々の認知に影響を与える。また，その際にマスメディアがそれぞれの話題や争点を大きく扱ったり小さく扱ったりすることで，それらの話題や争点に対する人々の注目の度合いを左右する機能をもつという説である（McCombs & Shaw, 1972；竹下，1998）。

以下では，実際に行われたマス・コミュニケーションに関する調査研究（どちらも仮説検証型である）を2つ紹介する。これらの研究例をみながら，具体的な調査の流れをつかんでみよう。

なお，質問紙調査を行う場合は，全数調査を除き，本来調査対象者はランダム・サンプリングで選ぶことが望ましい。しかし，1章で説明した通り，ランダム・サンプリングを用いた調査は，経済的・時間的にかなりの負担がかかるため，実際のところ，大学の演習や卒業論文のために行うことは大変困難である。そこで以下では，そのような時間や資源が限られた状況で行われた例として，クォータ・サンプリングやコンビニエンス・サンプリングを用いた調査の実例を紹介する。

7-3 事件報道はわれわれの現実認識を変えるか──調査研究の実例1

まず，ここでは，1995年3月20日に東京で起こった，地下鉄サリン事件をはじめとするオウム真理教関連事件についてのマスメディア報道が，人々の意識にどのような影響を与えたのかを培養理論の視点から探った調査研究の一部を実例としてとりあげる（斉藤・川端，1998）。

1　オウム真理教関連事件報道の内容分析について

1995年当時，一連のオウム真理教関連事件について行われた報道は，テレビ，新聞，雑誌を問わず，メディア全体で一斉に2カ月あまりにわたって続けられていた。たとえば，1995年3月末から5月末までの連続9週間には，1週間に1万分を超えたオウム真理教関連のテレビ報道が行われたという（水野ほか，1995）。また，同じ頃，民放各局がゴールデンタイムに放送したオウム特番は全部で34回，ほぼ毎日のようにどこかの局で特別番組を組み（メディア総合研

究所,1995),ワイドショーに至っては4月末の1週間に各局のワイドショー全体で46時間30分もの時間をオウム真理教関連の事件に費やしていたという(TBS系『ブロードキャスター』,1995年4月29日「お父さんのためのワイドショー講座」より)。また,その量だけでなく,報道の内容にも偏向した部分が多かったといわれている(亀井,1995)。

このような異常なほどのオウム事件関連のマスメディア報道の集中豪雨にさらされた人々は,どのような影響を受けたのだろうか。以上のようなオウム事件関連報道の状況をふまえて[注3],この調査では,次のような目的や仮説,質問項目を設定して,調査を実施している。

2 調査目的

1995年3月20日に起こった地下鉄サリン事件以降,5月16日の麻原教祖の逮捕を経て調査実施時期に至るまでに大量に報道された,オウム真理教関連事件のマスメディア報道が人々の現実認識にどのような影響をおよぼしたのかを検討する。

3 質問項目

上記の目的について探るために,次のような質問項目を作成した。
(1) 人々のオウム真理教関連のメディア報道への接触状況に関する諸項目
(2) オウム真理教関連のメディア報道のあり方に対する評価に関する諸項目
(3) オウム真理教関連のメディア報道の影響に関する諸項目

4 仮　説

表7-2には,この調査で立てられた仮説の一部とそれぞれの仮説に対応する質問項目,回答選択肢を示した。

また,この調査では,ふだんのテレビや新聞の接触量,および分析の際にコントロールする変数[注4]として,性別,年齢,学歴,オウム真理教関連の事件について友人・知人と話題にした程度,などについても尋ねた。

表7-2 設定された仮説と対応する質問項目および回答選択肢
（斉藤・川端，1998より作成）

仮　説	質問項目	回答選択肢
1　オウム真理教関連のメディア報道に多く接した人ほど，4月15日に新宿で何かが起こると思った人が多いのではないか	一部のマスメディアなどを通じて，今年の4月15日に新宿で何かが起きるという噂が広がりましたが，あなたは実際に何かが起こると思いましたか。それともそうとは思いませんでしたか。もっともあてはまるものに1つだけ〇を付けてください。	1　何かが起こると思った 2　もしかしたら何かが起こると思った 3　たぶん何も起こらないと思った 4　何も起こらないと思った 5　その噂は知らなかった
2　オウム真理教関連のメディア報道に多く接した人ほど，社会不安を感じた人が多いのではないか	一連のオウム真理教関連報道に接して，あなたご自身は世の中に不安を感じましたか，それとも感じませんでしたか。次のなかからもっともあてはまるものに1つだけ〇を付けてください。	1　非常に不安を感じた 2　やや不安を感じた 3　あまり不安は感じなかった 4　まったく不安は感じなかった

5　調査の実施方法

　この調査は首都圏のある大学のマスコミ調査実習の授業の一環として，1995年7月10日から20日に行われた。調査対象は，東京都，神奈川県，千葉県，埼玉県の20歳以上の男女であった。対象者は各調査員（調査実習に参加し，基礎訓練を受けた学生）が，**クォータ・サンプリング**（1章参照）によって，年齢と性別を条件に，調査対象者を各自10人ずつ選び（男性：20歳代，30歳代，40歳代，50歳代，60歳以上それぞれの年代で各1人ずつ，および女性：20歳代，30歳代，40歳代，50歳代，60歳以上それぞれの年代で各1人ずつ），**訪問面接法**と**留め置き法**[注5]を併用した調査を実施した。

6　結果と考察

　さて，以上のように実施された調査の結果はどうなったのだろうか。
　まず，表7-2の仮説1についてであるが，「4月15日に何かが起こると思ったかどうか」という質問項目と，各種メディア接触量との関連のクロス集計の結果，ふだんのテレビ視聴量，オウム真理教関連事件報道のテレビ視聴量，あるいは定時のニュース，オウム特別番組，ワイドショーなどでのオウム報道視聴量との項目の間には，関連性は見出せなかった。しかし，オウム真理教関連

の雑誌記事閲読量との間には，よく読んだ人の方が，何かが起こると思った人の割合が高いという関連がみられた（表7-3，全体の項を参照。まったく読まなかった人のうち，何かが起こる，またはもしかしたら何かが起こると答えた

表7-3 オウム報道に接して4月15日に「何か起こると思った」および「もしかしたら何か起こると思った」と答えた人の割合(%)（斉藤・川端，1998より作成）

	3月20日から5月16日までのオウム真理教関連の雑誌（週刊誌，月刊誌，臨時増刊）記事の閲読量				
	全体 %(N)	まったく読まなかった %(N)	あまり読まなかった %(N)	ときどき読んだ %(N)	よく読んだ[1] %(N)
全体	60.6(269)	50.0(70)	48.7(78)	68.8(77)	84.1(44)**
性別					
男	60.5(129)	48.1(27)	44.4(36)	69.0(42)	83.3(24)**
女	60.7(140)	51.2(43)	52.4(42)	68.6(35)	85.0(20)*
年齢					
20-39歳	68.4(117)	69.6(23)	55.0(40)	69.0(29)	88.0(25)†
40歳以上	54.3(151)	40.4(47)	42.1(38)	68.1(47)	78.9(19)**
オウムの話題[2]					
少ない	60.4(101)	53.8(39)	53.1(32)	72.7(22)	87.5 (8) n.s.
多い	60.7(168)	45.2(31)	45.7(46)	67.3(55)	83.3(36)**
オウムTV評価[3]					
低い	49.6(123)	40.0(40)	40.6(32)	60.0(35)	68.8(16)†
高い	68.8(141)	60.7(28)	54.3(46)	75.6(41)	92.3(26)**
オウム新聞評価[4]					
低い	60.4(101)	53.6(28)	50.0(32)	69.2(26)	80.0(15) n.s.
高い	60.0(165)	47.6(42)	47.8(46)	68.6(51)	84.6(26)**

(注) †$p<.10$；*$p<.05$；**$p<.01$（χ^2検定）；n.s. 統計的検定による有意差なし[5]
1）よく読んだ＝「よく読んだ」＋「かなり読んだ」
2）多い＝「大変よく話題になった」および「よく話題になった」
　　少ない＝「たまに話題になった」および「ほとんど話題にならなかった」
3）TV評価スケールの高低（オウム真理教関連事件のテレビ報道に関する量，内容，報道の仕方についての評価）
4）新聞評価スケールの高低（オウム真理教関連事件の新聞報道に関する量，内容，報道の仕方についての評価）
5）本調査ではランダム・サンプリングを行っていないが，データの性格を十分認識したうえで，参考のために統計的検定の結果を付している。

人は50％だったが，よく読んだ人のなかでは84.1％がそのように答えていたという結果がみられる）。

また，メディア報道が受け手の現実認識に及ぼす影響を検証するにあたっては，性別や年齢などの基本的属性の変数をはじめ，いくつかの関連変数もコントロールする必要がある。そのような3重クロス集計の結果（同じく表7-3）をみると，それぞれのサブグループごとに関連の強さに多少の違いはみられるものの，基本的にはオウム真理教関連の雑誌閲読量の多い人ほど「4月15日に何かが起こると思った」あるいは「もしかしたら何かが起こると思った」と答えた人の割合が高く，仮説1を支持するデータが得られた。

次に表7-2の仮説2の検討の結果であるが，オウム真理教事件報道に接して，「非常に不安を感じた」と答えた人の割合を，さまざまなメディア報道接触量ごとに示した結果を表7-4に示す。この結果で，メディア接触量と「世の中に不安を感じたかどうか」という項目との間には，ワイドショー，スポーツ紙，雑誌記事を除き関連性がみられていた。3月20日から5月16日までのオウム報道視聴量，定時ニュース接触量，報道特別番組接触量の3つのどれを説明変数にしても，全体の傾向としてテレビをよく見た人ほど世の中に不安を感じた人

表7-4 オウム真理教関連のメディア報道に接して世の中に「非常に不安を感じた」と答えた人の割合(%)（斉藤・川端，1998より作成）

	1時間未満 %(N)	1〜2時間未満 %(N)	2〜3時間未満 %(N)	3時間以上 %(N)
オウム報道視聴量	21.1(128)	17.7(79)	35.6(45)	45.9(37)*
	見なかった／読まなかった[1] %(N)	ときどき見た／読んだ %(N)	よく見た／読んだ %(N)	かなり見た／読んだ %(N)
定時のニュース	18.2 (11)	15.4 (65)	22.9(140)	40.5(74) *
報道特別番組	18.8 (48)	17.8(107)	32.5 (83)	40.0(50)**
ワイドショー	21.3 (89)	22.1 (86)	31.4 (70)	33.3(39) n.s.
一般新聞閲読量	25.5 (47)	20.5 (83)	24.6(118)	39.5(43)*
スポーツ紙閲読量	28.0(182)	20.0 (45)	20.0 (30)	33.3(18) n.s.
雑誌記事	27.4(164)	21.5 (79)	28.9 (38)	25.0 (8) n.s.

（注）　*$p<.05$；**$p<.01$（χ^2検定）；n.s. 統計的検定による有意差なし[2]
　　1）見（読ま）なかった＝「あまり見（読ま）なかった」＋「全く見（読ま）なかった」
　　2）結果の統計的検定については，表7-3の注5を参照のこと

の割合が高くなっている。

なお，さまざまなメディア接触量（報道特別番組への接触量，テレビでのオウム報道視聴量，定時ニュース視聴量，一般新聞閲読量）と「不安を感じた」という項目についても，表7-3と同様の3重クロスを行った結果，さまざまなグループで接触量が多いほど不安を感じた人が多いという傾向がみられた（ここでは表は省略）。したがって，この調査で得られたデータは，「オウム報道に多く接した人ほど，社会不安を感じた人が多い」という仮説2も支持していた。

以上の結果，今回のデータでは，集中豪雨的なオウム真理教関連のメディア報道に多く接した人々は，そうでない人に比べて根拠のない噂をより信じたり，より不安を感じたりした可能性があることが示された。つまり，マスメディアのオウム真理教関連報道に関して，培養理論による説明が成立する可能性が示唆されたといえる。

このように，テレビや新聞などの報道によってある事件について情報を得ることで，われわれの現実認識はなんらかの影響を受ける可能性があることが示された[注6]。この実例を参考にすることで，事件に関する報道だけでなく，他のいろいろなテーマについて，マスメディアへの接触行動が与える影響について調査をデザインすることができるだろう。

7-4　音楽番組と若者のヒット曲認知——調査研究の実例2

次に紹介するのは，ある大学生が卒業論文のために実際に行った調査の一部である（芳賀，1999）。この研究では，メディアが人々の認知に影響を及ぼす議題設定機能をヒントにして，ヒット曲の認識を例にとった調査を行った。自分自身の興味・疑問が生きた研究の例である。

1　調査目的

マスメディアが強調する話題を人々は重要視するという議題設定機能と同様の機能は，ヒット曲という分野にも働いているのではないだろうか。この点を明らかにするために，質問紙による人々のヒット曲に関する認識の調査と，音楽の情報を多く提供している音楽番組の内容分析を行い，その関係を探った。

2 質問項目

(1) 「何をヒット曲と感じるか」という認知レベルを調べる項目。「あなたの好き・嫌いにかかわらず，客観的にみてこの1カ月間にヒットしたと感じる曲を5曲あげてください」という質問項目で，回答者に記述してもらった。
(2) (1)であげた曲を知ったり，ヒットしていることを知ったきっかけ，CDの購入の有無などについての項目。
(3) 音楽番組，音楽への接触の度合いなどについての項目。

3 仮　説

人々のヒット曲の認知の度合いと，マスメディアにおけるその曲の強調の度合い，すなわちヒット度の間には正の相関があるのではないだろうか。

4 調査の実施方法

本調査は1998年10月から12月にかけて，首都圏のある大学の学部の学生を対象に，質問紙による集合調査として行われた。対象者の選出は，**コンビニエンス・サンプリング**による（1章参照）。なお，最終的には75名の回答者を得た。

5 結果と考察

まず実際にマスメディアにおいて，どのような曲がヒットしていると強調されているかについて内容分析を行った。その際にコーディングの変数として用いたのは，テレビの音楽番組で何回歌われているか，テレビの音楽番組で何位にランキングされているか，そして，シングルCDの推定売上げ枚数のデータである。

テレビの音楽番組の内容については，質問紙調査の結果，よく見られているという「HEY! HEY! HEY! MUSIC CHAMP」（フジテレビ系），「うたばん」（TBS系），「ミュージックステーション」（テレビ朝日系）の3番組についての内容分析を行った。その方法としては，質問紙調査前に放送された3番組，計15回分で歌われた曲目とその回数を調べた（ただし，特別番組の総集編などでゲストが歌を歌っていないものは除いている）。また，音楽番組におけるラ

ンキングについては,「カウントダウン TV」と,「HEY! HEY! HEY! MUSIC CHAMP」のなかで毎週発表される「パーフェクトランキング」の2つについて,調査前10回分を点数化し,1位が10点,2位が9点,……10位が1点として計算し,10位に入らなかったものには0点を与えた。さらに,シングルCD推定売上げ枚数は,調査前1カ月間のオリコンシングルベスト100のデータをもとにして算出した。

結果として,質問紙調査において5人以上の回答者が「客観的にみてこの1カ月間にヒットしたと思われる曲」としてあげていた,すなわちヒット曲であると認知されていた曲[注7]について,それぞれの曲をヒットしているとしてあげた人数と,内容分析の結果(テレビの音楽番組で歌われていた回数,ランキング,CD売上げ枚数)とのスピアマンの順位相関係数をそれぞれ求めた結果を表7-5に示す。

表7-5をみると,CDの売上げとヒット曲認知度の間にもっとも強い相関関係が認められ,次いでランキシグ,音楽番組で歌われた回数と続き,どれもかなりの相関があることがわかった。つまり,音楽番組で歌われた回数が多いほど,またランキングのポイントが高いほど,そしてCDの売上げ枚数が多いほど,その曲がヒットしていると感じた人が多いということになる。

そこで,表7-5の結果を散布図にしてわかりやすく示した(図7-1,図7-2,図7-3)。これらは,5人以上がヒット曲としてあげていた曲について,その人数と音楽番組で歌われた回数,ランキング,売上げ枚数それぞれとの関係を示したものである。それぞれの図での×は,分析対象となった曲を表している(曲名は省略)。これらの図をみると,3つの図のいずれでも,ヒット曲の認知の度合いとマスメディアにおけるヒット度(強調度)の間には正の相関関係が

表7-5 ヒット曲認知とマスメディアにおけるヒット度との順位相関係数(芳賀,1999より作成)

マスメディアにおけるヒット度		
音楽番組	ランキング	CD売上げ
.535*	.773**	.800**

(注) $^*p<.05$, $^{**}p<.01$

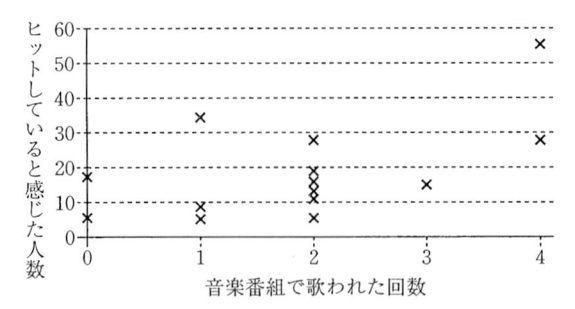

(注) スピアマンの順位相関係数 $r_s = .535 (p < .05)$

図 7-1 ヒットしていると感じた人数と音楽番組で歌われた回数（芳賀，1999 より抜粋して作成）

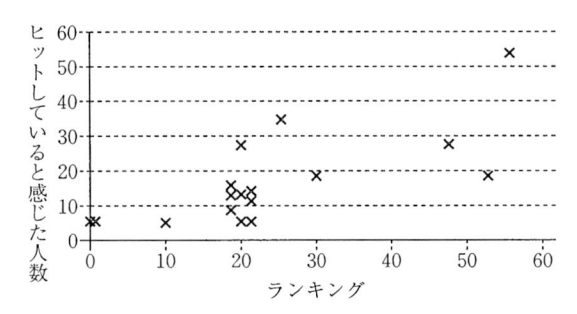

(注) スピアマンの順位相関係数 $r_s = .773 (p < .01)$

図 7-2 ヒットしていると感じた人数とランキング
（芳賀，1999 より抜粋して作成）

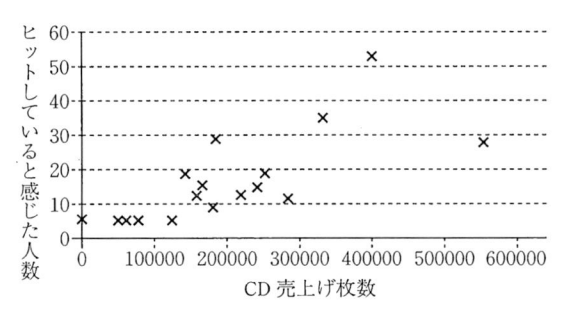

(注) スピアマンの順位相関係数 $r_s = .800 (p < .01)$

図 7-3 ヒットしていると感じた人数と CD 売上げ枚数
（芳賀，1999 より抜粋して作成）

あることがわかる。

　以上の結果から,「何がヒット曲であるか」を認知するには，音楽番組などのマスメディアの情報が受け手に大きく影響を及ぼしている可能性があることが確認された[注8]。マスメディアの議題設定と同様の機能は，ヒット曲の認知という分野でも働いていると考えることができそうである。この他にどのようなものが研究対象となりそうか，自分の興味・関心に関連づけて，いろいろと考えてみて欲しい。

7-5　マス・コミュニケーション研究の意義とは

　マス・コミュニケーションは，われわれにとって大変身近なものである。身近であるがゆえに，その影響は気になるし，また疑問に思うことも多いであろう。マス・コミュニケーション研究は，そんなわれわれにとって，質問紙調査の格好の題材である。

　マスメディアはたしかに便利であり，われわれの生活に欠かせない存在となっている。しかし，マスメディアに頼り，依存しているだけでは，それに支配されてしまうかもしれない。マス・コミュニケーションに関する調査研究を行うことで，われわれはどのようなときにマスメディアに影響されるのか，またどのような影響を受ける可能性があるのかなどを知ることができる。そうすれば，われわれはもっとマスメディアを賢く利用することができるのではないだろうか。

　本章では，とくに効果分析についての調査研究の実例をとりあげたが，このような例を参考にして，われわれとマス・コミュニケーションとのかかわりを，調査分析によって見つめ直し，より深く理解していきたいものである。

■注
注1）　ここで本章で用いる「マスメディア」そして「マス・コミュニケーション」ということばを定義しておきたい。**マスメディア**とは，専門家の集団が高度な技術を用いて，不特定多数の人々に一度に大量の情報を送る，テレビ，新聞，ラジオ，雑誌，映画などの媒体（メディア）をさす。われわれが日常的に「マスコミ」と呼ぶ場合には，この「マスメディア」と同義で使っていることが多い。「マスコミ」とは「マス・コミュニ

ケーション」の略であるが，本来，**マス・コミュニケーション**は，マスメディアを媒介とした送り手と受け手の人々との情報のやりとりのことをさしている。

注2) バイオレンス（暴力）・チップの略語。テレビ番組をランクづけしておき，一定ランク以上の暴力描写や性表現等，子どもに悪影響を与えると考えられる番組を映らないようにするため，テレビに組み込んで，家庭で親が操作できるコンピュータ回路の一種のこと。2006年現在，アメリカとカナダではすでに導入されており，日本でも1998年に中央教育審議会がその制度の導入を提言して検討や議論が行われたが，導入には至っていない。

注3) 効果分析を行う際，その仮説の裏づけをするために，他の人がすでに行った研究の結果を参考にすることも可能である。

注4) 分析の際に，独立変数以外にも従属変数と関連する変数がある場合，これを**コントロール（統制）**，つまり一定にして，独立変数と従属変数の関連をみる必要がある。たとえば，「オウム真理教報道に多く接した人はより不安を感じた」というメディア接触の影響を調べるとしよう。その際の独立変数は報道への接触量であり，従属変数は不安感の度合いである。もし，身近な人とオウム真理教事件についてよく話をした人は，より不安を感じた可能性があるとしたら，分析の際に，友人・知人とオウム真理教事件について話をした度合いをコントロールする必要があるだろう。よく話をした人々においても，そうでない人々においても，独立変数と従属変数に関連がみられれば，オウム真理教報道への接触と不安感の度合いには関連があるといえる。

注5) **留め置き法**とは，調査対象者を訪問し，質問紙を預けておいて自分で回答を記入してもらい，その後回収しに行く方法である。この調査では，訪問の際，対象者が不在あるいは多忙で面接をしながら質問紙に回答してもらう十分な時間がとれない場合にこの方法をとった。

注6) ただし，ここでは，何かが起こると思った人ほどオウム真理教関連の雑誌記事に接したというような逆の影響の可能性も否定することはできない。

注7) 本研究では，ヒットしていると認知されている曲を選ぶ基準として，上位10曲，5人以上があげた曲，4人以上があげた曲，3人以上があげた曲，2人以上があげた曲，の5パターンを用いて分析を行ったが，そのなかから，ヒットしているという学生の認識も高く，分析対象となる曲数もある程度多くなる「5人以上があげた曲」を基準とした分析を考察に用いている。

注8) もちろん，それ以前のプロセスとして，人々の間で口コミで広がったヒット曲が，やがてメディアにとりあげられるという可能性も考えられる。しかし，この調査結果では，ヒットしたと感じた曲について，初めて知ったきっかけとして「人から聞いて」という選択肢を選んでいたのは，全体の3.8%にすぎなかった。

■引用文献

Gerbner, G. & Gross, L.(1976). Living with television : The violence profile. *Journal of Communication*, **26**, 172-199.

Gerbner, G., Gross, L., Morgan, M., & Signorielli, N.(1982). Charting the mainstream : Television's contribution to political orientation. *Journal of Communication*, **32**, 100-127.

Gerbner, G., Gross, L., Morgan, M., & Signorielli, N.(1994). Growing up with television : The cultivation perspective. In J. Bryant & D. Zillmann (Eds.), *Media effects : Advances in theory and research*. Lawrence Erlbaum. pp. 17-41.

芳賀亜希恵(1999). 流行歌におけるメディアの認知的効果——ヒット曲と音楽番組の現在　東京女子大学現代文化学部コミュニケーション学科平成10年度卒業論文
亀井　淳(1995). 毒ガスとオウムの日々　放送批評, 7月号, 30-35.
Lasswell, H.(1948). The structure and function of communication in society. In L. Bryson (Ed.), *The communication of ideas*. Harper. pp. 32-51.
Lippmann, W.(1922). 掛川トミ子(訳)(1987). 世論(上・下)　岩波書店
McCombs, M. E. & Shaw, D. L.(1972). The agenda-setting function of the mass media. *Public Opinion Quarterly*, **36**, 176-187.
McQuail, D.(1983). 竹内郁郎・三上俊治・竹下俊郎・水野博介(訳)(1985). マス・コミュニケーションの理論　新曜社
メディア総合研究所(1995). 放送レポート匿名座談会——「一億総オウム」現象とマスコミ報道の裏側　放送レポート, 135 (7月号), 2-13.
水野博介・橋元良明・石井健一・見城武秀・福田　充・辻　大介・森　康俊(1995). オウム真理教をめぐるマスコミ報道と都民の意識調査　埼玉大学紀要(教養学部), **31**, 63-108.
斉藤慎一・川端美樹(1998). メディア報道が受け手の現実認識に及ぼす影響——オウム事件報道の場合　メディア・コミュニケーション, **48**, 105-132.
竹下俊郎(1998). メディアの議題設定機能——マスコミ効果研究における理論と実証　学文社

■参考文献
Hansen, A., Cottle, S., Negrine, R., & Newbold, C.(1998). *Mass communication research methods*. New York University Press.
鈴木裕久(1996). マス・コミュニケーションの調査研究法　創風社
田崎篤郎・児島和人(編著)(2003). マス・コミュニケーション効果研究の展開 改訂新版　北樹出版

(川端美樹)

8章　流行の「不思議」にせまる

8-1　流行の不思議感を問う

1　当然な流行と当然でない流行

　1999年ミュージックシーン最大のヒットといえば，やはり宇多田ヒカルである。デビューシングル CD「Automatic」(1998/12/9発売) が音楽情報誌「オリコン」のセールスチャートで2位，デビューアルバム「First Love」(1999/3/10発売) が発売後2カ月で日本のレコード売上げ最高記録524万枚を達成，1999年8月10日現在で売上げは700万枚を超えた（オリコン調べ）。

　当初の CD 購入層は20代だったが，その後，急速に10代にも広がった。「購入層の幅が他の歌手に比べて広いことが，驚異的な記録の要因」（産経新聞，1999/4/2東京朝刊）とも分析されている。

　700万という数字は「驚異」だ。しかし，彼女の「歌のうまさ」を思えば支持されるのもわかる気がする。そうした意味では「当然」の流行といえる。

　しかし，流行は常に「当然」かといえば，必ずしもそうではない。たとえば，1999年前半の流行品，「ボディワイヤー」をご存じだろうか。細いナイロン糸を幾何学模様に編んだ指輪などのアクセサリーだ。伸縮性があって肌に密着し，遠目には入れ墨のように見えるため，「ワイヤー・タトゥー」とも呼ばれた。

　このアクセサリー，春先にイタリアから輸入されると，すぐに流行のきざしをみせる。やがて「着けていることを忘れる心地よさ，軽さが受け，中学生から30代までの男女が買い求め」た（読売新聞，1999/5/11大阪朝刊）と報じられた。安い類似商品が大量に出回って爆発的にヒットしたが，売れ行きは5月をピークに下降した（『日経トレンディ』1999年9月号）ともいわれた。

　どうだろう。こうした説明を聞いて，なぜヒットしたのか納得がいくだろうか。一応，理由らしきものは書かれているが，「なぜそんなものが」といった

気持ちが残るのではないか。

　また、やはり同じ頃、10〜20代女性で流行したものに「厚底サンダル」がある。底が10〜20cmもあるサンダルで「サボ」「ウェッジ」などの種類があった。

　利用者の若い女性からは強い支持の意見が聞かれた。「足を長く見せたい」（読売新聞，1999/7/10東京夕刊）、「友だちが履いているのを見てイイナと思った」「ペチャンコの靴に飽きた」「周りを見下ろす感じで、視界が開け街の風景が違って見えてびっくりした」（読売新聞，1998/6/20東京夕刊）などだ。

　その一方で「厚底サンダルで転倒ご用心　膝や腰に悪い影響」（読売新聞，1999/7/28西部夕刊）と、危険性を指摘する声もあった。

　見た目にも「奇異」であり、危険でもあるサンダルはなぜ流行したのか。流行にはいつも、不思議な感じがついてまわる。

2　流行を不思議に思う気持ち

　ある時、何かが一斉に多くの人の目を引いて、関心の的になり、みんながそれを話題にする。それは服や靴やアクセサリーかもしれないし、音楽やテレビやひとつのことばかもしれない。多くの人がそれを手に入れようとしたり、真似しようとしたりする。

　流行という集合現象。それはいつの世にもあり、商品や情報、意見、価値観、行動など、あらゆる領域で発生する。多くの人を巻き込むが、新しいモノ・コトに目ざとい若者たちのすばやい反応が注目されることが多い。

　学生が社会心理学のレポートや卒業論文を書くときにも、流行は人気のテーマのひとつとなる。若者である学生には、流行は身近な現象だからだろうが、それだけではない。先ほど紹介したような流行を目の当たりにすると、「なぜそんなに流行るのか」と不思議に思うことが多いからだ。

　もちろん、宇多田ヒカルのように意外には思わなかったものもあり、ものによって不思議感があったりなかったりする。「なぜそんなものが」と思っていても、テレビの街頭インタビューや友人・知人の「あれ、結構イイよね」という声に接すると、「そういうものか」と妙に納得してしまうこともある。

　流行を不思議に思ったり、思わなかったりする気持ち。それはどうして起きるのか。何が関係し、どのようなときに不思議感を強く感じることになるのだ

ろうか。
　ここから，流行の不思議感の調査研究（江利川・山田，1999）が始まった。

3　人はなぜ流行に参加するのか

　調査を始める前に，「流行を不思議に思う気持ち」についてもう少し細かく考えてみた。まず，「不思議に思う」とは，「よくわからない」「納得できない」という了解の不全感，割り切れなさだということができる。
　では，流行の何が納得できないのか。当然，なぜ流行っているのかという理由が腑に落ちないのだが，それは必ずしも「流行しているモノ・コトの良さが自分にわからない」ということだけではないと思う。
　多くの人々が採用するモノ・コトを，自分も良いと思うかもしれないし，思わないかもしれない。いずれにせよ，自分がどう思うかを自分で「納得できない」というのは考えにくい。むしろ「なぜ多くの人々はそれを採用するのか」という他者の採用動機に納得できないとき，不思議感が生じるのではないか。
　こう考えて，この研究では，流行の不思議感を「他者の流行採用動機が納得できないこと」と定義することにした。
　ならば，人の流行採用動機には，どのようなものがあるのだろうか。そして，どのような採用動機には，不思議感を強く感じるのだろうか。
　そこでまず，先行研究の検討（レビュー）をして，流行採用動機にどのようなものがあるか整理してみた。教科書や専門書で議論の流れを眺めると，流行研究の起源は「模倣説」を唱えた古典理論にあることがわかる（牧園，1981）。
　19世紀末フランスの社会学者タルド（Tarde, J. G.）は，**模倣**を人間の生得的・本能的行動と考えた。そして，人々が互いに模倣しあうような関係が社会現象の直接のきっかけだとした[注1]。
　タルドの模倣説に続いて現れたのが，20世紀初頭ドイツの哲学者・社会学者ジンメル（Simmel, G.）の**両面価値説**（ambivalence theory）だ。この説は，流行が，他者と同じでいたいという同調化と，他者との違いを示したいという差異化の，2つの相対立する動機によって起こるとした。
　これらの古典理論を受け継ぎつつ，現代社会の特質をふまえた同調化の概念を提案したのがアメリカの社会学者リースマン（Riesman, D.）だ。彼は現代

社会を，産業の進展で物質的な豊かさが果たされ，マスメディアが強力な影響力をもつ，中央集権的な官僚制社会ととらえた（Riesman, 1961）。

そして，この社会に適応する人々の性格には，**他人志向型**という類型に括られる共通面があるという。それは，仲間集団やマスメディアに登場する人物などの同時代人による承認と方向づけを強く求め，そうした「他人」の期待や行動に敏感に同調して自分の生活目標を変えていく，というものだ[注2]。

「他人」と違うことに危険を感じる「流行によって支配されている階級」は，いつの時代でも流行から取り残されまいと努力してきた，とリースマンはいう。リースマンが現代社会のヘゲモニー（主導権）を握ると考えた他人志向型の人間は，まさに流行に支配される人々そのものといえるだろう。

こうしたレビューから，先行研究では「他者が採用するから」という**同調**が注目されてきたといえる[注3]。人は同調によって流行を採用するといわれると，何だか流行というのは，そのモノ・コト自体の良し悪しに関係なく，ひたすら他者に追従する「大衆病理現象」のように思えてくる。

しかし，本当にそうなのか。若者の多くは，他者への同調から，宇多田ヒカルの歌を聴いたり，ボディワイヤーや厚底サンダルを身につけたのか。冒頭の新聞記事に現れた利用者の声をみても，同調以外の動機がありそうな気がする。

そこで，流行採用の内実に迫るべく，流行現象の当事者である若者に，採用する動機や流行への意識を直接尋ねてみた。

8-2　流行の肉声をつかむ

1　フォーカス・グループ・インタビュー

最初に行ったのは，**フォーカス・グループ・インタビュー**だ。これは集団面接法の一種で，「特定の具体的なテーマについて，複数の参加者の間で交わされる，形式張らない討論」と説明されることが多い。

普通の面接法は1対1だが，この方法では1回のインタビューに複数の人々が参加し，しかも相互に話し合うよう促される。そうすることで，参加者が相互に新たな刺激を受けたり，そこから話が連鎖的に広がるなど，望ましい相乗効果が期待できるからだ。こうして参加者の自発的で自然な回答や，参加者自

身も気づいていなかったことがらなど，広範なデータが集められる[注4]。

1999年4月17日，東京のとある私立大学の女子学生4名に，大学の演習室に集まってもらい，2時間程度のフォーカス・グループ・インタビューを行った。参加者には流行をどう思い，なぜ採用するかなどを自由に語ってもらった。

主な結果をまとめると，まず流行への同調については「何が流行っているかが仲間内で話題になるとき，ついていけないと恥ずかしい」ので「流行情報は絶えず気にする」という。しかし，「実際に採用するかどうかは本人次第」で同調の圧力は感じない，とのことだった。

また，参加者自身の採用動機では特徴的な意見が2つ出た。「そのモノ・コト自体が良いから」という意見と，「お祭りやイベントに参加するように，流行に乗るのが楽しいから」という意見だ。これについて，世間一般の若者の採用動機としてはどう思うかと尋ねると，「まあ，あてはまるのではないか」とあまり違和感なく意識されていた。

これらの意見は研究を行う者が気づかなかった点もあり，自分の考えだけで議論を進める危うさへの反省も得られて，大変有益だった。ただし，4人の意見を集めるにとどまったので，もっと若者の生の声を聞いてみることにした。

2　自由回答の収集

もっと生の声を集めるには，フォーカス・グループ・インタビューを繰り返すという手もある。だが，ある程度の数を効率よく確保するために，ここでは質問紙調査で**自由回答**を収集した。自由回答は「一定の選択肢を用意しない質問に，回答者が思うことを自由に述べた回答」で，質問紙調査では，回答欄に自由な意見に書いてもらうことで収集できる（2章参照）。

1999年6月7日，東京のとある私立大学で「社会調査」の講義時間に，受講者の学生男女57名へ，「『流行』についてふだん感じていることや考えていることを自由にお書きください」と書いた質問紙を配布した。回答時間は10分程度だが無回答は3名だけで，流行への意見・感想に加えて，批判や疑問が書かれた回答も多く，若者の流行現象への関心の高さがうかがえた。

収集した自由回答には，「どう見ても明らかに変なものが流行するのはなぜか」という不思議感や「流行を追う人は他者と同じでないと不安で，流行に乗

れば安心なのだろう」という同調による流行採用の指摘が多々みられた。

また，フォーカス・グループ・インタビューで出た意見を裏づける声もあった。良いモノ・コトが普及する現象が流行だという考え（「流行はその時代の人々の好むものが集中した現象」）と，流行への参加を楽しむ感覚（「流行は気に入ったものを採用するのが楽しい，人間社会のちょっとしたお遊び」）だ。

これらから，若者が「大衆病理的な同調」ではない流行採用動機（とくに「参加を楽しむ感覚」）も意識していることがわかった。これは，先行研究レビューの知見だけで議論を進めたら，見落としたかもしれないポイントといえる。

さらに，「テレビなどでこれが流行っているといわれると，街中それ一色になってしまう」といったマスメディアの影響力を強く意識した回答も目立った。どうやら，回答者の若者たちのなかでは，流行といえばマスメディアの存在が連想されるほど，両者がしっかりと結びついているらしい。

これまでは流行採用動機と不思議感の2つに注目してきたが，ここでマスメディアという要素も登場した。これらは一体，どのように関係しているのか。流行の不思議感をリアルに説明しようとするなら，若者の流行観と密接に結びついた，マスメディアという要素も取り入れる必要がありそうだ。

3 質問紙調査の企画

ここまでの議論をまとめよう。まず，「流行への不思議感はなぜ起こるか」という疑問から，不思議感を「他者の流行採用動機が納得できないこと」と定義した。そして，「流行採用の動機には何があるか」「どのような動機には不思議感を強く抱くか」が新たな疑問として出てきた。

「流行採用動機には何があるか」を先行研究で調べると，「同調」が注目されてきたことがわかった。しかし，当事者の若者では「流行するモノ・コト自体の良さ」や「参加を楽しむ感覚」も意識していることが明らかになった。

今度は「どのような動機には不思議感を強く抱くのか」という課題（課題Ⅰ）を考えてみたい。ただし，現段階で，動機と不思議感の関係はよくわかっていない。そこで，データを使って，両者の関係を具体的に明らかにしたい[注5]。

また，若者には流行に関連して「マスメディアの影響」も意識されていた。

この意識は，大規模な流行現象の原因をマスメディアに求める考え方といってもいい。とすると，何かの大流行を目の当たりにしても「それはマスメディアのせい」と考える人は，その流行をあまり不思議に思っていないかもしれない。

しかし，実際のところはどうなのか。この「不思議感とマスメディアの影響認知はどのような関係にあるか」という課題（課題Ⅱ）も検討する必要がある。

そこで，これらの課題を検討するには，どのようなデータが必要だろうか。

まず，課題Ⅰで必要なデータには，具体的な流行を想定したとき，①それを他者が採用する動機は何だと思うか，②その流行をどの程度不思議に思うか，という2つの質問への回答が考えられる。そして，①の採用動機の間で②の不思議感の大小を比べれば，両者の関係を具体的に検討できるはずだ。

また，課題Ⅱでは，③その流行はマスメディアのせいだと思うか，という質問への回答が必要だ。これと②の不思議感との関係を分析することになる。

こうした分析を行うには，ある程度の数の回答を集めたい。そこで，比較的実施が容易な，質問紙による集合調査を行うことを考えた。質問紙では，あらかじめ選択肢を用意した質問を用いると，集計・分析がいくらか容易だ（2章参照）。これまでに，選択肢になりそうな採用動機の整理はすんでいて，不思議感やマスメディアの影響認知の程度も5段階評定などで測定できる。

結局，具体的な流行として，冒頭でも紹介した「宇多田ヒカル」「ボディワイヤー」「厚底サンダル」の3アイテムをとりあげ，それぞれ他者の採用動機とその流行を不思議に思う程度，その流行に対するマスメディアの影響認知の程度を，選択肢で回答させる質問紙調査を実施した。

8-3　流行の意識をとらえる

1　調査概要と単純集計

1999年7月1日，東京のとある私立大学の「社会調査」の講義2つで受講者の学生男女に質問紙を配布し，約15分で記入してもらった。

この集合調査の有効回答数は性別の未記入者を除く293名となった。内訳は男女がほぼ半々（男性52.6%・女性47.4%）で，学年は大半が2～3年生だった（1年生17.4%・2年生42.3%・3年生34.8%・4年生4.8%・不明0.7%）。

他者の採用動機と不思議感の関係をみる前に、回答者の意見の全体的傾向を確認しておこう。表8-1には宇多田ヒカル、ボディワイヤー、厚底サンダルの3アイテムについて、以下の4項目の単純集計結果を示した。

① 流行の認知（流行っていると思うか）
② 他者の採用動機（多くの人がその流行品を買う理由の推測）
③ 不思議感（「なぜあんなに流行るのか不思議だ」という意見への賛否）
④ マスメディアの影響認知（「みんなマスコミに踊らされている」という意見への賛否）」

なお、調査実施当時、厚底サンダル利用者は女性だけといってよい状況だった。質問も、他のアイテムは「多くの人」の採用動機を尋ねたが、厚底サンダルは「多くの若い女性」の動機を尋ねている。そこで、意見の男女差を想定し、厚底サンダルは男女別に分析を進めることにした。

流行の認知では、ボディワイヤーを「知らない」人は9.9%で、残りの9割がボディワイヤー自体は知っており、他の2アイテムでは、ほぼ全員がそのアイテムを知っていた。さらに、それが「流行していると思う」人は3アイテムとも過半数に達し、「流行」と認知する人の多さが確認された。以下では、判断対象のアイテムを「知らない」人を除いて分析を進めていく。

他者の採用動機をみると、「いい物・歌だから」という理由が、宇多田ヒカルと厚底サンダルへの女性の回答で多かった。とくに宇多田ヒカルは72.7%と、圧倒的にアイテム自体の評価が高い。その他のアイテムでは、3つの理由に回答がそれぞれ分散し、人によって想定する理由の違う様子が示された。

また、不思議感はボディワイヤーと男女の厚底サンダルで高かった。3アイテムの比較では、宇多田ヒカルが他と違う傾向を示しているようだ。

最後に、マスメディアの影響認知はボディワイヤーがもっとも高かった。また、厚底サンダルで女性の方が男性より高く、やはりこのアイテムは男女で評価が分かれていたことが示された。

2 不思議感と他者の流行採用動機

いよいよ、他者の採用動機と不思議感の関係を検討してみよう。図8-1に3アイテムそれぞれの、他者の採用動機と不思議感の**クロス集計**結果を示した。

表 8-1　流行の認知／他者の採用動機／不思議感／マスメディアの影響認知

①流行の認知（流行っていると思うか）

	流行していると思う	一般にいわれるほど流行してはいないと思う	それが何かを知らない	
宇多田ヒカル	90.1%	9.9%	0.0%	($N=293$)
ボディワイヤー	54.6	35.5	9.9	($N=293$)
厚底サンダル・女性	75.5	24.5	0.0	($N=139$)
厚底サンダル・男性	87.0	10.4	2.6	($N=154$)

②他者の採用動機（多くの人がその流行品を買う理由の推測）

	みんなが買っている	流行に乗るのが楽しい	いい物・歌だから	その他	わからない(DK)・無回答（NA）	
宇多田ヒカル	9.6%	9.6%	72.7%	4.1%	4.1%	($N=293$)
ボディワイヤー	27.7	26.1	25.0	4.2	17.0	($N=264$)
厚底サンダル・女性	23.7	20.1	43.2	8.6	4.3	($N=139$)
厚底サンダル・男性	26.0	25.3	27.9	4.0	16.7	($N=150$)

③不思議感（「なぜあんなに流行るのか不思議だ」という意見への賛否）

	賛成	中立	反対	無回答（NA）	
宇多田ヒカル	25.9%	12.3%	61.8%	0.0%	($N=293$)
ボディワイヤー	60.2	21.6	18.2	0.0	($N=264$)
厚底サンダル・女性	47.5	22.3	30.2	0.0	($N=139$)
厚底サンダル・男性	46.0	17.3	36.0	0.7	($N=150$)

④マスメディアの影響認知（「みんなマスコミに踊らされている」という意見への賛否）

	賛成	中立	反対	無回答（NA）	
宇多田ヒカル	42.0%	28.0%	29.4%	0.7%	($N=293$)
ボディワイヤー	50.8	30.3	18.9	0.0	($N=264$)
厚底サンダル・女性	44.6	27.3	28.1	0.0	($N=139$)
厚底サンダル・男性	36.0	34.7	28.7	0.7	($N=150$)

(注)　数字は行％（行％については3章3-2参照）。
　　　③・④で，「賛成」=「そう思う」+「ややそう思う」
　　　　　　　「中立」=「どちらとも言えない」
　　　　　　　「反対」=「あまりそう思わない」+「そうは思わない」

8章 流行の「不思議」にせまる

①宇多田ヒカル　　　　　「なぜあんなに流行るのか不思議だ」という意見への賛否(%)

他者の採用動機

	賛成	中立	反対
みんなが買っているから($N=28$)	53.6	17.9	28.6
流行に乗るのが楽しいから($N=28$)	42.9	14.3	42.9
いい歌だから($N=213$)	19.2	9.4	71.4

②ボディワイヤー　　　　「なぜあんなに流行るのか不思議だ」という意見への賛否(%)

他者の採用動機

	賛成	中立	反対
みんなが買っているから($N=73$)	72.6	13.7	13.7
流行に乗るのが楽しいから($N=69$)	66.7	23.2	10.1
魅力的なアクセサリーだから($N=66$)	43.9	22.7	33.3

③厚底サンダル
〈女性〉　　　　　　　　「なぜあんなに流行るのか不思議だ」という意見への賛否(%)

他者の採用動機

	賛成	中立	反対
みんなが買っているから($N=33$)	63.6	18.2	18.2
流行に乗るのが楽しいから($N=28$)	67.9	17.9	14.3
魅力的な商品だから($N=60$)	35.0	21.7	43.3

〈男性〉　　　　　　　　「なぜあんなに流行るのか不思議だ」という意見への賛否(%)

他者の採用動機

	賛成	中立	反対
みんなが買っているから($N=39$)	69.2	10.3	20.5
流行に乗るのが楽しいから($N=38$)	55.3	23.7	21.1
魅力的な商品だから($N=42$)	14.3	16.7	69.0

図8-1　他者の流行採用動機と不思議感

この図から、どのアイテムにも共通の傾向が見出せる。それは、他者の採用動機に「みんなが買っている」という同調や、「流行に乗るのが楽しい」という流行参加を選んだ人々の方が、「アイテム自体がいい」という事物評価を選んだ人々よりも、そのアイテムの流行を不思議に思う人が多いことだ。

反対に、「アイテム自体がいいから」という理由は、他の理由よりもはるかに流行への不思議感を低減させるようだ、ということもできる。たとえば、厚底サンダルに対する男性の回答では、他者の採用動機に同調を選んだ男性の69.2％がその流行を不思議に思うのに対し、事物評価では14.3％にすぎない。

その他の結果では、厚底サンダルの男女比較が興味深い。全体では不思議感をもつ人の割合は同じ（女性47.5％、男性46.3％）だが、事物評価の選択者では、不思議感をもつ人が女性に多く（女性35.0％、男性14.3％）、不思議に思わない人が男性に多かった（男性69.0％、女性43.3％）。

所詮、傍観者にすぎない男性回答者の多くは、「良いと思って履く若い女性が多いから流行しているのだろう」という理解で納得しているようだ。一方、履く・履かないは自分次第という女性回答者では、「良いと思って履く人が多いのだろうが、流行するほどの物か？」と思った人が多かったのかもしれない。

ともあれ、「どのような採用動機に不思議感を強く抱くのか」という課題Ⅰの疑問に対しては、「事物評価よりも同調や流行参加の方に、不思議感を抱く人が多い」という方向性を示すデータが得られた、といえる。

3　マスメディアの影響力

課題Ⅱに関係するマスメディアの影響認知でも興味深い結果が得られた。表8-2には、アイテムごとに不思議感とマスメディアの影響認知のクロス集計をした結果を示した。これを見ると、大まかにいって、回答者がクロス集計表の、左上から右下にかけての対角線上に多く分布していることがわかる。

つまり、「なぜあんなに流行るのか不思議だ」と思う人ほど、「みんなマスコミに踊らされている」という意見への賛同者が多くなっていた。逆に、不思議感が低い人ではマスメディアの影響を感じない人が多かった。

こうした関係を端的に表す指標が**相関係数** r だ[注6]。相関係数は－1～＋1の間の値をとり、2つの項目の関係が正比例に近づくほど＋1に、逆比例に近づ

表8-2 不思議感とマスメディア影響認知のクロス集計と相関係数

①宇多田ヒカル〔ピアソン(Pearson)の積率相関係数：$r=.465$ $(N=291)$〕　※表の数字は人数

不思議感＼マスメディア影響認知	そう思う	ややそう思う	どちらとも言えない	あまりそうは思わない	そうは思わない
そう思う	17	6	1	1	3
ややそう思う	12	15	13	6	0
どちらとも言えない	5	14	13	3	1
あまりそう思わない	7	28	39	21	5
そうは思わない	4	15	16	12	34

②ボディワイヤー〔$r=.268$ $(N=264)$〕　※表の数字は人数

不思議感＼マスメディア影響認知	そう思う	ややそう思う	どちらとも言えない	あまりそうは思わない	そうは思わない
そう思う	30	25	9	7	7
ややそう思う	9	29	32	9	2
どちらとも言えない	5	17	24	9	2
あまりそう思わない	5	11	12	4	2
そうは思わない	1	2	3	1	7

③厚底サンダル
〈女性〉〔$r=.417$ $(N=139)$〕　※表の数字は人数

不思議感＼マスメディア影響認知	そう思う	ややそう思う	どちらとも言えない	あまりそうは思わない	そうは思わない
そう思う	13	10	9	2	3
ややそう思う	1	18	8	2	0
どちらとも言えない	4	5	11	9	2
あまりそう思わない	0	9	10	13	4
そうは思わない	1	1	0	0	4

〈男性〉〔$r=.337$ $(N=149)$〕　※表の数字は人数

不思議感＼マスメディア影響認知	そう思う	ややそう思う	どちらとも言えない	あまりそうは思わない	そうは思わない
そう思う	13	6	12	1	5
ややそう思う	2	9	14	6	1
どちらとも言えない	2	10	12	1	1
あまりそう思わない	1	5	10	7	7
そうは思わない	5	1	4	1	13

(注)　・不思議感は「なぜあんなに流行るのか不思議だ」という意見への賛否。マスメディア影響認知は「みんなマスコミに踊らされている」という意見への賛否。
　　　・クロス集計表の数字は人数。太字は，各表の集計対象全体人数をセル数(ここでは25)で割った「セルあたりの平均該当人数」を上回る人数を表す。通常，こうしたクロス集計表は提示しない場合が多いが，ここでは相関係数の意味合いを説明する目的で提示した。

くほど −1 に近づく。3つのアイテムでは，もっとも値の小さなボディワイヤーで $r = .268$ と，それなりの大きさの正の値をとっていた。

　質問紙調査の企画段階では，「マスメディアの影響を意識する人は，流行を不思議に思っていないのでは」とも考えたが，結果は逆だった。不思議感とマスメディア影響認知の間の比例的関係。この結果は，どう解釈できるだろうか。

8-4　流行の不思議感を考える

1　研究結果の全体像

　「流行への不思議感はなぜ起きるか」という問題意識に始まった本章の研究。不思議感に他者の流行採用動機が関係すると考え，先行研究レビューや若者の生の声で採用動機の内容を整理したうえで，質問紙の集合調査を行った。

　具体的に3つの流行で，他者の採用動機と不思議感の程度を質問した。これをクロス集計すると，「みんなが買っている（同調）」「流行に乗るのが楽しい（流行参加）」という採用動機の回答者で不思議感を抱く人が多く，「それ自体がいい（事物評価）」という動機では不思議感を抱く人が少なかった。

　どの採用動機がどれだけ選択されるかは個々の流行で異なる。しかし，他者の採用動機と不思議感の関係には，個々の流行をこえた共通性がみられた。

　また，マスメディアの影響認知についても質問し，不思議感との間には正比例的な関係がみられた。

2　調査結果をどう考えるか

　以上の結果の解釈を考えてみよう。本章の前半で，流行の不思議感を「他者の流行採用動機が納得できないこと」と定義した。とすると，不思議感を抱く人の割合が高かった同調や流行参加という採用動機では，事物評価という動機に比べて，納得できないと感じる回答者が多かったと考えられる。

　つまり，他者の採用動機を事物評価ではなく，ある行動（同調や流行参加）の欲求と考えても，「そうだとしたら，なぜそうしたがる人がこんなに多いのか」という問いが残る。依然として流行は「不思議な社会現象」のままだ。

　そう考えた個人は，当然，より説得的な説明を探そうとするはずだ。そこで

登場するのがマスメディアではないか。実際の影響力の有無とは別に，個人の心のなかで，流行（＝同調・参加）の原因をマスメディアに求めてしまう。これをマスメディアについての**しろうと理論**ということもできる[注7]。

不思議感の強い人ほどマスメディアの影響を強く意識していた，という比例的関係の存在は，むしろ，こうした解釈を支持しているとも考えられる。

3　研究をさらに深めるために

もちろん，議論はこうした解釈だけで終わらない。たとえば，「他者の採用動機が納得できないこと」という不思議感の定義についても論点がある。

厚底サンダルへの女性の回答のように，採用動機に事物評価を選んでも不思議感をもつ人が多い場合もあった。これなどは，「事物評価という理由に納得できない」だけではないように思われる。不思議感には「他者の採用動機の納得」とは別の要因が関係する側面があるかもしれない。

あるいは，どのアイテムでも他者の採用動機への回答はいくつかに分散したという結果にも，重要な論点が見出せる。たとえば，7割が「いい歌だから」という動機を選択した宇多田ヒカルでさえ，2割は違う動機を選択していた。

このように，流行は，同じモノ・コトをめぐる現象ではあるが，全員が同じように認識しているわけではない（同床異夢としての流行）。そして調査結果は，「なぜ他者が採用するか」の認識の違いが，「不思議な現象」という流行への主観的な意味づけと関連することを指摘した。ここに，「社会現象のメカニズムの理解が現象の主観的意味づけに及ぼす効果」（山田，1999）というきわめて社会心理学的な問題を見出すことができる。

逆に，人々の認識が事物評価だけに収束してしまうなら，それは普及であって流行ではない，といえるかもしれない。とすると，流行が不思議感をともなう現象であるためには，人々の認識が収束しないようなしくみの存在が必要だといえるだろう。

また，「他者」をどう考えるかという論点もある。調査の質問では「多くの人」などと，漠然とした一般的他者を想定した。だが，フォーカス・グループ・インタビューでは，「仲間内での話題」として流行を意識することが語られ，リースマンの他人志向型でも仲間集団の重要性が指摘されている。

こうしたことから，回答者が意識する「他者」に，仲間集団という社会的ネットワークを設定して，流行を研究することも考えられる。たとえば，小学校の学級を継続的に観察しながら，仲間集団を媒介として流行が広がる様子をとらえた明石・新井（1990）の報告はその一例だ。

よりデータ収集に関連した論点をあげれば，集合調査の対象になった東京の大学生以外でも同様の結果になるかどうか，ということがある。他の年齢層・地域の人々も調査してみると，より議論が深まるはずだ。

さらに，今回は集合調査であることや回答者の人数を考えて，分析を簡単なクロス集計などにとどめた。もし無作為抽出の大規模サンプル調査データが手に入れば，より詳細に不思議感と関連する要因を分析することも可能になる。

いろいろな論点が残されており，まだまだ追求の余地はある。しかし，たとえば流行の不思議感というテーマで何かを議論するとき，自分はこう思うと述べるだけよりは，データを根拠に主張する方がはるかに説得力がある。小規模ながら今回の調査は，そうした主張の第一歩として大きな意味をもつ。

社会現象へのふとした興味や疑問を大切にして，頭でもあれこれ考えつつ，より具体的・実証的に考えるためにデータも集めてみる。データを分析して初めて気づく論点もあり，さらに好奇心をふくらませて前進する。そうした社会心理学の営みの一端が本章で紹介できたとすれば幸いだ。

■注

注1） 模倣は，今日では，後天的に社会的相互作用のなかで学習される社会的行動と考えるのが一般的である。

注2） リースマンは，他人志向型が他人との大きな差異を嫌う一方，わずかな差異を設けて他人の承認を得ようとする「限界的特殊化」を行うと指摘した。

注3） 先行研究では同調以外の動機も指摘されている。鈴木（1977）はそれらを5つに大別している。すなわち，①自己の価値を高くみせようという動機，②集団や社会に適応しようという動機，③新奇なものを求める動機，④個性化と自己実現の動機，⑤自我防衛の動機である。

注4） ただし，結果は，参加した人々が討論（意見交換）に慣れているかどうかや，討論を促すモデレイター（司会者）の技量によって大きく左右される。

注5） 現象の実態解明が主目的の研究スタイルを**探索型**，何らかの仮説の適否を検討するスタイルを**仮説検証型**と呼ぶ。探索型研究で，データによって明らかにしたい論点を**リサーチ・クエスチョン**と呼ぶことがある。

注6） ここで示した相関係数 r は，正確にはピアソン（Pearson）の積率相関係数という。

r は，データの数値で加減算が可能な「間隔尺度」や乗除算も可能な「比率尺度」による測定値について計算することができる．一方，数値の大小関係だけが利用可能な「順序尺度」による測定値の相関係数としては，順位相関係数という指標がある．

注7) 専門家でなく「しろうとのもっている人間行動に関する理論と信念」がしろうと理論（lay theory）である（Furnham, 1988）。マスメディアについてのしろうと理論の内容は，「マスメディアが説得の意図をもって，特定の内容を報道し，その内容に応じた影響が現れる」とされるが，池田（1997）は，現実にはこうした図式は成立していないと述べた．なぜなら，メディア側の自制や受け手側の心理的バイアスといった，受け手に対するマスメディアの直接的影響を阻害する要因が存在するからだという．

■引用文献

明石要一・新井　誠(1990)．子どもの流行　深谷昌志・深谷和子(編著)　子ども世界の遊びと流行　大日本図書　pp. 85-106.

江利川滋・山田一成(1999)．なぜ流行は不思議なのか —— 動機の社会的認知が集合現象の意味づけに及ぼす効果(未発表)

Furnham, A. F.(1988)．細江達郎(監訳)(1992)．しろうと理論　北大路書房

池田謙一(1997)．転変する政治のリアリティ —— 投票行動の認知社会心理学　木鐸社

牧園清子(編・解説)(1981)．流行(現代のエスプリ171)　至文堂

Riesman, D.(1961)．加藤秀俊(訳)(1964)．孤独な群衆　みすず書房

鈴木裕久(1977)．流行　池内　一(編)　集合行動　講座社会心理学3　東京大学出版会　pp. 121-151.

山田一成(1999)．心の中の〈個人と社会〉—— 世論調査と社会学的想像力　児島和人(編)　個人と社会のインターフェイス —— メディア空間の生成と変容　新曜社　pp. 71-200.

■参考文献

松井　豊(編)(1994)．ファンとブームの社会心理　サイエンス社

中島純一(1998)．メディアと流行の心理　金子書房

(江利川滋)

9章　ジェンダーをどう研究するか

　ジェンダー (gender) とは，生物としての性別 (sex) ではなく，社会や文化によってつくられた男女の役割，行動様式，または個人の心理的特徴などのことである。ジェンダーは，われわれの価値や態度や行動と深く結びついた重要な社会心理学的側面である。
　ジェンダーに焦点を当てた研究を「ジェンダー研究」と総称するならば，そのテーマは非常に広く，多様である。たとえば，以下のようなものがあげられよう。

(1) ジェンダーに関する信念体系（ジェンダー・ステレオタイプ，性役割態度，ジェンダー・アイデンティティ，ジェンダー・スキーマ等）の内容や構造を把握し，その測定尺度を開発したり，その形成過程を研究するもの。
(2) 上記のような信念体系が，自己の精神的健康や社会的適応，他者および自己の能力や適性に関する判断，もしくは他者への好意的・非好意的態度などとどのように関係するのかを研究するもの。
(3) 言語的・非言語的コミュニケーション，社会的影響過程，および集団過程などの社会的相互作用において，ジェンダーがどのような役割を果たしているのかを研究するもの。

　このように多様なテーマを含むため，その研究に用いられる方法もさまざまである。
　本章では，ジェンダー研究の分野で比較的よく用いられてきた質問紙調査と質問紙実験の技法を中心に紹介したい。また，ジェンダーというテーマを研究するときに，とくに留意すべき点についても述べることにする。

9-1 ジェンダー研究の実際

1 質問紙調査の例

よく行われるジェンダー研究の1つとして,「ジェンダーに関する信念は,その人自身の価値観や行動,もしくは他者に対する評価,態度,および行動と,どのように関連しているのか」を検討するものがある。質問紙を用いて,このように「2つ(またはそれ以上)の変数間の関係を吟味する」研究を行う場合,具体的にどう進めればよいのだろうか。ここでは,「男女大学生の性役割態度と仕事に対する価値観との関係」を検討した森永(1994)の研究を題材として[注1],その1つの方法を説明しよう。

a 目的の明確化と仮説の立て方

ジェンダー研究に限ったことではないが,まず調査の目的を明らかにし,問題を整理する。問題が整理できたら,仮説を立てる。ある集団に対する1回の集合調査という方法を用いるならば,因果関係を検討するのは困難であるから,**相関的仮説**が主になるであろう。たとえば,森永(1994)は,「女性の場合,性役割態度が男女平等主義的であるほど,自分が仕事の上で業績を上げたり昇進したりすること(キャリア)に価値を置く。逆に,男性の場合は,伝統的性役割に肯定的な人ほどキャリアに高い価値を置く」という仮説を立てている。なぜなら,女性は家事や育児を,男性は仕事で成功することを社会から期待されているため,性役割期待を内在化しているほど(伝統的性役割に肯定的な態度であるほど),女性はキャリアを志向せず,逆に男性はキャリアを強く志向することが考えられるからである。

b 質問紙の作成

仮説に従って,質問紙を作成する。ここでは,回答者の性別を問う質問,性役割態度を測定する質問,および仕事に対する価値観を測定する質問が必要不可欠である。**性役割態度**については,信頼性や妥当性が検討された既存の尺度がいくつかあるので,そのうちの1つを用いればよい。ただし,それをどのような基準で選択するかについては注意が必要である。この点については本章9-2で詳細に述べたい。

「仕事に対する価値観」を測定するには,いくつかの方法が考えられる。1

つは，既存の尺度があれば，そのなかで目的に適したものを用いる方法であり，もう1つは，自分で作成する方法である。自分の研究の目的にかなった質問項目がない場合には，仕事に対する価値を扱った過去の研究を参考にして項目を作成したり，多くの大学生に「就職のときに重視することは何か」を質問して，その回答をもとに，目的に合った項目を作成することができる。この場合，項目作成のために意見を問う相手が男子大学生や女子大学生だけに偏らないよう留意すべきであろう。一方の性別（たとえば男性）だけから収集した項目を用いて作成した尺度が，他方の性別（女性）にとっても妥当性があるとは限らないからである。

質問紙のレイアウトにも配慮が必要である。この場合は，仕事に関する価値観の質問を先に，性役割態度の質問を後に配置する方が望ましいであろう。なぜなら，ジェンダーに関する信念を測定する項目は，それに回答することによって回答者が自己の信念を再確認することになり，その後の質問への回答を意識的に信念と合致させようとするなど，研究者が意図しない影響を及ぼすおそれがあるからである。

c　調査の実施

調査の実施にあたって，男性回答者と女性回答者の人数はもちろん，その他の要因についてもできるだけ男女間で等しくなるようバランスをとることが望ましい。その他の要因とは，性別の効果と交絡しそうな要因である[注2]。たとえば，就職を間近に控えた4年生と大学に入学したばかりの1年生では，仕事に対するリアリティや知識の量が異なることが十分に考えられる。男性回答者のなかには4年生の占める割合が多く，女性回答者のなかには少ないとしたら，たとえ仕事に対する価値観にジェンダー差がみられたとしても，それが性別によるものか学年によるものかわからないことになる。

d　結果の分析

仮説を検討するには，男女別に性役割態度得点と仕事に対する価値観得点との相関関係を調べるなどの方法が考えられるだろう。このような分析を行った森永（1994）は，①女子の性役割態度とキャリア志向性との間には仮説のような相関はみられないものの，平等主義的な女子ほど仕事に知的刺激を求めること，②男子については，伝統的な性役割態度をもっているほどキャリア志向で

あり，労働条件を重視し，家族との時間を重視しないこと，といった仮説を支持する結果を見出している。そのほかにも，男女別の因子分析によって仕事に対する価値観の認知次元に若干のジェンダー差があることを明らかにした。また，男子は女子に比べてキャリア志向が強く，女子は男子に比べて仕事を通じた社会的貢献，家族との時間，労働条件，および仕事から受ける知的刺激に高い価値をおいていること，などの結果を得ている。性役割期待の内在化の程度という側面から，男子大学生と女子大学生の仕事に対する価値観の違いと共通点を明らかにした点で，興味深い研究である。

e その他の質問紙調査

このような質問紙調査は応用範囲が広く，さまざまな研究目的に用いることができる。たとえば，性役割タイプと同性友人関係との関連（和田，1993），性役割パーソナリティと社会的役割の達成感との関連（土肥・広沢・田中，1990），ジェンダー・スキーマと自尊心や心理的幸福感との関連（石田，1994）などの検討にも，このような方法が用いられている。

2 質問紙実験の例

ジェンダー研究の分野では，**質問紙実験**もよく用いられている。とくに，回答者がもつ暗黙のジェンダー・ステレオタイプや性役割態度の働きを因果的に検討する場合にこの方法が用いられることが多い。ここでは，「ジェンダー・ステレオタイプが男女就職希望者の採用決定にどのように影響を及ぼすのか，またそのようなステレオタイプにもとづく決定をどうすれば防げるのか」というテーマを検討したグリックら（Glick et al., 1988）の研究を参考にして，その具体的方法をみてみよう。

a 目的の明確化と仮説の立て方

問題を明確にし，仮説を立てる点では質問紙調査の場合と同様である。ただし，質問紙実験の場合，仮説は因果的なものになる。

グリックら（1988）は，次のような問題意識のもとに仮説を立てている。就職採用の場合，第1次審査で履歴書にもとづく選抜を行うが，この段階で，女性応募者は男性的職務より女性的職務に，男性応募者は女性的職務より男性的職務に適していると判断されやすいこと，また，管理職のような高給で高地位

の職務は男性的職務であるというステレオタイプが存在するため，そのような職務を希望する女性は差別を受けやすいことが過去の諸研究から示唆されてきた。このようなジェンダー・ステレオタイプにもとづく判断を防ぐには，応募者の性別にかかわらず，職務に適したパーソナリティ特性をもっているのだという個人情報を履歴書に呈示すればよいと考えられる。すなわち，他の諸条件が同じであるならば，履歴書の個人情報から推測される特性が，ステレオタイプ的にみて希望する職務と一致する場合は，不一致の場合に比べて採用されやすいであろう。たとえば，営業管理職（男性的職務）を希望する女性の履歴書に「学生時代にスポーツ用品店でアルバイトしていた」という情報がある場合には，「アクセサリー店でアルバイトしていた」という情報がある場合に比べて，その女性は「男性的特性をもっている」とみなされるので，採用される可能性が高くなるだろう。

　この仮説を検討するための実験デザインは，応募者の性別（男・女）と個人情報のタイプ（男性的・中性的・女性的）を被験者間要因とし，職務のタイプ（男性的・中性的・女性的）を被験者内要因とする**3要因混合計画**である。

b　刺激材料の作成

　応募者の性別と個人情報のタイプを組み合わせた6種類の履歴書を作成する。実験参加者は，これらの履歴書のいずれか1つを読んで，この応募者を男性的・中性的・女性的職務の候補者としてそれぞれ合格させるかどうかを判定するのである。

　先行研究から，男性的職務を「重機メーカーの営業管理職」，中性的職務を「銀行のアシスタント・マネージャー」，女性的職務を「歯科の受付係」とした。応募者の性別は，履歴書の氏名欄の名前を男性名または女性名にすることによって操作する。履歴書に掲載する個人情報は，次のように操作する。

　(1)　男性的個人情報──夏期休暇中はスポーツ用品店の販売員，キャンパスでは運動場整備員として働き，課外活動では大学代表バスケットボールチームのキャプテンを務めた。

　(2)　中性的個人情報──夏期休暇中は靴店の販売員，キャンパスでは学生食堂で働き，課外活動では大学代表水泳チームのキャプテンを務めた。

　(3)　女性的個人情報──夏期休暇中はアクセサリー店の販売員，キャンパス

9章　ジェンダーをどう研究するか　　　171

ではジムのエアロビクス・インストラクターとして働き，課外活動では大学代表チーム後援会のキャプテンを務めた。

　これらの個人情報は，いずれも経験した仕事の性質そのものは同一で（たとえば，夏期休暇中のアルバイトはいずれも「販売員」という点で同一である），それをどこで経験したかが異なるようになっている（スポーツ店，靴店，アクセサリー店）。この個人情報で操作したいのは，応募者の「男性らしさ―女性らしさ」だけであって，「職務に対する適性」の点では3タイプとも同一でなければならないからである。

　そこで，次のように操作の妥当性をあらかじめ確認しておく必要がある。

　まず，個人情報のタイプが本当にそれぞれ男性的・中性的・女性的であるかどうかを確認するために，数十名程度の大学生に判定者となってもらい，それぞれの活動について，「男性ステレオタイプ的特性を示す(1)～女性ステレオタイプ的特性を示す(7)」の7段階で評定してもらう。そして，各活動ごとに平均値を算出し，男性的活動・中性的活動・女性的活動の間に有意差があることを確認しておくのである。

　次に，個人情報の3タイプが「職務適性」のレベルで同一であることを確認するため，判定者数十名に，それぞれの個人情報をもつ人物が3タイプの職務の適性を有しているかどうかを，「まったく適任でない(1)～非常に適任である(5)」の5段階で評定してもらう。この場合，判定者は職務適性に対してある程度の知識をもっている人が望ましい（グリックらは，経営学専攻の修士の人々に判定させている）[注3]。いずれの職務についても個人情報3タイプの平均値間に有意差がなければ，操作は妥当であったといえる。もし，操作の妥当性が確認されなければ，刺激材料を作り直す必要がある。

　なお，応募者の性別と個人情報以外の履歴書記載事項（たとえば出身大学や学部，大学での専攻など）は，すべて同一にしておく。

C　質問紙の作成

　従属変数を測定するための質問紙を作成する。1つは合格判定であり，履歴書を読んで応募者を3タイプの職務それぞれに合格させる程度を「絶対合格させない(1)～絶対合格させる(5)」の5段階で評定させる。次に，質問紙のページを変えて，履歴書の人物の印象を評定させる。女性的特性（繊細，受動的，同

情的,情緒的など)と男性的特性(野心的,決断力のある,強靱,独立的,攻撃的など)のそれぞれについて,「まったくあてはまらない(1)～非常によくあてはまる(5)」の5段階で評定させる。これらの特性項目は,既存のジェンダー・アイデンティティ尺度項目(後出表9-1参照)から抜粋するとよいであろう。

d 実験の実施

実験参加者には,就職採用の面接という場面設定に対してリアリティのある職業人が望ましい。グリックらは,ウィスコンシン北東部在住の上級管理職および専門職の名簿から,男性467名と女性13名をランダムに抽出して郵送調査を行っている(回収率は44%)。このような方法が実現困難な場合,次のような対策が考えられる。

(1) 職業人の知り合いを通じて実験参加者を確保する。ただし,この場合は,実験参加者が特定の組織や職種や年齢層に偏る可能性があるので,結果の一般化には注意が必要である。また,面接経験のある管理職ばかりを確保できるとは限らない場合は,実験参加者の職種,役職,および面接経験の有無などを問う質問項目を加え,これらの要因が回答に影響していないことを確認したうえで結果を解釈すべきである。これらの要因が回答に影響していた場合(たとえば,管理職と非管理職で結果が異なった場合)は,採用面接場面にリアリティのある回答者(この場合は管理職)の回答を中心に結果を解釈する。

(2) 大学生を実験参加者にせざるをえない場合は,その回答が実際の就職採用実態を反映しているというよりも,単なるイメージにもとづいていることを認識したうえで結果を解釈すべきである。あるいは,最初から職業人を実験参加者にできる見込みがないならば,研究目的の骨子(ここでは,「ある役割への適性を判断する場合に,その役割の候補者の性別,推測される候補者の個人特性,および役割の性別適合性がどのように影響するかを検討すること」)を損なわないよう,場面設定を大学生にとってリアリティのあるものにすることも考えられる。たとえば,「新しくつくったサークル内で役割(代表者,会計係,書記係など)を決定する」というような場面である。

実験参加者に対する教示として,「履歴書の書き方が採用決定に及ぼす影響に関する研究」に協力してほしいことを述べ,配布された履歴書を注意深く読

んだ後，質問紙に回答するよう依頼する。6種類の履歴書の1つを実験参加者にランダムに配布し，従属変数測定のための質問紙も併せて配布する。なお，男性参加者と女性参加者で回答傾向が異なる可能性がある場合（たとえば，男性参加者は女性応募者を合格させないが，女性参加者は男性に対しても女性に対しても等しく合否判定を行うなど）[注4]は，男女間で履歴書の種類に偏りが出ないよう配慮する。

このような**実験デザイン**は，実験参加者個々人に「ジェンダー」をまったく意識させないものになっていることに注意してほしい。実験参加者の立場になってみると，教示された実験目的を聞いても研究者の関心が「ジェンダー・ステレオタイプ」にあることはわからないし，応募者の性別や個人情報の女性らしさ・男性らしさが操作してあることもわからない。この点の重要性については本章9-2で改めて述べる。

実験の方法は，実験参加者個々人を別室に呼んで行う個別実験が望ましいが，講義室などで集合実験を行うことも可能である。ただし，集合実験を行う場合は，隣に座っている人の履歴書がお互いに見えないよう，座席間隔を空けるなどの配慮が必要である。

e 結果の分析

まず，個人情報のタイプの操作が成功したかどうかを検討するために，印象評定値を従属変数として就職希望者の性別×個人情報のタイプの**2要因分散分析**を行う。個人情報のタイプの主効果が有意であり，男性的印象得点は男性的情報，中性的情報，女性的情報の順に高く，女性的印象得点はその逆順になれば，操作は成功である。グリックらは，操作の成功を確認している。

次に，仮説を検討するために，就職希望者の性別×個人情報のタイプ×職務のタイプの3要因分散分析を行う。個人情報タイプと職務タイプの交互作用が有意で，予想通りの平均値パターンになれば，仮説は支持されたことになる。グリックらが見出した結果を図9-1に示す。結果はおおむね仮説を支持しており，個人情報タイプ×職務タイプの交互作用が有意であった（$F(4,404)=10.51$, $p<.001$）。職務タイプと一致する個人情報を示すことによって，女性が男性的職務に，男性が女性的職務に合格する可能性が高まることが示されたのである。しかし，個人情報を呈示すれば応募者の性別の効果を完全に消し去

合格させる程度

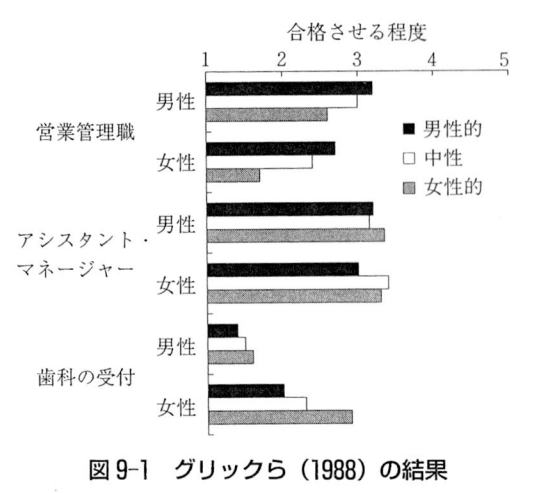

図9-1 グリックら(1988)の結果

ることができると考えていたグリックらの予想に反して，応募者の性別×職務タイプの交互作用，および応募者の性別×個人情報タイプ×職務タイプの交互作用も有意であった（それぞれ，$p<.001$，$p=.05$）。すなわち，個人情報タイプが同じであっても，男性的職務には女性応募者より男性応募者の方が，女性的職務には男性応募者より女性応募者の方が，合格する可能性が高かったのである。このことは，個人情報タイプの操作が成功してもなお，応募者の性別が就職採用に影響しうることを示唆している。

f その他の質問紙実験

以上のように，刺激材料やシナリオ上で変数を操作するという方法は，場面設定がリアリティに欠けるものになりがちだという欠点もあるが，剰余変数を統制しやすいという利点がある（たとえば，実験室実験の参加者は，相互作用する相手の身体的魅力度や印象など，多くの余計な情報を得ることになるが，質問紙上の操作ならそれはない）。また，目的に合うように細部を変えることによって，さまざまな研究に用いることができる。たとえば，この方法を用いた初期の研究の1つであるゴールドバーグ（Goldberg, 1968）は，著者欄の名前を男性名（John T. McKay）か女性名（Joan T. McKay）にした論文を女子大学生に読ませ，その論文のできの良さを評価させたところ，男性著者よりも女性著者の論文を低く評価するという偏見を見出している。そのほかに，リーダーの管理能力評価や影響方略の有効性に現れるジェンダー・ステレオタイプの働きなども検討されている。また，刺激呈示の方法として，写真，録音テープ，およびビデオ映像などを用いることができれば，さらに多様な研究ができるであろう。

9-2 ジェンダー研究にあたっての留意点

これまでは，例をあげて具体的な研究方法を紹介してきた。ここでは，調査であれ実験であれ，ジェンダー研究を行う際に一般的に注意すべきことがらについて述べる。

1 目的と仮説の設定

ジェンダーに関する**先行研究**は膨大である。すでに行われている研究を繰り返すことのないよう，問題設定に際しては十分にその領域の先行研究にあたっておくことが望ましい。幸いなことに，ジェンダー研究の分野には数多くの展望論文や著書があるので，まずそれらを読んでから，そのなかに引用されている個別の論文にあたっていくのも1つの方法であろう。そのような文献の一部を章末に紹介しておくので参照されたい。

また，ジェンダー研究の分野では，類似の**概念**が数多く登場するうえ（たとえば，ジェンダー・スキーマ，ジェンダー・アイデンティティ，性役割パーソナリティ等），これらの概念や用語の用い方が研究者間で必ずしも一致していない場合がある。たとえば，Bem Sex Role Inventory（BSRI）という尺度で測定されるものを「ジェンダー・アイデンティティ」と表記している論文もあれば，「性役割パーソナリティ」と表記している論文もある。さらに，gender と sex という2種の概念や定義や用語使用が研究者間で混乱していること（伊東，1995），「性役割」という概念が非常に多面的であり，研究者によっても異なっていること（東・小倉，1982；飯野，1984）なども指摘されている。したがって，問題設定に際しては，どの用語を用いることが適切なのかをよく考えたうえで，自分が用いる概念を明確に定義することが必要であろう。

2 ジェンダー研究で用いられる諸尺度とその選択方法

本章9-1で示したように，ジェンダーに関する信念体系を測定する**尺度**にはさまざまなものがある。それらのなかで，比較的よく用いられている尺度とその概要を表9-1に示した[注5]。これらの尺度を用いる際には，次の点に留意すべきであろう。

表9-1 ジェンダー研究の領域でよく用いられる尺度とその特徴

	名称	作成者	作成年	特徴
1	Bem Sex Role Inventory (BSRI)	Bem, S. L.	1974	女性性、男性性、および中性的特性20項目計60項目から構成されており、それぞれの特性がどの程度自分にあてはまるかを7件法で回答するジェンダー尺度。回答者は、両性具有型、男性型、女性型、および未分化型の4型に分類される。尺度の日本語訳は、東(1990b, 1991)、下條(1997)などが行っている。下條(1997)によるとBSRIの再テスト信頼性は高く、男性性スコア(r=.86)・女性性スコア(r=.81)である。妥当性に関しては必ずしも確認されていない。なお、Bem(1974)にもとづいた日本語版BSRIの開発を安達ほか(1985)が行っている。
2	The Personal Attributes Questionnaire (PAQ)	Spence, J. T. ほか	1978	道具性を測る男性性尺度、表出性を測る女性性尺度、および社会的望ましさが男女で異なる特性のMF尺度8項目計24項目を5件法で回答するジェンダー尺度。各特性がどの程度分にあてはまるかを5件法で回答する。回答者は、両性具有型、男性型、女性型、および未分化型の4型に分類される。尺度の日本語訳は、東・小倉(1984)、下條(1997)が行っている。信頼性・妥当性に関する報告はなされていない。
3	男性性・女性性の2側面測定尺度	山口素子	1985	女性性、男性性、母性性、および大人性尺度各9項目、計45項目から構成されるジェンダー尺度。各尺度のα係数は、いずれも.73から.75の間であった。妥当性に関する記述はとくにない。
4	ジェンダー・スキーマの認知的相関指標	下條(石田)英子	1994	男性性、女性性、両性具有各12項目計36項目のそれぞれについて、①男性の社会通念として、②女性の社会通念として、③現実の自分がどの程度、④理想の自分にあてはまる程度、の4基準で評価させ、①と③、②と④、①と④、①と②との個人内相関係数を算出するジェンダー・スキーマ尺度。ジェンダーに関する認知的形成度を把握する。ジェンダー満足度、自尊心、および幸福感との関連から概念的妥当性が確認されている。
5	性差観スケール (SGC)	伊藤裕子	1997	男女の「能力」「性格」「外観」「身体・生理」「行動様式」についての意見30項目について、そう思うか思わないかを4件法で回答する。ジェンダーにかかわるさまざまな状況をどの程度別に認知しているかという認知枠組みを測定するもの。再テスト信頼性も高く(α=.82)、SESRA-S(8参照)を用いて基準関連妥当性も確認された(r=-.58)。

176　Ⅲ部　テーマ別にみる質問紙研究

9章 ジェンダーをどう研究するか

	尺度名	著者	年	説明
6	The Attitudes toward Women Scale (AWS)	Spence, L. T. ほか	1973	現代アメリカ社会における女性の権利、役割、義務、特権に対する態度から男女平等意識の強さを測定する性役割態度尺度。小倉(1984)が行っているが、信頼性・妥当性についての言及はない。日本語訳は、東・小倉(1984)が行っているが、信頼性・妥当性についての言及はない。
7	Sex-role Orientation (ISRO)	Dreyer, N. A.	1981	フェミニズム、意識のあるいは伝統的な性意識からの脱却ないし開放という観点から測定しようとする性役割意識尺度。16項目のそれぞれについて、非常に賛成―非常に反対の5件法で回答する。東(1990a)が日本語版を作成し、信頼性の高さ($\alpha=.84$)を確認している。
8	平等主義的性役割態度尺度短縮版 (SESRA-S)	鈴木淳子	1994a	結婚観、教育観、職業観、および社会観という4つの領域における平等主義を測定しようとする性役割態度尺度。信頼性は高い($\alpha=.86\sim.93$)。教育レベルが高いほど、また仕事への達成意欲が高いほど平等主義的態度をもつことから、構成概念妥当性が示された。なお、40項目からなるSESRAフルスケールについては、鈴木(1987)を参照されたい。
9	脱男性役割態度スケール (SARLM)	鈴木淳子	1994b	男性役割に対する態度におけるリベラル志向性と伝統志向性を両極とする一次元評価尺度。信頼性係数($\alpha=.75$)、再テスト係数($\alpha=.94$)ともに高い。男性は女性より、無職女性は有職女性より、また年齢が増加するほどと伝統志向的であることや、夫がリベラル志向であるほど家事行動が増加することから、構成概念妥当性についても確認された。
10	MHFスケール	伊藤裕子	1978	社会・個人・女性・男性として、どの性役割が望ましいとされるのか、という性役割観を測定する尺度。30項目からもっとも重要だと思われるものを6個選ぶ。信頼性については記述されていないが、構成概念妥当性は確認された。
11	性役割測定尺度 (ISRS)	伊藤裕子	1986	「作動性」「共同性」「美・繊細さ」の特性24項目について「あなた自身にとって」どれくらい望ましいかを7段階で評定させる性役割尺度。信頼性係数は、「作動性」($\alpha=.80\sim.89$)「共同性」($\alpha=.80\sim.85$)「美・繊細さ」($\alpha=.63\sim.80$)と高く、併存的妥当性(MHFスケールとの相関)も確認されている。

(注) 表中の尺度が掲載されている文献については、章末の注を参照。
表9-1)

第1点は，個々の尺度の性質を確認して，自分の研究の目的に合ったものを用いる，ということである。たとえば，一口に性役割態度といっても，それを測定する尺度は複数ある（たとえば，AWS, ISRO, SESRA-S など：表9-1参照）。これらの多くは，いずれも男女平等主義的－伝統主義的という次元での態度を測定しているが，その対象領域はそれぞれ異なっている。個々の尺度の特徴を理解したうえで用いる尺度を選びたい。適した尺度がない場合は，作成することも考えた方がよい。

　第2点は，信頼性と妥当性が十分に確認されているかどうかを考慮することである。とくに，欧米で開発された尺度（たとえば，BSRI や AWS）については，その国で信頼性や妥当性が確認されていても，それを日本語に訳した尺度の信頼性と妥当性が確証されているとは限らない。そのような場合は，予備調査で日本語版の信頼性と妥当性をある程度確認してから用いることが望ましい[注6]。また，BSRI などのジェンダー・アイデンティティ尺度は，その問題点をめぐって多くの議論が行われている（たとえば，三井，1989）。できれば，それらの問題点を把握したうえで尺度を選ぶ方がよいであろう。

　第3点は，その尺度が開発された年に留意することである。ジェンダーに関する尺度の多くは，尺度作成当時の回答者から収集されたジェンダー・ステレオタイプ項目にもとづいて構成されている。しかし，ジェンダーに関する社会的価値観は欧米でも日本でも急激に変化しつつあり，ステレオタイプの内容の一部は以前と異なっている可能性がある。つまり，ステレオタイプをもとにつくられた尺度は，そもそも長期間の安定性を保証されえないことになる。したがって，今から20年以上も前に作成された尺度を使う場合は，その信頼性やある程度の妥当性を確認してから用いるべきであろう。できれば，なるべく新しい尺度を用いる方が望ましい。

　なお，表9-1に掲載したもののほかにも，多くの尺度が開発されている。女性や男性のサブタイプに関する尺度（たとえば，母性性・父性性を測定する尺度など）まで含めれば，その数はかなりのものであろう。最近では，従来型のセクシズムと現代型のセクシズムを測定する尺度（Swim et al., 1995）や，「敵意的セクシズム」と「好意的セクシズム」とを測定するアンビヴァレント・セクシズム尺度（The Ambivalent Sexism Inventory；Glick & Fiske, 1996）など，

新しい態度尺度も開発されている[注7]。

3　研究の意図に気づかせない

　実験や調査では,「ジェンダーに関する信念を測定されている」という意識を実験参加者や回答者にもたせないようにするのがふつうである。具体的には,①調査の場合,ジェンダーに関する質問項目は後の方に配置する（本章9‐1参照）,②ジェンダーの効果を検討するという目的を実験参加者に感知させないよう,教示を工夫する,③刺激人物のジェンダーは被験者間要因とする（本章9‐1参照）などである。

　近年では,たとえ女性差別的な態度をもっていても,それを率直に表明することはもはや社会的に許容されなくなりつつあることが指摘されている（Eagly & Mladinic, 1994）。したがって,たとえば女性応募者と男性応募者の履歴書を同一参加者に読ませて両者の能力や職務適性を評価させると,両者の評定値を意識的に同じにしたり,実験参加者によっては逆に「実験者がジェンダー差を検討しようとしている」と考えて実際以上に男女間に差をつけて評定するなど,さまざまな歪みが生じる可能性がある。

4　刺激材料や場面設定に潜むジェンダー・バイアス

　過去の研究のなかには,実験場面が男性に有利なものに偏っていることに研究者が気づかなかったためにジェンダー差を見出したものが多く存在する。たとえば,「男性より女性の方が説得されやすい」というジェンダー差を見出した研究の多くは,説得話題として男性向けのトピックス（たとえば,フットボールやサッカーに関する話題）を用いてきたため,話題に対する知識や興味に男女差が生じてしまっていた可能性がある（Eagly & Carli, 1981）。すなわち,女性の方が説得されやすいという結果は,知識量や興味の程度が実験参加者の性別と交絡しているためにもたらされたものかもしれないのである。

　「説得されやすさ」の例のように,ジェンダー・ステレオタイプと一致する男女差が見出されると,その結果に研究者自身が納得してしまいがちであるが,実は実験場面そのものに一方の性別に有利なバイアスが潜んでいることがある。しかも,研究者自身が気づかないうちに自分の性別に有利な実験場面を設定し

がちであることも指摘されている（Eagly & Carli, 1981）。このような状況を避けるために，実験計画を立てる時点で，刺激材料や場面設定に偏りがないかどうか十分に吟味すべきであろう。

　したがって，ジェンダー研究では，刺激材料や課題や状況が男性的か女性的かを判断しなければならないことが多い。本章9-1で述べた質問紙実験の例のように，職務や活動の性別適合性を操作することもある。このような場合，さまざまな刺激材料が男性向きか女性向きかを一群の判定者に判定させることによって必要な刺激を選ぶこともできるが[注8]，過去の研究を参照するのも1つの方法である。たとえば，イーグリーとカーリ（Eagly & Carli, 1981）は，「影響されやすさ」のジェンダー差を検討した諸研究をメタ分析[注9]しており，そのなかで，過去の説得研究で用いられた話題のそれぞれが，知識量と興味の点でどれくらい男性向きまたは女性向きであったかを一覧表にまとめている。

■注
注1）　ここでは森永（1994）の研究に必ずしも忠実にそっているわけではなく，省略した部分や推測をまじえた部分もある。方法をわかりやすく紹介するためである。質問紙実験の例で引用するグリックら（Glick et al., 1988）についても同様である。

注2）　剰余変数の効果が独立変数の効果から分離できないとき，この2つの変数は「**交絡している**」という。交絡が生じると，得られた結果が独立変数の効果だと断定できなくなってしまう（5章参照）。

注3）　グリックら（1988）は，判定者の特徴について詳しく述べていない。しかし，おそらく，経営学専攻の学生に実務経験者が多く，その人々に判定を依頼したものと予想される。修士とはいえ，実務経験のない学生では適切な判定は困難だと思われるからである。

注4）　実際，男性リーダーと女性リーダーに対する評価の差をメタ分析によって検討したイーグリーら（Eagly et al., 1992）は，男性回答者の女性に対する非好意的な反応傾向を報告している。

注5）　ここでは，日本の学会誌に尺度開発の過程が報告されているか，もしくは学会誌に掲載された論文でよく使用されている尺度をあげている。紀要や大会発表論文集まで含めると，もっと多くの尺度が作成されていると思われる。

注6）　しかし，ジェンダー関連尺度の妥当性の確認には困難さがつきまとう。厳密に言えば，構成概念妥当性は，日本語版を用いた研究がある程度蓄積されて初めて確認されるものであるが，一方でジェンダーに関する社会的価値や規範は変化しつつある。したがって，どのような結果が出れば「妥当」だといえるのかの判断は単純ではない。この点に関しては，学界でも十分に議論されているとはいいがたい。

注7）　過去に比べて，現在では偏見に満ちた態度をあからさまに表出することを抑制する規範的圧力が強くなっている。スイムら（Swim et al., 1995）によると，従来型セクシズムが女性の権利を否定し，「女性は男性ほど賢くない」などのあからさまな表現形態をと

9章 ジェンダーをどう研究するか

るのに対して，現代型のセクシズムとは，表面的には女性の権利を認めながらも，潜在的には女性への敵意的感情から「女性差別はもはや終わった問題だ」と差別の存在を否認したり，「女性は優遇されすぎている」と考えるなどの形となって現れる。また，グリックら（Glick & Fiske, 1996）は，女性に対する敵意的感情にもとづくセクシズムと，女性にステレオタイプ的な限定的役割（たとえば，妻，母，ロマンティックな愛の対象としての役割）しか認めない点ではセクシスト的な態度であるが，それでいて主観的には女性へのポジティブな感情にもとづいている好意的セクシズム（「多くの女性は男性にない純真さを備えている」「女性は男性によって守られ，保護されるべきだ」等）とを区別している。これらの概念とその測定尺度については，今後の議論がまたれるところである。

注8） 刺激材料を判定してもらう場合，女性および男性判定者にいくつかの刺激材料を呈示し，それぞれに対する興味・関心の程度，知識や能力の程度，自分に向いていると思う程度などを回答させ，その結果を判定者の男女別に集計して目的に合った刺激（たとえば，中性的な刺激を選びたい場合は判定に男女差のないもの）を選ぶ，という方法が考えられる。あるいは，それぞれの刺激がステレオタイプ的にみてどれくらい女性（または男性）に向いていると思うかを判定させる場合もある。どのような次元で刺激を判定させるべきかは，実験の目的によって異なる。いずれにせよ，判定者には，その刺激を用いる実験の参加者と同種の人々で（たとえば，実験参加者に大学生を予定しているなら判定者も同じ大学の大学生にする），実験の仮説を知らない人を選ぶべきである。また，判定者には女性と男性を同数ずつ含め，ある程度の人数を確保した方が望ましい。判定者の人数を明記していなかったり，判定者が10名に満たないような研究もあるが，判定結果の男女差を検定するような場合はとくに，もっと多くの判定者を確保した方がよい。

注9） **メタ分析**とは，同一の現象について独立に行われた複数の研究結果を総合して，そのような現象の有無を判断したり，その強度を推定したりするために用いられる統計的手法である。イーグリーとカーリ（Eagly & Carli, 1981）の他にも，さまざまな社会的行動の男女差に関するメタ分析が数多く行われており，興味深い知見が得られている。

注 表9-1） 表中の尺度（オリジナルが英文の尺度については日本語版）が掲載されている文献は次の通りである。

1 安達ほか（1985）：堀　洋道・山本真理子・松井　豊（編）(1994). 心理尺度ファイル——人間と社会を測る　垣内出版
　　東（1990b, 1991）：堀　洋道（監修）・山本眞理子（編）(2001). 心理測定尺度集Ⅰ——人間の内面を探る〈自己・個人内過程〉　サイエンス社
　　下條（1997）：下條英子(1997). ジェンダー・アイデンティティ——社会心理学的測定と応用　風間書房
2 東・小倉（1984）：東　清和・小倉千加子(1984). 性役割の心理　大日本図書
　　下條（1997）：下條英子(1997). ジェンダー・アイデンティティ——社会心理学的測定と応用　風間書房
3 山口（1985）：堀　洋道・山本真理子・松井　豊（編）(1994). 心理尺度ファイル——人間と社会を測る　垣内出版
4 下條（1994）：下條英子(1997). ジェンダー・アイデンティティ——社会心理学的測定と応用　風間書房
5 伊藤（1997）：堀　洋道（監修）・山本眞理子（編）(2001). 心理測定尺度集Ⅰ——人間の内面を探る〈自己・個人内過程〉　サイエンス社
6 東・小倉（1984）：東　清和・小倉千加子(1984). 性役割の心理　大日本図書

7 東 (1990a)：東 清和(1990a). 青年期における性役割志向性の性差 社会心理学研究, **6**, 23-32.
8 鈴木 (1994a)：堀 洋道(監修)・山本眞理子(編)(2001). 心理測定尺度集Ⅰ——人間の内面を探る〈自己・個人内過程〉 サイエンス社
鈴木 (1987)：鈴木淳子(1987). フェミニズム・スケールの作成と信頼性・妥当性の検討 社会心理学研究, **2**, 45-54.
9 鈴木 (1994b)：鈴木淳子(1994). 脱男性役割態度スケール (SARLM) の作成 心理学研究, **64**, 451-459.
10 伊藤 (1978)：堀 洋道(監修)・山本眞理子(編)(2001). 心理測定尺度集Ⅰ——人間の内面を探る〈自己・個人内過程〉 サイエンス社
11 伊藤 (1986)：伊藤裕子(1986). 性役割特性語の意味構造——性役割測定尺度 (ISRS) 作成の試み 教育心理学研究, **34**, 168-174.

■引用文献―――――

安達圭一郎・上地安昭・浅川潔司(1985). 男性性・女性性・心理的両性性に関する研究 (Ⅰ)——日本版 BSRI 作成の試み 日本教育心理学会第27回総会発表論文集, 484-485.
東 清和(1990a). 青年期における性役割志向性の性差 社会心理学研究, **6**, 23-32.
東 清和(1990b). 心理的両性具有Ⅰ——BSRI による心理的両性具有の測定 早稲田大学教育学部学術研究(教育・社会教育・教育心理・体育学編), **39**, 25-26.
東 清和(1991). 心理的両性具有Ⅱ——BSRI 日本語版の検討 早稲田大学教育学部学術研究(教育・社会教育・教育心理・体育学編), **40**, 61-71.
東 清和・小倉千加子(1982). 性差の発達心理 大日本図書
Bem, S. L.(1974). The measurement of psychological androgyny. *Journal of Consulting and Clinical Psychology*, **42**, 155-162.
土肥伊都子・広沢俊宗・田中國夫(1990). 多重な役割従事に関する研究——役割従事タイプ, 達成感と男性性, 女性性の効果 社会心理学研究, **5**, 137-145.
Dreyer, N. A., Woods, N. F., & James, S. A.(1981). ISRO : A scale to measure sex-role orientation. *Sex Roles*, **7**, 173-182.
Eagly, A. H. & Carli, L. L.(1981). Sex of researchers and sex-typed communications as determinants of sex differences in influenceability : A meta-analysis of social influence studies. *Psychological Bulletin*, **90**, 1-20.
Eagly, A. H., Makhijani, M. G., & Klonsky, B. G.(1992). Gender and the evaluation of leaders : A meta-analysis. *Psychological Bulletin*, **111**, 3-22.
Eagly, A.H. & Mladinic, A.(1994). Are people prejudiced against women? Some answers from research on attitudes, gender stereotypes, and judgements of competence. *European Review of Social Psychology*, **5**, 1-35.
Glick, P. & Fiske, S. T.(1996). The ambivalent sexism inventory : Differentiating hostile and benevolent sexism. *Journal of Personality and Social Psychology*, **70**, 491-512.
Glick, P., Zion, C., & Nelson, C.(1988). What mediates sex discrimination in hiring decisions? *Journal of Personality and Social Psychology*, **55**, 178-186.
Goldberg, P.(1968). Are women prejudiced against women?. *Transaction*, **5**, 178-186.
飯野晴美(1984).「性役割」という概念の多面性について 心理学評論, **27**, 158-171.
石田英子(1994). ジェンダ・スキーマの認知相関指標における妥当性の検証 心理学研究,

64, 417-425.
伊東秀章(1995). セックスかジェンダーか？――概念，定義，用語をめぐる考察　心理学評論，**38**, 441-461.
伊藤裕子(1978). 性役割の評価に関する研究　教育心理学研究，**26**, 1-11.
伊藤裕子(1997). 高校生における性差観の形成環境と性役割選択――性差観スケール(SGC)作成の試み　教育心理学研究，**45**, 396-404.
三井宏隆(1989). 心理的両性具有とは何か――Bem, S.L. の考え方とアプローチを中心にして　実験社会心理学研究，**28**, 163-169.
森永康子(1994). 男女大学生の仕事に関する価値観　社会心理学研究，**9**, 97-104.
Spence, J. T. & Helmreich, R. L. (1978). *Masculinity and femininity : Their psychological dimensions, correlates and antecedents.* University of Texas Press.
Spence, J. T., Helmreich, R., & Stapp, J. A. (1973). A short version of the attitudes toward women scale (AWS). *Bulletin of the Psychonomic Society,* **2**, 219-220.
鈴木淳子(1994a). 平等主義的性役割態度スケール短縮版(SESRA-S)の作成　心理学研究，**65**, 34-41.
鈴木淳子(1994b). 脱男性役割態度スケール(SARLM)の作成　心理学研究，**64**, 451-459.
Swim, J. K., Aikin, K. J., Hall, W. S., & Hunter, B. A. (1995). Sexism and racism : Old-fashioned and modern prejudices. *Journal of Personality and Social Psychology,* **68**, 199-214.
和田　実(1993). 同性友人関係――その性および性役割タイプによる差異　社会心理学研究，**8**, 67-75.
山口素子(1985). 男性性・女性性の2側面についての検討　心理学研究，**56**, 215-221.

■参考文献

青野篤子・森永康子・土肥伊都子(2004). ジェンダーの心理学――「男女の思いこみ」を科学する　改訂版　ミネルヴァ書房
東　清和(1997). ジェンダー心理学の研究動向――メタ分析を中心として　教育心理学年報，**36**, 156-164.
東　清和・鈴木淳子(1991). 性役割態度研究の展望　心理学研究，**62**, 270-276.
Deaux, K. & LaFrance, M. (1998). Gender. In D. T. Gilbert, S. T. Fiske & G. Lindzey (Eds.), *The handbook of social psychology* (4th ed.). Vol. 1. McGraw-Hill. pp. 788-827.
土肥伊都子(1994). 心理学的男女両性具有性の形成に関する一考察　心理学評論，**37**, 192-203.
伊藤裕子(編著)(2000). ジェンダーの発達心理学　ミネルヴァ書房
坂田桐子(1996). リーダーシップ過程の性差に関する研究の現状　実験社会心理学研究，**36**, 114-130.
鈴木淳子(1997). 性役割――比較文化の視点から　レクチャー社会心理学Ⅲ　垣内出版
鈴木淳子・柏木惠子(2006). ジェンダーの心理学――心と行動への新しい視座　培風館
Unger, R. K. (編著)(2001). 森永康子・青野篤子・福富　護(監訳)　日本心理学会ジェンダー研究会(訳)(2004). 女性とジェンダーの心理学ハンドブック　北大路書房

(坂田桐子)

10章　恋愛と対人魅力を決めるもの

　恋愛を研究テーマにしたというと，とかく安易な選択をしたと考えられやすい。しかし，恋愛を研究することにためらいは必要ない。恋愛は人間の心的状態として非常に興味深い現象であり，多くの分野の人々が関心をもっている（AERA Mook, 1999）。

　社会心理学においては，恋愛と関連の深いものとして**対人魅力**に関する研究がある。人はどのようなとき，どのような人に魅力を感じるかを検討する領域である。この対人魅力研究は恋の相手に対する魅力だけでなく，広く人に対する好意を扱っている（松井，1998）。本章では，恋愛と対人魅力に関する研究方法を紹介しよう。

　研究を進めるときにはテーマを具体化する必要があるのだが，そのためには恋愛や魅力についての疑問や不思議に注目すればよい。たとえば，次のような疑問がないだろうか。自分のまわりには多くの異性がいるにもかかわらず，ある人と恋愛関係を結び他の人とは結ばない。また，つきあいを始めても別れることもあれば結婚に至ることもある。失恋の後，なかなか立ち直れずに傷を癒せないでいる人もいれば，失恋をした後も心機一転して新しい恋をつかむ人もいる。こうした違いはなぜ生じてくるのであろうか。社会心理学の恋愛研究はこのような疑問に解答するべく積み重ねられている。

　こうした疑問を科学的に検討して答えを得るためには，モデルを作成し仮説を立て，それを確認するために所定の手続きを経て計画的にデータを集めなければならない。個人的な経験や勘も大事だが，それだけに頼ったり無計画なアンケート調査から出した答えは科学的なものとはいえない。

　恋愛に関してこれまでに作成されたモデルは，①誰とつきあうかを予測するものとして**類似性モデル**と**近接性モデル**がある。②つきあいの存続と終わりを予測するものとしては**投資モデル**と**弱いリンクモデル**がある。③失恋の痛手か

らの回復を予測するものとしては**アカウントモデル**があげられる。もちろんこれだけではなく，他のモデルもある（松井，1993，1998参照）。

　本章の目的は，実験や質問紙調査を使って科学的に恋愛を研究するための技法を学ぶことである。そこで，おのおののモデルがどのような方法で検証されているかを紹介する。繰り返すが，研究を実施する際にはあてずっぽうにデータをとっても無駄に終わることが多い。目的を定めて一定の**モデル**にもとづいて**仮説**を立て，それを**データ**で確認するという作業が重要である。研究者たちは探索的にデータをとることもあるが，卒論などをしっかりやりたい人は既存のモデルに注目して，そこから引き出した仮説の検証を目的とした方が整った論文を書くことができる。

10-1　類似性モデル

1　モデル概要

　われわれは，周囲にいるたくさんの人々のなかからどのような人を好きになるのであろうか。**類似性モデル**は，さまざまな面で自分と似ている人を好きになると予測する。とくに明確な証拠が得られているのは態度の類似性である。バーン（Byrne, D.）は多様な領域の態度を使って，自分と相手の態度の類似性が高いほど相手に魅力を感じることを実証した。

　バーンら（Byrne & Nelson, 1965）は，学生クラブ，人種差別廃止，SF，福祉法制化，子どものしつけなど，さまざまなトピックに関してあらかじめ大学生実験参加者の態度を質問紙を使って測っておいた。その後，実験参加者たちは「限られた情報にもとづいた他者判断の正確さ」と銘打った実験に参加した。その実験のなかで実験参加者たちはある人物が回答したとされる態度質問紙をわたされた。実験者はそれを見てその人物に関する判断をしてほしいと実験参加者に依頼した。このとき実験参加者にわたされた態度質問紙は，バーンたちがあらかじめつくっておいたもので，実験参加者たちの回答とよく類似したものから類似性の低いものまであった。このようにして，その人物と実験参加者自身の態度の類似性を操作したのである。類似態度の比率は100％，67％，50％，33％の4種類であった。もし類似性モデルが正しいならば，実験参加者

表10-1 態度の類似性が魅力に及ぼす影響
(Byrne & Nelson, 1965)

類似態度の比率	33%	50%	67%	100%
魅 力 得 点	7.12	8.95	9.88	11.62

(注) 値が大きいほど魅力を感じたことを表す。

は自分と態度が類似している人物ほど魅力を高く評価するはずである。

結果は表10-1のように，たしかに態度の類似比率が高いほど相手に感じる魅力が高くなっている。この研究では魅力は，「どのくらい好意をもっているか」，「どのくらいいっしょに仕事をしたいか」の2つの7段階尺度に対する回答の合計値で測定された。とりうる値は2点から14点の間である。

2 技法のポイント

現在の日本で同様の研究を行う場合，バーンが用いたトピック（学生クラブ，人種差別廃止，SF，福祉法制化，子どものしつけなど）をそのまま利用するのは適切でない。年代も国の事情も異なるからである。どのような態度をとりあげるかは研究結果を左右するポイントになる。たとえば，実験参加者にとって重要なトピックの方が類似性の効果は強い（Byrne, 1961）。また，大多数の実験参加者が同じ意見になるようなトピックは避けるべきである。バーンは予備研究でこれらの点を検討して，類似性操作に用いる態度項目を決定した[注1]。したがって，読者も実際にこのタイプの研究をするときには，類似性操作に用いる態度項目を，とくに大学生実験参加者にとっての重要性の観点から吟味しておいた方がよい。

また，バーンは類似項目の数を固定し，非類似項目の数を変えて，態度の類似性を操作した。たとえば，類似項目が8個の場合には非類似項目を16，8，4，0個とした。これらは表10-1の類似比率と対応している。この場合には全体的な項目の数はそれぞれ24，16，12，8個と条件ごとに異なる。別のやり方としては，全体的な項目の数を10個と固定して類似項目と非類似項目の個数を10対0，7対3，5対5，3対7などと変えてもよい。この場合は類似比率が100%，70%，50%，30%となり，バーンのものとは多少異なるが段階的に変化していれば問題はない。

10-2 近接性モデル

1 モデル概要

類似性モデルは態度という自他の内面的特徴に焦点を当てていたが，**近接性モデル**は物理的環境が魅力の形成に重要な役割を演じることを強調する。われわれは，なぜ相手を好きになったかを考えるとき，相手の外見や好みや性格などに注目しがちだが，われわれをとりまく物理的環境も他者に抱く好意に少なからず影響するのである。

このモデルはフェスティンガーら（Festinger et al., 1950）の研究が端緒を開いた。彼らは新しくつくられた集合住宅における住居の物理的距離が近いほど人々の関係が親密になることを示した。つまり，知らない人どうしが集合的に住まうとき，近くに住んでいる相手に対する魅力が高まるというのである。家どうしが近いとき，顔を合わせる機会も多くなり，あいさつを交わすようになる。物理的距離の近い家の間では，いわゆる近所づきあいが始まることになる。一度こうした関係が始まると，遠くに住むつきあいのない人よりは，あいさつをかわす程度であっても近くに住む人（多少とも見知った顔の人）の方が親しいと感じるのは自然であろう。

その後，セガール（Segal, 1974）は，アメリカ・メリーランド州の警察学校の訓練生を対象にしてこの効果を確かめた。訓練生たちは警察学校で知り合いになってから1カ月半程度であった。この警察学校では，生徒の名字をアルファベット順に並べた出席番号をもとに，宿舎の部屋割りや授業中の座席を決めていた。したがって，出席番号の近い生徒どうしは宿舎の部屋も近いし授業中の座席も近いことになる。セガールがこの生徒たちに親しい友人の名前を書いてもらったところ，出席番号の近い人がお互いに親しい友人として名前をあげる傾向がはっきりとみられた。この研究も個人と個人の物理的距離の近さが魅力を規定することを示した。

2 技法のポイント

これらの研究は直接恋愛関係を扱ったものではなく，他者に対する一般的な好意の規定因として物理的距離の効果を検討している。しかし，モデル自体は

もちろん恋愛にも適用できるものである。つまり，人が恋に落ちるのは物理的に近くにいる相手であると予想することができる。大学内では次々とカップルが誕生するが，それは所属サークルや履修科目，所属クラス，アルバイト先などの重なりや住居の近さに影響を受けているかもしれない。

読者にとってはこうしたことがらは直観的にも経験的にも知っていることで，研究するまでもないと感じるかもしれない。しかし，そうした現象のデータを示し，それを客観的な事実としてとらえ，物理的な近接性の観点から論じることは社会心理学の研究として十分に価値がある。

また，近接性モデルは出会いに焦点を当てたものと考えられてきたが，その一方で，「遠距離恋愛は長続きしないのか」といった事項も検討することができよう。恋人2人の住居の距離や接触頻度と関係維持期間との単純な関連をみるだけでも興味深い。この場合には，距離が遠ければそれだけ会うためのコストが大きくなり，次に述べる投資モデルと関連が生じてくる。近接性の効果だけをみるためには少なくともコスト要因のコントロール（5章参照）が必要になる。

10-3 投資モデル

1 モデル概要

投資モデルは，もともとの発想は報酬やコストなどの経済学的な概念を用いて人間関係を記述する社会的交換理論にあった。ラズベルト（Rusbult, 1983）の投資モデルは，恋愛関係の存続と終わりに関するもので，コミットメントが高ければ関係は続き，低ければ終わると予測する。コミットメントとは人間関係の研究者がよく言及する概念で定義も多いが，ラズベルトは関係維持行動を起こす意図や関係への愛着として次のように定式化した。

　　　コミットメント＝関係満足感－選択比較水準＋投資　　　（式1）

（式1）の関係満足感とは現在の関係に関する満足感で，

　　　関係満足感＝報酬－コスト　　　　　　　　　　　　　　（式2）

であると定めた[注2]。したがって，（式1）は次のように表せる。

　　　コミットメント＝（報酬－コスト）－選択比較水準＋投資　（式3）

（式3）の各項を説明すると次の通りである。右辺の「報酬」はその関係から得られる利益を意味しており，「コスト」は損失を意味する。「選択比較水準」とは他の異性に対する値踏みで，現在の恋愛関係を終わりにして別の関係に移ったときに得られると予想される利益あるいは満足感のことである。もし現在の関係から得ている満足感が小さくて，他の関係から得られると予想される満足感の方が大きければコミットメントは低まり，現在の関係からの離脱へ傾く。また，よい恋人候補がいて，現在つきあっている人と甲乙つけがたいという場合もあるであろう。この場合は両者の差し引きがゼロ付近になり現在の関係への投資の大きさによって恋愛関係の行方が決まることになる。その「投資」は自分の時間や金銭，相手のために我慢したことなど現在の恋愛関係にある相手につぎ込んだもろもろのことがらすべてを含む。投資が多いほどコミットメントは高まり現在の関係にとどまる方へ傾く。つぎ込んだものが多ければ多いほど容易には引き下がれないということである。もし現在の関係への投資が小さければ，単純に現在の関係の満足感と選択比較水準との大きさが関係にとどまるか離脱するかの決め手になる。

2　技法のポイント

　恋愛関係の研究では実験参加者は誰でもよいというわけにはいかないことが多い。とくに投資モデルはつきあいの存続と終わりを予測するものであるから実際に恋愛関係にある人を対象にする必要がある。ラズベルトは募集広告を見て集まった119名の実験参加者のなかから，つきあいはじめてからの期間（0〜2，2〜4，4〜6，6〜8週間）を考慮して男女17人ずつを選んだ。これらの男女はペアになっているわけではなく，各人はそれぞれ異なるカップルの一方である。

　次に測定についてみてみよう。ラズベルトが用いた質問項目を表10-2に示した。各変数について2項目から5項目で測定している（α係数などによる信頼性の確認が必要；5章参照）。これらの項目について最初の1回の測定から17日間おきに全部で13回測定した。このように時間間隔をあけて複数回の測定をするタイプの研究は**縦断研究**という。恋愛関係の研究では欠かせない手法である。各変数について項目間の平均値を算出し，6変数の13回分の平均値を得

表10-2 投資モデルを検討するための項目例 (Rusbult, 1983より作成)

報酬
　この関係はどのくらい利益がありますか。(1＝まったくない，9＝非常にある)
　利益という点で，あなたの理想と比較するとこの関係はどうですか。(1＝理想に近い，9＝理想と遠い)

コスト
　この関係はどのくらいコストがありますか。(1＝まったくない，9＝非常にある)
　コストという点で，あなたの理想と比較するとこの関係はどうですか。(1＝理想に近い，9＝理想と遠い)

他の候補者
　あなたの他の恋愛候補者はどのくらい魅力がありますか。(1＝まったく魅力がない，9＝非常に魅力がある)
　全体的に考えて，あなたの他の恋愛候補者は現在の恋人と比較するとどうですか。(1＝現在の方がよい，9＝他の候補者の方がよい)

投資サイズ
　全体的に考えて，現在の関係が終わったとき，あなたが失う物／人／事がありますか。(1＝まったくない，9＝非常に多くある)
　一般に現在の関係にあなたはどれくらい投資しましたか。(1＝非常に多くの投資をした，9＝何も投資しなかった)

満足感
　あなたはパートナーのことをどのくらい好きですか。(1＝非常に好き，9＝まったく好きではない)
　あなたはパートナーにどのくらい惹かれていますか。(1＝まったく惹かれていない，9＝非常に惹かれている)
　あなたは現在の関係にどのくらい満足していますか。(1＝非常に満足している，9＝まったく満足していない)

コミットメント
　近い将来あなたが関係を終わりにする可能性はどのくらいありますか。(1＝まったくない，9＝非常にある)
　あとどのくらい関係を続けたいですか。(1＝数週間程度，9＝一生の間)
　現在の関係を終わりにして他の候補者をとるにはどのくらい魅力的な候補者が必要ですか。(1＝非常に魅力的な候補者，9＝普通に魅力的な候補者)
　あなたはパートナーにどれくらい「愛着」がありますか。(1＝まったくない，9＝非常にある)
　あなたは現在の関係にどれくらい献身していますか。(1＝非常に献身している，9＝まったく献身していない)

(注) 表中でたとえば (1＝まったくない，9＝非常にある) は，9段階のリッカート尺度 (5章参照) で測定されたことを示す。

ている。

ラズベルトの投資モデルは（式3）で表されるようにコミットメントが報酬，コスト，選択比較水準，投資の大きさによって左右されることを表している。コミットメントが説明（予測）される変数で，他の4つが

表10-3　投資モデルの検討例：コミットメントの回帰分析（Rusbult, 1983）

説明変数	β	R^2	F
報　酬	.901*		
コスト	.078		
他の選択肢	−.595*	.90	76.12
投資量	.720*		

（注）　アスタリスク（*）は算出されたβ係数が統計的に有意であったことを示す。

説明する変数である。この5変数のデータがあれば（式3）のような関係が成立しているか否かを検討することができる。この検討には回帰分析という手法を用いる。

回帰分析の結果は，表10-3のようであった。コストを除いて統計的に有意な**β係数**[注3]が得られているが，これはコスト以外は公式通りの関係が成立していることを表している。読者が研究を行う場合には，教員の協力が得られないと縦断研究によるデータの収集は難しいかもしれない。そのうえ，回帰分析によって説明変数の統計的な有意性検定を行うためには，厳密には**ランダム・サンプリング**という手続きをとる必要がある。しかし，恋愛中の人々についてランダム・サンプリングを行うことはきわめて困難なので，非確率標本を分析対象とせざるをえない。とくに卒論などの場合は，「ある講義に出席していた学生120名」が実験参加者であるということになりがちである。そうしたデータにもとづいて，あるモデルの一般的な説明力や有効性について議論するのは避けた方がよい。このような場合には，たとえばA大学学生100名，B大学学生120名，社会人85名についてそれぞれ別個に分析して，複数のサンプルにおける結果の一貫性などに言及するといった対応が考えられる。この問題とその対応法については1章1-3を参照してほしい。

10-4　弱いリンクモデル

1　モデル概要

弱いリンクモデルは，関係へのリンクが弱いパートナーの方が関係の維持存

続のキーパーソンになるというものである。カップルのうち一方はあまり熱心でなく場合によっては別れてもよいと考えており（リンクが弱い），もう一方は熱烈に相手を好いており別れることなど考えたくもない（リンクが強い）ような場合を想像してほしい。このとき，関係が続くか終わるかはリンクの弱い人のみによって決定されると考えるのがこのモデルの特徴である。アトリッジら（Attridge et al., 1995）の実際の研究においては，リンクの強さは，愛情の強さや相手への信頼度や投資の大きさ，コミットメントなどさまざまな変数によって測定されている。

　彼らは152組のカップルを集めて，質問項目に回答もれがあった26組のカップルと，関係が終わったか続いているかの質問で回答が異なった6組のカップルを除く，120組のカップルについて検討した。これらのカップルは最初の質問紙と約6カ月後の電話インタビューに回答した。最初の質問紙ではリンクの強さに関する変数が測定され，電話インタビューは主に現在のカップルの状態（別れたか続いているか）が質問された。

　弱いリンクは表10-4のような13個の変数によって操作的に定義された。各変数の値の低い方が，弱いリンクパートナーであることを意味する。さらにすべての変数を標準化（5章参照）して合成した変数が作成された。

　表10-4は交際の続いているカップルと別れたカップルとをまず区別し，さらにリンクの強い人と弱い人を区別して，それぞれの平均値を示したものである。全体的には交際が続いているカップルの方が別れたカップルよりも値が高く，代表的な合成変数も同様のパターンである。また，リンクの強い人も弱い人も交際カップルは離別カップルより平均値が高いが，よくみるとこの値の差は弱いリンクの人についてより大きいことがわかる。つまり，強いリンクよりも弱いリンクをもつ人の愛情やコミットメントの小さいことが，カップルの存続－終結により大きく影響していることを示唆している。

2　技法のポイント

　投資モデルと同様に，弱いリンクモデルでも数カ月の間をおいて複数回のデータを集めている。こうした手続きによる研究は，縦断研究あるいはパネル調査と呼ばれている。恋愛関係の研究のなかでも関係が終わる原因を探る場合

表10-4　弱いリンク仮説の研究例（Attridge et al., 1995より作成）

変数	測定方法	リンク	関係状態 交際	関係状態 離別	リンク× 関係状態
合成変数	以下の変数を標準化して合成した値	強	0.23	−0.49	＊
		弱	0.27	−0.57	
依存性	相手に対する心理的・情緒的依存性尺度(Fei & Berscheid, 1977)16項目	強	6.41	5.52	＊
		弱	5.61	4.41	
愛情	ルービンの愛情尺度(Rubin, 1973) 9項目	強	6.23	5.27	＊
		弱	5.54	4.14	
強さ	RCIの下位尺度：自分の活動や判断に及ぶパートナーの影響の強さ(Berscheid et al., 1989)34項目	強	6.60	5.12	n.s.
		弱	5.25	3.54	
投資	ラズベルトの投資尺度：情緒的・社会的・経済的・行動的投資(Rusbult, 1980) 8項目	強	5.46	4.42	＊
		弱	4.83	3.48	
コミットメント	ランドのコミットメント尺度(Lund, 1985) 9項目	強	6.06	4.82	＊
		弱	5.42	3.72	
自己開示	自己開示尺度(Miller, Berg, & Archer, 1983)10項目	強	6.08	5.26	＊
		弱	5.35	4.04	
主観的親密さ	「現在の相手との関係はどのくらい親密ですか」	強	6.63	5.10	＊
		弱	6.04	4.18	
他の相手	他の相手の見つけやすさ(Simpson, 1987) 6項目の平均値，実現性のある他の相手の数1項目，他の異性とのつきあいを始める可能性の評価1項目，現在の相手と比較した最良異性の評価(Simpson, 1987) 11項目の平均値。これら4得点の平均値。	強	3.88	4.87	n.s.
		弱	2.82	3.81	
満足感	現在の相手に対する満足感(Simpson, 1987)11項目	強	6.35	6.14	n.s.
		弱	5.77	5.38	
信頼	信頼尺度(Rempel, Holmes, & Zanna, 1985)26項目	強	3.89	4.49	n.s.
		弱	3.42	2.93	
ポジティブ情動	ポジティブな情動を表す12項目(穏やかな，活発な，必要な，満足された，得意な，欲しい，落ち着いた，楽しい，安心した，幸せ，喜ばしい，情熱的な)	強	6.14	5.67	n.s.
		弱	5.47	4.86	
活動の多様性	RCIの下位尺度：2人で行う活動の数を38種類のなかからすべて選択(Berscheid et al., 1989)	強	7.04	6.80	＊
		弱	6.25	5.25	
接触頻度	RCIの下位尺度：パートナーと2人だけで過ごした時間(Berscheid et al., 1989)	強	6.36	5.54	n.s.
		弱	4.99	4.10	

(注)　表中の文献については，Attridge et al., 1995参照。
　　表中の数値は，それぞれの変数についての条件別平均値である。
　　アスタリスク(＊)は，各変数についてリンク（強・弱）×関係状態（交際中・離別）の交互作用（5章参照）が統計的に有意であったことを示し，n.s.はそれが有意でなかったことを示す。

には，関係が存在していたときから終わりになるまでを追跡していくことで信頼性の高いデータが得られる。

講義時間を利用したデータ収集でも半年間の追跡は可能である。半年たってどの程度のカップルが別れているだろうか。それ自体も研究テーマになりそうであるが，1つの講義だけでは別れたカップルのデータが不足すると予想される。いくつかの講義を利用すれば一定数のカップルの終わりに遭遇できるであろう。1つの講義しか利用できなかったり，実験参加者カップルをたくさん集められない場合は，「別れる可能性」の評定と投資量やリンクの強さの関連を調べる方法も考えられる。

もうひとつ重要な点は，カップル両方のデータをとるということである。関係の維持や終結には2人が関与しているのであり，1人分のデータだけでは不十分であるという主張がある[注4]。たしかにカップル2人のデータを集めて検討した方が説得的に思えるし，何らかの基準でカップルをグループ化したりするなど多様な検討をすることができる。投資モデルはいずれか1人分のデータでも検証可能だが（実際，本章で紹介した研究もそうである），単純に2人分のデータがある方が標本数が増え分析力が向上する。

10-5 アカウントモデル

1 モデル概要

失恋をしたときには心が痛くなるものだが，そうした痛手を癒すにはどのようにしたらよいだろうか。社会心理学においてはアカウントと呼ばれる行為が有効である可能性が示されてきた。このモデルは失恋だけではなく人生のなかで経験するさまざまな苦痛（たとえば，大切な人の死，虐待されたことなど）への対処法として検討されてきたものである。この効果は心理的な苦痛の軽減だけでなくストレス対処を亢進する免疫系にも及ぶことが報告されている。

アカウントとは，出来事に関する自分自身の解釈や説明である（Harvey, 1995）。苦痛をともなう出来事を経験した人は，しばしばそれをどのようにとらえてよいか戸惑ってしまう。失恋ならば，なぜ自分はふられたのか，自分のどこが悪かったのか，ほかに好きな人ができたのかなどが次々に浮かび，答え

をえられないまま悩むことがある。人によってはさっぱりとあきらめられるかもしれないが，とても好きだった人と別れてしまったときには，なかなか気持ちの整理がつかないこともあるであろう。アカウントこそが気持ちを整理する手段なのである。とくにアカウントは，文章にしたり人に話したりすることでいっそう明確になる。

　アカウントモデルは，生理学的な指標を用いた研究から回想法を使った方法まで多様である。質問紙を使った研究としては，グリーンバーグら（Greenberg et al., 1996）のものがある。彼女たちは600名の女子大学生のなかからとくに，身体的虐待，性的いたずら，レイプ，親の死や重い病気，家庭内暴力，事故による重い障害，暴行，親による遺棄，両親の離婚，悲惨な事件の目撃といった出来事の体験者を選択し，最終的には97名の女性実験参加者のデータを集めた。これらの実験参加者は，実際に自分が体験したトラウマを想起する条件（現実トラウマ群），他の人が体験したトラウマの記述を読んでそれを想像する条件（仮想トラウマ群），トラウマとは関係ない大学キャンパスの物理的環境を想起する条件（コントロール群）の3グループに分けられた。実験参加者はこれらの想起をした後，30分の時間を与えられ，想起したときの思考や感情をできるだけはっきりと書くように求められた。この文章を記述した直後と1週間おきに4週間にわたって，抑うつ，恐怖，怒り，幸福といった気分が測定された。また，身体的健康の指標として医療機関訪問回数（大学の健康センターや実験参加者のかかりつけの病院を訪れた回数）を調べた。トラウマの記述をする前月と次の月についてこれらを記録し，それぞれ事前テストと事後テストの測定値とした。

　トラウマ記述直後の抑うつ気分については，現実トラウマ群，仮想トラウマ群，コントロール群の順で値が高かったが，恐怖，怒り，幸福は全体として2つのトラウマ群の方がコントロール群より好ましくなかった。しかし，4週間にわたる測定においてはこのような差異はみられなかった。医療機関訪問回数について，事前テストの測定値を共変量として事後テストの測定値を分析した結果，コントロール群が他の2つのトラウマ群よりも高い値であった。これらの結果は，トラウマを想起し記述することは，その直後に気分の悪化をもたらすが，長期的には医療機関訪問の回数を減少させる効果があることを示唆して

いる。

2 技法のポイント

　ここで説明した研究は少し難しいと感じるかもしれない。たしかに完全に同じ手続きをとろうとすると，学生1人で実施することは困難である。仮に講義時間を使って実験参加者を集めるとすると，強いトラウマ経験のある人を選抜するだけで実験参加者の数がかなり減ってしまうことも予想される。また，この研究は幅広いトラウマ体験への対処に関するもので，失恋を扱ったものではないので読者の興味とは異なるかもしれない。

　しかし，手続きや定義を少しアレンジして失恋への対処を研究するデザインにすることは可能である。たとえば，上記研究ではトラウマ体験のある女性たちに実験参加者として研究に参加してもらったが，これを失恋体験に限定すればよい。教室で行うならば，2段階構えで失恋体験者はそれについてエッセイを書いてもらい，失恋体験のない人は別の否定的な出来事（たとえば，友だちと喧嘩した，誰かに批判されたなど）について書いてもらうという手続きで受講者に一斉に質問紙に回答してもらうことができると思われる。

　失恋のアカウントに関する研究はほとんど見当たらない。また，失恋が上記研究のようなトラウマ体験と質的に同様か否かということもわかっていない。したがって，失恋時の思考や感情の記述によるアカウントの構成が，失恋の心理的苦痛を軽減する効果があるか否かは検討してみなければわからない。効果があればそれは報告するに値するし，仮に効果がなくても一定の研究手続きを踏襲したうえで効果がないことを確認したという点で意味がある。さらに軽い恋の終わりと結婚まで考えた恋の終わりとではインパクトが異なると思われるので，そのあたりの検討も興味深い。

　ところで，このような研究で重要なのは本当の出来事を書いてもらうことである。他の研究でも同様なのだが，とくに恋愛研究では「照れ」や「拒否感」から事実を回答してもらえないことがある。したがって，真の回答を引き出すには何らかの工夫が必要である。質問紙を匿名にするのはそうした工夫の1つである。しかし，ただ「名前を書く欄がない」というだけでは不十分であろう。質問紙を封筒に入れて実験参加者が自らの手で密封するようにしたり，それを

授業時間に集めるのではなく，切手をつけておいて特定の研究室宛に郵送されるようにしたりすることが考えられる。いずれにせよ，匿名の調査であることが実験参加者にリアルに伝わるように手続きを工夫することがポイントであり，また実際に完全に匿名でなくてはならない[注5]。**匿名性の確保**は他のモデルを検証するときも同様に重要である。

このような工夫をして実験参加者に正直に回答してもらうことは重要なのだが，その一方で，研究者は実験参加者の**プライバシー**を知ることの重大さと責任を十分に理解していなくてはならない。卒論等でプライバシーにかかわる質問を含む研究を行うときには，とくに注意が必要である。まず，質問紙作成時点での注意として，実験参加者が回答をするときに不快感をもったり回答を拒否したくなる気持ちになるような表現がないかをチェックする必要がある。さらに，質問紙を回収した後での注意として，データ入力の途中で目につきやすいところにそれらを開け広げて置いたり，他の学生が集まるようなところに質問紙の束を置いておくことは慎まなくてはならない。実験参加者に回答してもらった質問紙を友人などに見せてしまうことは絶対にしてはいけない。回収した質問紙は指導教員の研究室等で厳重に保管してもらうのがよいであろう。

■注
注1） ただし，バーンら（Byrne & Nelson, 1965）の原典には具体的にどのような文章の項目が使われたかは掲載されていない。したがって，いずれにせよこのタイプの研究を行う読者は項目を独自に作成するか，他の研究を参考にする必要がある。類似性モデルに関する日本の研究としては，藤森（1980）があるので項目作成などの際に参照してほしい。

注2） 関係満足感は本来次のように比較水準の項を含めて定義される。

　　　　　関係満足感＝（報酬－コスト）－比較水準　　　　　　　　　　（式4）

比較水準とは関係における一般的な期待である。ラズベルト（Rusbult, 1983）は実験参加者にとって比較水準に関する質問項目は報酬やコストと区別しにくい内容になると考えて測定を行わなかった。

注3） **β（ベータ）係数**は変数を標準化してから回帰分析を行ったときに算出されるもので**標準偏回帰係数**とも呼ばれる。各変数の説明力の大きさの目安となるが，分析に使う説明変数の増減によって各変数のβ係数は変化する。

注4） ここでちょっとした矛盾を感じる人がいるかもしれない。本章で紹介した弱いリンク仮説の主張は，このようなカップルデータの重要性の根拠に反する部分があるからである。この仮説はカップルのうち弱いリンクのパートナーの方が関係の維持と終結において決定的というものである。つまり，カップルの一方だけで関係が決定してしまうと

いうのである。たしかに弱いリンク仮説の主張自体は関係の維持と終結に2人が関与しているという主張と相反するが、仮説を検討するときには必ずカップルデータが必要なのである。どちらが弱いリンクのパートナーかを知らなければならないからである。

注5) ただし縦断研究やパネル調査では複数回のデータ収集を行うので、実験参加者と各回データの対応をとる必要がある。つまり、個人を特定する何らかの記号が必要である。調査用の実験参加者番号を記したIDカードを配布したり、完全な匿名とはならないが、学生であれば学籍番号の利用が考えられる。

■引用文献

AERA Mook (1999). 恋愛学がわかる 朝日新聞社

Attridge, M., Berscheid, E., & Simpson, J. A. (1995). Predicting relationship stability from both partners versus one. *Journal of Personality and Social Psychology*, **69**, 254-268.

Byrne, D. (1961). Interpersonal attraction and attitude similarity. *Journal of Abnormal and Social Psychology*, **62**, 713-715.

Byrne, D. & Nelson, D. (1965). Attraction as a linear function of proportion of positive reinforcements. *Journal of Personality and Social Psychology*, **1**, 659-663.

Festinger, L., Schachter, S., & Back, K. (1950). *Social pressures in informal groups: A study of human factors in housing.* Stanford University Press.

藤森立男 (1980). 態度の類似性、話題の重要性が対人魅力に及ぼす効果——魅力次元との関連において 実験社会心理学研究, **20**, 35-43.

Greenberg, M. A., Wortman, C. B., & Stone, A. A. (1996). Emotional expression and physical health: Revising traumatic memories or fostering self-regulation? *Journal of Personality and Social Psychology*, **71**, 588-602.

Harvey, J. H. (1995). 和田 実 (訳編) (1998). こころのオデッセイ 川島書店

松井 豊 (1993). 恋ごころの科学 サイエンス社

松井 豊 (1998). 恋愛に関する実証的研究の動き 松井 豊 (編) 恋愛の心理 (現代のエスプリ368) 至文堂 pp. 5-19.

Rusbult, C. E. (1983). A longitudinal test of the investment model: The development (and deterioration) of satisfaction and commitment in heterosexual involvements. *Journal of Personality and Social Psychology*, **45**, 101-117.

Segal, M. W. (1974). Alphabet and attraction: An unobtrusive measure of the effect of propinquity in a field setting. *Journal of Personality and Social Psychology*, **30**, 654-657.

■参考文献

AERA Mook (1999). 恋愛学がわかる 朝日新聞社

松井 豊 (1993). 恋ごころの科学 サイエンス社

松井 豊 (編) (1998). 恋愛の心理 (現代のエスプリ368) 至文堂

(福島 治・飛田 操)

IV部

実習ガイダンス

11章　データ処理と統計の基礎

11-1　データを収集したら

1　データ収集後のプロセス

a　データを集める

　データの収集とは，配布した質問紙を回収することである（時間をかけて回答してくれているはずなので感謝の気持ちを忘れないようにする）。調査の実施形態（質問紙の配布方法）によって，回収率は異なるが，できるだけ多く回収するようにする。また，配布した質問紙は放置せず，無回答・無記入のものでも回収する。この質問紙の回収には予想以上に時間がかかることが多いので，余裕をもって配布しておくことが必要である。

　以上が図11-1における①データの収集である。

　データを集めた後は，②有効なデータの確認，③ローデータの作成，④データの入力，⑤データの処理，⑥仮説の検討，という手順で進めていくことになる。

b　データ処理の対象とする質問紙を決める

　次は有効なデータの確認で，データ処理の対象とする質問紙を決めることである。ここでは，無回答や無記入が多すぎる，全体的にいい加減に回答していると判断できる，など不誠実な回答者の質問紙は分析の対象から省くようにする[注1]。このような不誠実な回答者は，調査を実施すると出てくることがあるので必ず確認する。

　さらに，データ処理の対象とする質問紙を決定したら，各質問紙に通し番号（実験参加者番号）を記入しておく。この通し番号は，後で行うデータのチェック・確認やデータ処理の際に必要となる。

　この後のローデータの作成から仮説の検討までのプロセスについては，後述

11章 データ処理と統計の基礎

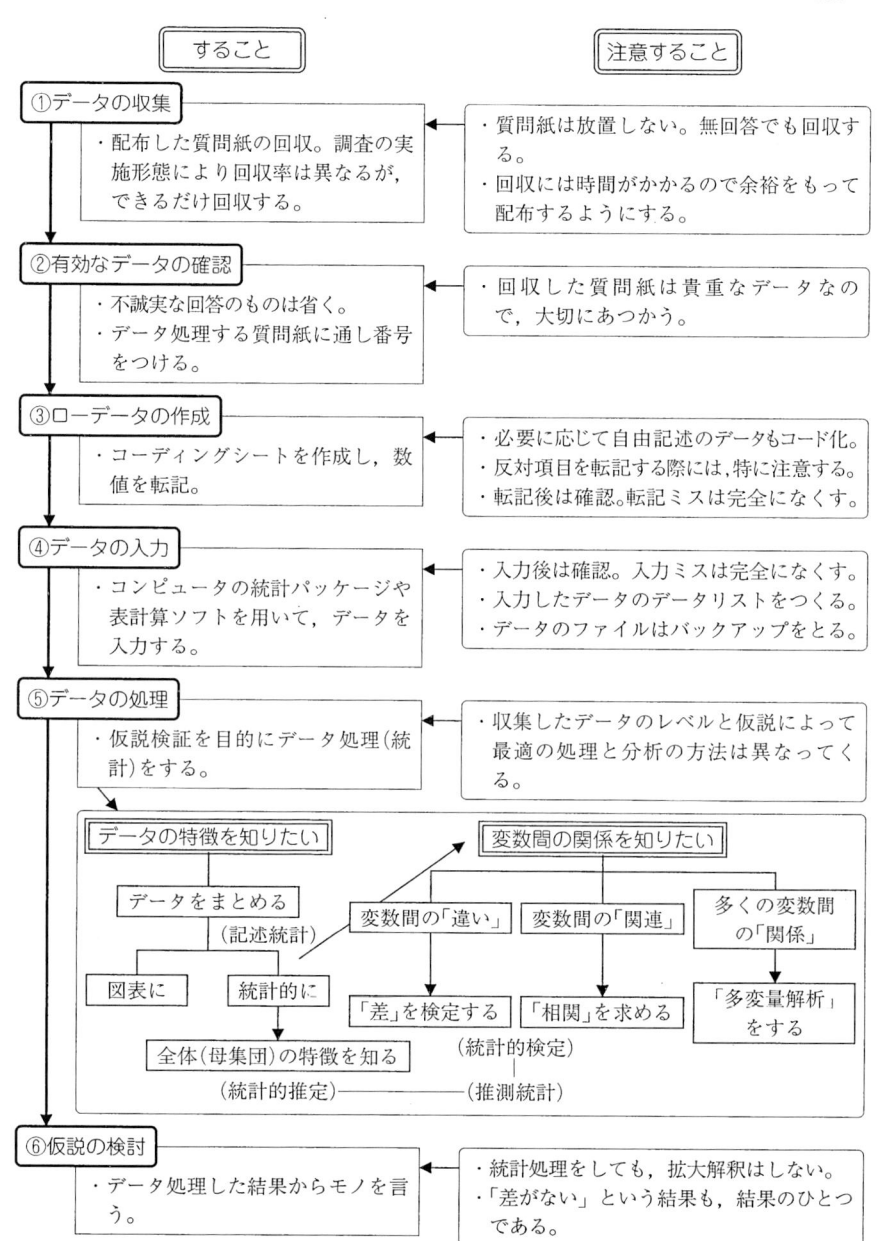

すること	注意すること
①データの収集	
・配布した質問紙の回収。調査の実施形態により回収率は異なるが、できるだけ回収する。	・質問紙は放置しない。無回答でも回収する。 ・回収には時間がかかるので余裕をもって配布するようにする。
②有効なデータの確認	
・不誠実な回答のものは省く。 ・データ処理する質問紙に通し番号をつける。	・回収した質問紙は貴重なデータなので、大切にあつかう。
③ローデータの作成	
・コーディングシートを作成し、数値を転記。	・必要に応じて自由記述のデータもコード化。 ・反対項目を転記する際には、特に注意する。 ・転記後は確認。転記ミスは完全になくす。
④データの入力	
・コンピュータの統計パッケージや表計算ソフトを用いて、データを入力する。	・入力後は確認。入力ミスは完全になくす。 ・入力したデータのデータリストをつくる。 ・データのファイルはバックアップをとる。
⑤データの処理	
・仮説検証を目的にデータ処理(統計)をする。	・収集したデータのレベルと仮説によって最適の処理と分析の方法は異なってくる。

```
データの特徴を知りたい              変数間の関係を知りたい
   │                        ┌──────┼──────┐
データをまとめる          変数間の「違い」 変数間の「関連」 多くの変数間の「関係」
   │    (記述統計)
   ├─図表に    └─統計的に      「差」を検定する  「相関」を求める  「多変量解析」をする
              │                         (統計的検定)
         全体(母集団)の特徴を知る
              (統計的推定)─────── (推測統計)
```

⑥仮説の検討	
・データ処理した結果からモノを言う。	・統計処理をしても、拡大解釈はしない。 ・「差がない」という結果も、結果のひとつである。

図11-1 データ収集後の手順

なお，本章は筆者の編著である『あなたもできるデータの処理と解析』（福村出版）の内容を要約し多くの図表を引用しているので，本章と併読していただければより理解しやすくなると考えている。

2 なぜデータに統計的な処理をするのか

a 統計は難しい！

社会心理学の講義を聞いて興味をもち，専門のゼミ（研究演習）に入ってさらに社会心理学を学べると思っていたら，ゼミでは実験や調査および統計の演習が必修といわれてびっくりした学生も多いのではないだろうか。筆者自身も，本来数学が苦手で文系の学部に入学したのにまた数学か，と思ったものである。また，数字や記号さらには記号のいっぱい並んだ式や公式を見ただけで嫌悪感を覚え，社会心理学を敬遠してしまう学生も少なからずいるようである。

しかしながら，必要に迫られて統計を使って研究をしていくうちに，社会心理学的な視点で研究をするということは，統計学も究めることではないことに気がついた。社会心理学の研究のために統計学の知識を使う，すなわち，統計学のユーザーという立場で研究をすることも可能であると理解したのである。

これから社会心理学を勉強しようとする学生にとっては，社会心理学でなんで統計学まで学ばなくてはいけないのか，と思うのはよく理解できる。初めは誰でも同じで，見慣れないものや知らないもの，ましてや苦手意識のあるものには不安感を覚えるものなのである。

たしかに統計学は難しいと筆者自身も思うが，ユーザーの立場から社会心理学の研究のために統計を使うことはそんなに難儀でややこしいことではない。まず，統計は数字を使うが，数学とは違うと思うこと。また，統計学も究めようと思わないことが大切である。ただし，数字（データ）や統計の公式（暗記する必要はない）に対するある種の慣れは必要である。

b でも，データ処理（統計）は必要

社会心理学では，実証科学として，心の状態やその人の特性，社会的または対人的行動の特徴，多くの人々の社会意識や社会現象などを数値データによってとらえ，このデータに統計学的な処理・処置を施して，諸事実を証明し解

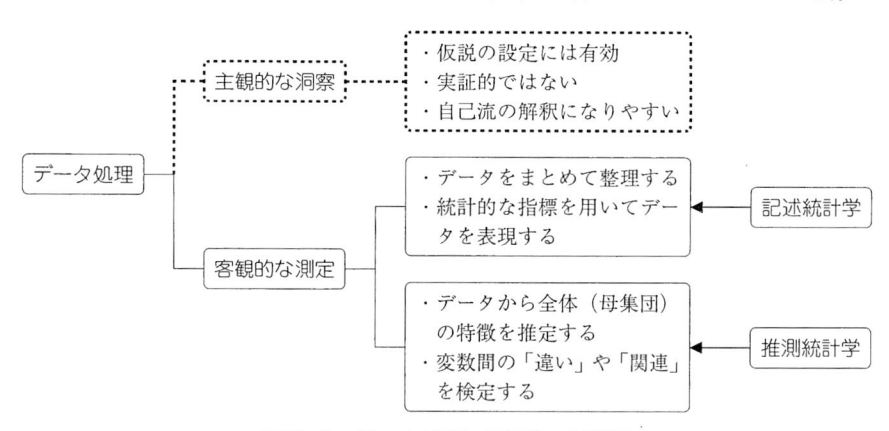

図11-2 データ処理（統計）の種類

釈・説明していくという立場をとる研究者が多い。

このスタンスでは，客観的な測定をした数値データに記述統計学や推測統計学の知識を活用することが必要となるのである（図11-2参照）。ここで，データ処理を行う理由は，以下の2つに集約されると考えられる。

まず，データをより簡潔に要約した数値に変換することが可能になるからである。設定した仮説を検証するために多くのデータを収集するが，人間の情報処理能力には限界があるので，そのままのデータから仮説を検証するために適切で必要な情報だけを取り出すことは不可能なことが多い。このような場合にデータに処理を行いデータを要約し，ある指標で代替させれば，その指標にもとづいて仮説の検証を行うことが可能になるのである。

さらに，特性や特徴に内在するある種の法則性を理論的に証明することが可能になり，数値データに意味をもたせ解釈することができるようになるからである。データ処理を行い論理的に実証した結果には，一般性・普遍性・客観性・説得力などが付与されてくるのである。したがって，結果を説明するときにも，個々人の洞察や主観だけに頼る自己流の解釈ではなく，多くの人が認め納得できるような説得的な解釈をすることが可能になるのである。

11-2 データをまとめる

1 データをまとめるには——記述統計

a ローデータを作成する

図11-1 に示したように，データ処理の対象とする質問紙を決定して通し番号を記入したら，次は**ローデータ**（加工・処理していないという意味）をつくることになる。このローデータは，**コーディングシート**（図11-3参照）と呼ばれる表を作成して，そこに質問紙から数値を転記して作成する。

コーディングシートには，数値処理を目的としたすべての質問項目およびデータ処理をするうえで必要な変数も設定する。また，自由記述の回答にデータ処理を施す場合，この質問項目も設定する。したがって，自由記述による言語的データをコード化（数値に変換）しておくことも必要になる（2章参照）。転記ミスをしないことにもくれぐれも注意したい。とくに逆転項目の転記には注意する。そして，転記後は必ずチェックをして，転記ミスは完全になくすようにする。

実験参加者番号(ID No.)			性別	所属	問1								問2					問3	問4						問5				
					Q1	Q2	Q3	Q4	Q5	Q6	Q7	Q8	Q1	Q2	Q3	Q4	Q5		Q1	Q2	Q3	Q4	Q5	Q6	Q1	Q2	Q3	Q4	Q5
0	0	1	2	3	5	4	5	4	5	5	4	2	2	5	4	1	3	4	8	4	3	1	3	2	5	1		5	6	8
0	0	2	1	4	3	5	4	2	1	5		4	3	4	5	2	5	5	0	3	2	5	4	5	1	7	6	4	1	7
0	0	3	2	1	2	4	3	5	1	2	5	1	2	4	2	3	6	3	6	5	4	3	5	4	6	8	4	2

（注）＊コーディングシートに決まった形式はないが，後のデータ処理のことを考慮してその形式を決めること。
＊基本的には，縦（列）に各変数を設定し，第1行目（例では二重線の上の部分）にその変数名を示す。
＊最初の数列（例では3列）に実験参加者番号（ID No.）を設定し，それに応じた実験参加者（被調査者）のデータが横（行）に並ぶことになる。
＊例では，1行にすべての変数が並べられ，1実験参加者のデータが1行となっているが，変数が多い場合には，1実験参加者のデータが2行，3行にわたることもある。この場合には，別のページに「2行目（以降）」の変数を並べて，縦（列）には同一変数が常にくるようにした方がわかりやすい。
＊各反応や各回答に無反応や無記入があったら，その欄はブランク（空欄）にしておく。

図11-3 コーディングシートの例

b　データを入力する

コーディングシートへの記入が完成したら，次は，数値データの処理に適した統計パッケージや表計算などのコンピュータのソフト（以下，コンピュータと省略する）を使って，データを入力することになる。

質問紙から直接コンピュータに数値を入力するのではなく，コーディングシートに転記してから入力すること。また，入力ミスは完全になくす。入力したデータのデータリスト（どのカラムにどんな変数の数値が入っているのかの情報）を作成しておくこと。さらに，入力が完成したら，データのバックアップファイル（同じものをもうひとつ）をつくっておくことも必要である。

c　データをまとめて見やすくする記述統計

以上の作業によってローデータは完成することになる。しかし，このような状態では単に多くの数値が並んでいるだけの状態であり，一見しただけではこれらの数値がどのような意味や特徴をもっているのかを解釈することは困難なことが多い。したがって，収集したデータの特徴や意味を把握・理解するために，データをまとめて整理して見やすくすることが必要になる。

このようなときに，ローデータを集約し有効な情報を引き出すための方法や手掛かりを提供してくれるのが**記述統計**と呼ばれるデータ処理の方法である。この方法を用いれば，データの特徴を調べたり分析や解析のヒントを得ることができるのである。データを収集したらまずデータをまとめて見やすくすることが大切な第一歩となる。この処理の方法には，図表にまとめる，統計的な指標（統計量）にまとめる，という2つのものがある。

2　図表にまとめる

a　データのレベルの再確認を

データをまとめて見やすくする際に，まずすることは，データのレベル（尺度の水準）を再確認することである。すなわち，収集したデータが，名義・順序・間隔・比率という4つの尺度のどのレベルにあるのかをチェックしなければならない[注2]。これはデータのレベルによって使うことのできる統計量や処理の方法が異なるためである。このレベルは，質問項目の設定の仕方（聞き方）と回答形式（反応カテゴリー・答えさせ方）で決まってしまうので，質問

紙作成の際にはデータ処理のことも想定しておくことが必要となる。

b まず，表にまとめる

ここで，集計しようとするデータが名義尺度や順序尺度から得られた質的データであればそのカテゴリーの記号や数値ごとに，その出現する回数（これを頻度・度数という）や回答数をカウントしていくことになる。また，間隔尺度や比率尺度から得られた量的データであれば，ある一定の幅（これを級区間・階級・クラスという）を設定して，この幅に入るデータをカウントしていくことになる。このようなプロセスで作成する表は**度数分布表**（単純集計）と呼ばれ，データを収集したらこの度数分布表を作成することがデータ処理の基本となる。

c そして，図にまとめる

さらに，図（グラフ）にするには，この度数分布表からヒストグラムや度数多角形と呼ばれるものを作成することが多い。データをこのような形式で表現すると視覚的な効果があり見やすくなるのである。

データをグラフ化する場合の基本形は，作成した度数分布表にもとづいて，**ヒストグラム**（柱状図形，棒グラフのこと）と呼ばれるグラフを作成することである。また，**度数多角形**（折れ線グラフのこと）という図示の表現形態もある。この折れ線グラフは，データの出現頻度の状態を示すという目的以外に，時系列のような経過を示すときに用いられることも多い。

3 統計的な指標（統計量）にまとめる

a データのレベルによって異なる統計量

このような視覚的な方法のほかに，統計学的な指標を用いてデータの特徴を表現する方法がある。代表値および散布度と呼ばれる2つの指標でデータの示す分布を表現する方法である。この**統計的指標**は，データのレベルによって使える**統計量**が異なるので注意が必要である（表11-1参照）。代表値は分布の中心的な位置を示し，**平均**がよく用いられる。また，散布度は分布の広がり具合を示し，**分散**（あるいは**標準偏差**）がよく用いられる（図11-4参照）。

b 分布として理解する

ここまで，収集したデータをまとめて整理してその特徴を把握するための方

表11-1　4つの尺度の水準における代表値と散布度

	尺度の水準	統計的な指標	記号 データ	記号 母集団	概略および特徴
代表値	名義尺度	最頻値（モード）	Mo		もっとも多い度数を示す測定値（データ）の値
	順序尺度	中央値（メディアン）	Me		データを順番に並べたときの真ん中の測定値の値
	間隔尺度*	（算術）平均	$\bar{X}$	μ	個々の測定値の和を測定値の個数で割った値
	比率尺度	幾何平均	Gm		相乗平均とも呼ばれる n個の測定値のn乗根
		調和平均	Hm		逆数変換をした算術平均に逆変換を行う
散布度	名義尺度	平均情報量	H		エントロピー 総度数と各カテゴリー度数との比較
	順序尺度	範囲（レンジ）	R		もっとも大きい測定値ともっとも小さい測定値の差
		四分位偏差	Q		中央値と共に用いられる 四分領域ともいう
	間隔尺度*	分散	S^2	σ^2	測定値の平均からの偏差の2乗を平均したもの
		標準偏差	S	σ	分散の平方根　SDとも表記される
	比率尺度	変異係数	CV		平均に対する標準偏差の比 平均と共に用いる

（注）＊（算術）平均および分散と標準偏差は，間隔尺度とともに比率尺度でも用いられている。

法，視覚的な表（度数分布表）や図（グラフ）を用いて表現したり，代表値や散布度といった統計的な指標を用いて表現することについて述べてきた。

　この目的は，データを最終的に分布として理解するためである。分布として表現すると，データの特徴を代表値や散布度といった正確な指標で把握できると同時に，その中心的な位置や広がり具合および形状などを視覚的に理解することも可能になるのである。

　この分布という概念は，後述する統計的推定や統計的検定にも関連し，デー

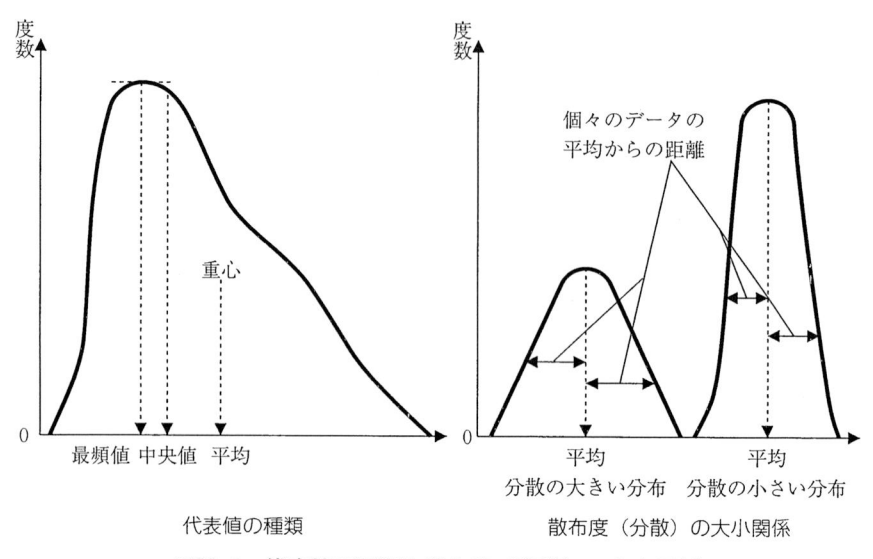

図11-4　代表値の種類と散布度（分散）の大小関係

タの特徴を理解したりデータの処理方法を決める情報を与えてくれるのである。

11-3　データからモノを言う

1　何をしたいのかで異なるデータ処理

a　仮説とデータのレベルの再確認から

　データに統計的な処理を施すには，何をしたいのかを明確にすることが必要である。すなわち，仮説を再確認することである。また，質問紙を作成する際に設定した変数間の関係（どの質問項目を，独立・説明・予測変数あるいは従属・目的・基準変数としたのか）も再確認しておくことが必要である。たとえば，データの特徴を知るのか，変数間の違いや関連性を調べるのかなど，何をどのようにしたいのかをはっきりさせることである。また，前述したように用いることのできる統計量やデータ処理方法が異なるので，収集したデータのレベルももう一度確認しておくことも必要である（表11-2参照）。

b　目的および変数の数と種類で異なる処理方法

　何をするのかという目的によってデータ処理の方法が決定するが，このほか

表11-2 目的・変数の数・種類別による主なデータ処理方法

データ処理の目的	同時に分析する変数の数	データの種類			
		質的データ (N:名義尺度 R:順序尺度)		量的データ (間隔尺度・比率尺度)	
		対応なし	対応あり	対応なし	対応あり
データの特徴を知る	1	度数分布表　ヒストグラム		度数分布表　ヒストグラム 平均　分散　標準偏差 母平均と母分散の推定と検定	
	3以上	数量化Ⅲ類[N] 潜在構造分析[N]		因子分析　主成分分析 クラスター分析 数量化Ⅳ類 多次元尺度法　　　（多変量解析）	
変数間の違いを調べる	1	2項検定[N]　χ^2検定[N] ラン検定[R]		正規分布・t分布を利用した検定 χ^2分布を利用した検定	
	2	χ^2検定[N] 直接確率法[N] メディアン検定[R] U検定[R] ラン検定[R] モーゼスの検定[R]	マクネマーの検定[N] サイン検定[R] サインランク検定[R]	ランダマイゼーション検定 2つの平均値の差の検定 （t検定） 2つの分散の差の検定 （F検定）	ランダマイゼーション検定 ワルシの検定 対応のあるt検定
	3以上	χ^2検定[N] メディアン検定の拡張[R] クリスカル・ワリス検定[R]	コクランのQ検定[N] フリードマン検定[R]	コクラン検定 バートレット検定 分散分析 （ANOVA） 多重比較	繰り返しのある分散分析 共分散分析 （ANCOVA） 多変量分散分析 （MANOVA）
変数間の関連を調べる	2	独立係数　点相関係数[N・R] スピアマンの順位相関係数[R] ケンドールの順位相関係数[R]		回帰係数　散布図 四分相関係数　双列相関係数 ピアソンの積率相関係数（r）	
		点双列相関係数[N・R]　相関比			
	3以上	一致係数[R] 数量化Ⅱ類[N]		重相関係数　偏相関係数 重回帰分析　正準相関分析 判別分析　共分散構造分析	
		数量化Ⅰ類　　　　　　　　　　　　（多変量解析）			

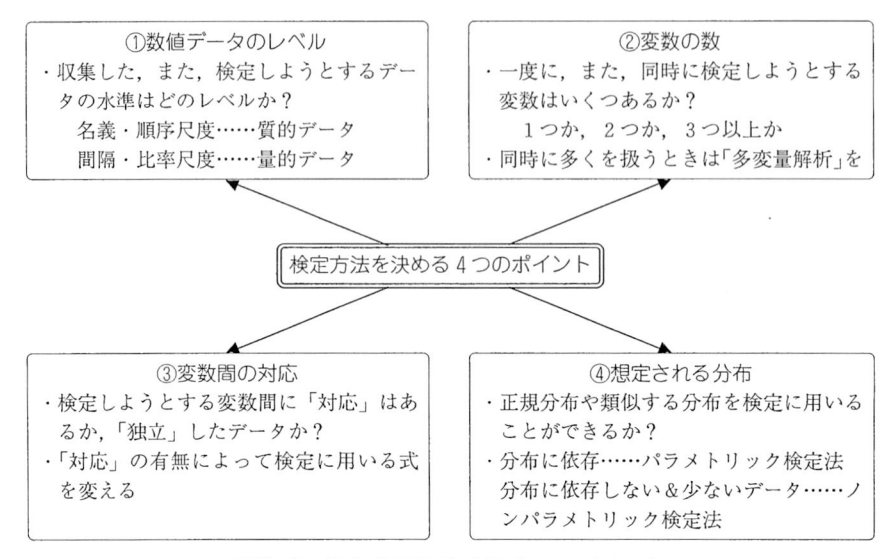

```
┌─────────────────────────────┐      ┌─────────────────────────────┐
│ ①数値データのレベル          │      │ ②変数の数                    │
│ ・収集した，また，検定しようとするデー│      │ ・一度に，また，同時に検定しようとする│
│  タの水準はどのレベルか？      │      │  変数はいくつあるか？         │
│   名義・順序尺度……質的データ   │      │   1つか，2つか，3つ以上か     │
│   間隔・比率尺度……量的データ   │      │ ・同時に多くを扱うときは「多変量解析」を│
└─────────────────────────────┘      └─────────────────────────────┘
                ↘            ┌──────────────────────┐            ↙
                             │ 検定方法を決める4つのポイント │
                ↗            └──────────────────────┘            ↖
┌─────────────────────────────┐      ┌─────────────────────────────┐
│ ③変数間の対応                │      │ ④想定される分布              │
│ ・検定しようとする変数間に「対応」はあ│      │ ・正規分布や類似する分布を検定に用いる│
│  るか，「独立」したデータか？   │      │  ことができるか？            │
│ ・「対応」の有無によって検定に用いる式│      │ ・分布に依存……パラメトリック検定法  │
│  を変える                    │      │  分布に依存しない&少ないデータ……ノ│
│                             │      │  ンパラメトリック検定法         │
└─────────────────────────────┘      └─────────────────────────────┘
```

図11-5　検定方法を決める4つのポイント

にも処理方法を決めるためのチェックポイントがある。統計的検定という方法を用いてデータを処理するときには，図11-5に示すようなポイントがあるので，どのような処理方法が可能かを検討することが大切である。

2　全体を予測する——統計的推定と統計的検定
a　データから全体の特徴を知る

記述統計でデータの特徴を把握したら，データや変数間の関係についてある予測を立て，その関係を実証するという処理を行うことになる。この手続きを，**統計的推定**（推測統計）とか**統計的検定**と呼んでいる。実際には調べようとするものすべてをデータとして収集することが困難なので，推定や検定といった考え方にもとづいて，**標本**（収集したデータ，測定値）から**母集団**（調べようとする対象全体）での値や関係性を予測して，一般性や普遍性をもたせ客観的な事実として多くの人が納得できるような結果として表現しようとするのである。

b 統計的推定の考え方

統計的推定とは，標本の値から母集団の値を予測することである。予測するといっても，いろんな誤差が必ず存在するので，実際のデータから母集団の値を正確に推測することは困難なことが多い。したがって，ある程度の誤差を認めて確率的に母集団の値を予測（**区間推定法**という）しようと考えているのである。ここで，実際に推定を行うには信頼係数（予測した値がどの程度信頼できるのか，正確に予測できる確率，95％という設定が多い）をあらかじめ決めておいて標本の値から母集団の値を予測することになる。

c 統計的検定の考え方と手順

統計的検定とは，設定した変数間の関係性（変数間の相違や関連性など）を検討するために，実際に収集したデータの値からある統計量を算出し，その関係性を示す統計量が母集団においても同じように認められるのか否かを推測することである。変数間の違いや関連性を検討する際に行う手続きは基本的にはどのような検定方法（図11-6および図11-7参照）でも同じである。

d データから予測する際の注意点

この統計的推定や統計的検定では，サンプリング（標本抽出）に関する問題がある。基本的には，**ランダム・サンプリング**（無作為抽出）されたデータであることが前提となる[注3]。データは母集団を正しく・正確に・適切に代表しているという前提条件がある。したがって，できるだけこの条件を満たすようにデータを収集することが必要なのである。

3 多くの変数を同時に扱う──多変量解析とは

a 多くの変数間の関係を知る

データを処理して何らかのモノを言う場合，これまでの多くの統計的方法は変数を1つか2つあるいは3つと少なくしたり，多くの変数のなかでいくつかの変数だけに注目し，変数間の相違や関連の度合いを検討することが多かった。この方法では，人の心の状態や社会現象のある特定の状況だけに焦点を絞って分析し解析することは可能であるが，多くの側面や要素を含んだその全体像を包括的にとらえてその特徴を表現し何らかのモノを言うための方法としては限界があるのである。このような多くの側面や要素を含んだ対象を，全体的にま

① 帰無仮説の設定

- 統計的な検定を行う前提を設定する。
- 「〇〇と〇〇には差がない・相関は認められない」という帰無仮説(正しくないとして否定・棄却されることを期待されている)を設定する。「〇〇と〇〇には差がある・相関が認められる」という仮説は，実験仮説(対立仮説)と呼ばれる。

② 統計量の算出

- 変数間におけるデータでの差(統計量)を算出する。
- 求めようとする統計量によって用いる数式・公式が異なる。
  - 平均の差の検定：t検定・分散分析
  - 分散の差の検定：F検定
  - 度数・人数・%の差の検定：χ^2検定
  - 少ない標本数や分布に依存しない検定：ノンパラメトリック検定
  - 相関の有意性の検定：t分布・χ^2分布などを利用した検定

③ 棄却域と採択域の設定

- 算出した統計量の分布で棄却域と採択域を分ける臨界値(分岐点・限界点)を設定する。
- t検定はt分布，F検定はF分布，χ^2検定はχ^2分布：求める統計量で用いる分布は異なる。
- 棄却域と採択域の臨界値の設定は，自由度(dfで表記，$n-1$が基本形：nは標本数)と危険率(pで表記，有意水準，5%の設定から始める)によって行われる。
- 棄却域は帰無仮説を正しくないと判断し棄却する領域で，採択域は帰無仮説を正しいとし採択する領域。棄却域をどこに設定するのかで，両側検定と片側検定に分けられる。正規分布とt分布は両側に，F分布とχ^2分布は片側に設定することが多い。

④ 帰無仮説の判断

- ②の統計量が③で設定したどの領域に入るのかで帰無仮説の正否を判断する。
- ②で求めた統計量が採択域に入れば，帰無仮説は正しいとして，帰無仮説を採択する。「〇〇と〇〇には差がない・相関は認められない」と判断する。n.s.と付記することがある。ただし，10%の危険率で棄却域に入れば「傾向あり」とすることもある。
- ②で求めた統計量が棄却域に入れば，帰無仮説は正しくないとして帰無仮説を棄却し対立仮説を採用する。「〇〇と〇〇には差がある・相関が認められる」と判断する。差が認められたら，検定の精度を高める意味から危険率の数値を少なくしていくという操作を行い，棄却域に入るぎりぎりの危険率を表記する。

図11-6 統計的検定の基本的な手順

11章 データ処理と統計の基礎

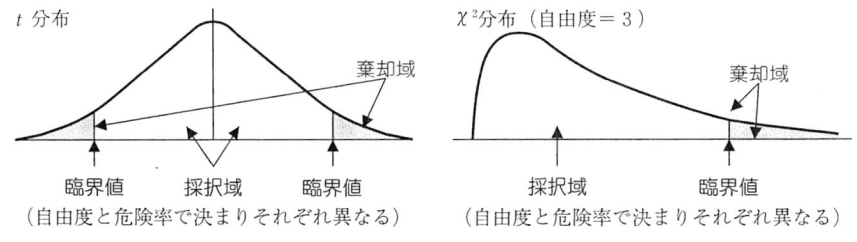

t 分布 / χ²分布（自由度＝3）

棄却域／臨界値／採択域／臨界値
（自由度と危険率で決まりそれぞれ異なる）

（注） *t* 検定では両側（両側検定）に，χ²検定では片側（片側検定）に，棄却域を設定することが多い。

図11-7　*t* およびχ²検定における採択域と棄却域

た同時に分析し解析するための方法として考えられてきたのが，**多変量解析**と呼ばれているデータ処理の方法である。この方法は，統計処理の方法およびコンピュータの発展によって可能になった方法である。

b　目的に応じた多変量解析を

この多変量解析には多くの方法（表11-3参照）があるが，基本的には，対象とする心の状態や社会現象に含まれている多くの側面や要素の間に存在する相互の関連性（**相関**という概念を基本にしている）を考慮しながら，対象の特徴を簡潔に記述するための方法である。すなわち，①対象のもっている特徴の判別や分類をする，②対象に何らかの影響を及ぼしている他の要因の有無とその影響力の強さを予測する，③対象の内部にある構造を分析し解明する，などのために行われる方法なのである。

c　多変量解析を行う際の注意点

多変量解析は複雑で難解なうえ，データ処理以外のコンピュータの知識も必要となると，実際に多変量解析を行うのは敬遠しがちになる。しかし，多変量解析は，多くの未知の側面や要素を含めて全体的に対象を把握したり，未解明の内部構造を検討したり，多方面から予測や判別を行うためには適したデータ処理の方法であるので，その必要性に応じて用いていくことも重要であると考える。ただし，その複雑さと難解さを武器にして無目的に多変量解析を行って結果に誤った説得性をもたせようとするような研究姿勢や態度はとくに慎まなければならない。

表11-3 目的別による主な多変量解析の方法

目的		方法の決定のための条件				多変量解析の方法
		外的基準の有無	説明変数（予測や識別のために用いる変数：独立変数）	基準変数（予測・識別を目的とする，被説明変数：従属変数）	基準変数の数	
予測		有	名義尺度	間隔尺度	1	数量化Ⅰ類
			間隔尺度	間隔尺度	1	重回帰分析
			間隔尺度	間隔尺度	複数	正準相関分析
判別			名義尺度	名義尺度	1	数量化Ⅱ類
			間隔尺度	名義尺度	1	判別分析
分類	間接分類	無		名義尺度	複数	数量化Ⅲ類
				間隔尺度	複数	数量化Ⅳ類
	直接分類			間隔尺度	複数	クラスター分析
変数の合成				間隔尺度	複数	主成分分析
潜在因子の発見				間隔尺度	複数	因子分析

d データ処理には限界がある

図11-1に示したように，データを処理する目的は仮説の検討である。データに処理をすれば有効な論理的確証を得ることができるが，データ処理は万能ではない。数値データにはレベルがありレベルによって使うことのできる処理方法が異なってくる，また，結果を解釈する場合でもデータの誤差や処理方法の限界などを考慮しておかないと誤った解釈をしてしまう危険性がある。

したがって，データ処理をしたら，何をどのようにどこまで言えるのかという限界を常に念頭においておくことが大切である。データ処理をしても言えることと言えないことがあるのである。データ処理が行われているということだけでだまされてはいけないし，さらに，データ処理はあくまでも意味のある有効な情報を入手するための方法であり，無意味なデータを意味のあるデータであるかのようにみせかけるためのからくりではない，ということも忘れてはならないことである。

■注

注1) 質問紙実験の場合には，分析対象から省いた人数を条件ごとに集計して，条件間の脱落率に有意差がないことを確認する必要がある。脱落率に差があると，残った人の性質が条件間で違う可能性が起きて，**ランダム配置**と言えなくなってしまうからである。

注2) **名義尺度**から得られたデータでは，数字は名前を代替して表現しているにすぎない。**順序尺度**のデータでは，数字は順位づけを意味している。また，**間隔尺度**のデータでは，温度のように，数字は等間隔における目盛りづけとしての意味をもっている。さらに，**比率尺度**は，間隔尺度の性質をもつとともに原点があり，重さや長さのように，そのデータは比をとることにも意味がある。

注3) 実験の場合では，条件間にランダム配置されたデータであることが，条件間比較に関する統計的検定を行う前提となる。

■参考文献

遠藤健治(1998)．Excelで学ぶ教育・心理統計法　北樹出版
岩淵千明(編著)(1997)．あなたもできるデータの処理と解析　福村出版
室　淳子・石村貞夫(1998)．Excelでやさしく学ぶ統計解析　東京図書
永田　靖(1996)．統計的方法のしくみ――正しく理解するための30の急所　日科技連出版社
繁桝算男・柳井晴夫・森　敏昭(編著)(1999)．Q＆Aで知る統計データ解析――DOs and DON'Ts　サイエンス社
内田　治(1997)．すぐわかるEXCELによるアンケートの調査・集計・解析　東京図書
山際勇一郎・田中　敏(1997)．ユーザーのための心理データの多変量解析法　教育出版
吉田寿夫(1998)．本当にわかりやすいすごく大切なことが書いてあるごく初歩の統計の本　北大路書房

（岩淵千明）

12章　文献の探し方

　研究に用いる文献を探すには，少しテクニックと経験が必要である．とくに，雑誌論文を探すことは，研究活動の基本のひとつであるが，初学者には必ずしも容易ではない．周囲によい案内役がいない場合には，初めはいろいろと回り道をするだろう．そこでここでは文献の探し方を解説して，初学者の助けとなるようにしたい．

　以下では，まず雑誌論文について説明し，その探し方を解説する．次に専門図書の単行本の探し方についても解説する．さらに，質問紙研究を行うときには，過去の研究で使用された質問文や尺度を利用する方がよいことが多いので，質問票の探し方についても解説する．

　ただし，初めに注意しておきたいことは，読者がどのような研究環境にいるのかによって研究文献の探し方が左右されるということである．もしも心理学あるいは社会学関係の研究室の図書室が利用可能であると，社会心理学の研究文献を探すことはかなり容易になる．それに対して，あまり専門図書のそろっていない一般的な図書館だけが利用可能な場合には，目標の文献を得るには苦労するだろう．

　ここでは，最大公約数としての文献検索方法について解説するが，読者はそれぞれの環境のなかで，こうした方法を適宜応用するようにしてほしい．また，一般的な文献検索法，たとえば大学図書館の利用法などについては多くの場合割愛した．なお，研究が進んだ段階では，英語文献を探すことも大切になるが，初学者の必要性を念頭において，最小限の解説にとどめた．

12-1 雑誌論文の探し方

1 社会心理学の専門雑誌

　社会心理学の文献には，専門雑誌に掲載される雑誌論文と，単行本として出版された専門図書がある。オリジナルな研究発表は専門雑誌に掲載されることが多いので，研究を実施する際には単行本よりも雑誌論文を参考にする可能性が高い。けれども初学者は，専門雑誌に馴染みがないことが多いので，以下で簡単に解説する。

　専門雑誌は，学会などの学術団体が発行する**学会誌**，学会が研究発表大会を開催したときに発行される**大会発表論文集**，大学などの学部や研究室が発行する**紀要**，その他に大別される。実例を表12-1でみていただきたい。ここには6章の引用文献リストからいくつかの論文等を取り出して掲載した。このうち，遠藤（1995）と沼崎（1995）が学会誌に掲載された論文である。また，唐沢（1996）が大会発表論文集の論文である。さらに，宮本（1999）が紀要に掲載された論文である。

　学会誌には，学会員が投稿した論文のうち，複数の専門家が審査を行って認められた論文が掲載される。したがって，質的にも一定水準を超えたものが多く，量的にもある程度の長さがあり，自分の研究に必要な情報がかなり含まれている。表12-2に日本の学会誌で社会心理学に関係の深いものを例示した。

表12-1　社会心理学の文献の実例

遠藤由美(1995)．精神的健康の指標としての自己をめぐる議論　社会心理学研究，**11**，134-144．

池上知子(1996)．対人認知の心的機構——ポスト認知モデルへの提言　風間書房

唐沢　穣(1996)．地域ステレオタイプと集団間認知——名古屋人・大阪人ステレオタイプと外集団均質化効果　日本グループ・ダイナミックス学会第44回大会発表論文集，100-101．

北山　忍・増田貴彦(1997)．社会的認識の文化的媒介モデル——対応性バイアスの文化心理学的検討　柏木惠子・北山　忍・東　洋(編)　文化心理学——理論と実証　東京大学出版会　pp. 109-127．

宮本聡介(1999)．運や能力，将来の出来事に対する自己評価，一般的な他者への評価——繰り返し測定による相対的自己高揚傾向の安定性　筑波大学心理学研究，**21**，155-161．

沼崎　誠(1995)．受け手が抱く印象に獲得的及び主張的セルフ・ハンディキャッピングが与える効果　実験社会心理学研究，**35**，14-22．

表12-2 学会誌の実例

【社会心理学の学会誌】
　実験社会心理学研究（日本グループ・ダイナミックス学会：1960年〜）
　年報社会心理学（日本社会心理学会：1960〜1984年）
　社会心理学研究（日本社会心理学会：1985年〜）
【心理学関係の学会誌】
　心理学研究（日本心理学会：1926年〜）
　教育心理学研究（日本教育心理学会：1953年〜）
　教育心理学年報（日本教育心理学会：1961年〜）
　産業・組織心理学研究（産業・組織心理学会：1987年〜）
　健康心理学研究（日本健康心理学会：1988年〜）
　発達心理学研究（日本発達心理学会：1990年〜）
　パーソナリティ研究（日本パーソナリティ心理学会：1993年〜）
　法と心理（法と心理学会：2001年〜）
　認知心理学研究（日本認知心理学会：2004年〜）
【社会学関係の学会誌】
　社会学評論（日本社会学会：1950年〜）
　教育社会学研究（日本教育社会学会：1951年〜）
　老年社会科学（日本老年社会科学会：1979年〜）
　日本都市社会学会年報（日本都市社会学会：1983年〜）
　理論と方法（数理社会学会：1986年〜）
　家族社会学研究（日本家族社会学会：1989年〜）
　スポーツ社会学研究（日本スポーツ社会学会：1993年から）
　環境社会学研究（環境社会学会：1995年〜）
　労働社会学研究（日本労働社会学会：1999年〜）
【関連領域の学会誌】
　組織科学（組織学会：1967年〜）
　マーケティング・サイエンス（日本マーケティング・サイエンス学会：1967年〜）
　行動計量学（日本行動計量学会：1974年〜）
　広告科学（日本広告学会：1975年〜）
　情報通信学会誌（情報通信学会：1983年〜）
　選挙研究（日本選挙学会：1986年〜）
　異文化間教育（異文化間教育学会：1987年〜）
　マス・コミュニケーション研究（日本マス・コミュニケーション学会：1993年〜）
　消費者行動研究（日本消費者行動研究学会：1993年〜）
　社会言語科学（社会言語科学会：1998年〜）

　他方，学会員になれば，原則として誰でも大会発表を認められる。したがって，大会発表論文集には第一線の研究者の論文だけでなく，まだ十分経験を積んでいない研究者の論文もそのままの形で掲載される。そのため，問題点が含

表12-3　その他の関連のある雑誌等

【学会誌以外の関連雑誌】
　児童心理（金子書房：1947年～）
　NHK放送文化調査研究年報（NHK放送文化研究所：1956年～）
　放送学研究（NHK放送文化研究所：1961年～）
　日経広告研究所報（日経広告研究所：1967年～）
　青年心理（金子書房：1977～1991年）
　サイコロジー（サイエンス社：1980～1983年）
　こころの科学（日本評論社：1985年～）
　季刊マーケティングジャーナル（日本マーケティング協会：1987年～）
　放送研究と調査（NHK放送文化研究所：1992年～）
【展望論文がよく掲載される雑誌等】
　心理学評論（心理学評論刊行会：1957年～）
　児童心理学の進歩（金子書房：1962年～）
　現代のエスプリ（至文堂：1972年～）

まれていたり，誤植が残っていたりすることもある。また，ページ数が短いので（2ページ前後），十分な情報が得られないことがある。ただし，大会発表論文集には，発行された時点で最新の研究が速報されるという特長がある。なお，大会で発表された研究のことを「学会発表」と呼ぶことが多い。このなかから，その後の検討を経て雑誌論文となる研究が多い。

　紀要にはさまざまな種類があって，内容も質も量も多彩である[注1]。量的には学会誌論文と同じかそれ以上で，多くの情報を含んでいる点では参考になる。しかし，紀要論文もたいてい審査を行っていないので，利用にあたっては注意が必要である。

　また，そのほかに，学会以外の団体が出版している専門雑誌がある。これらのなかには，『心理学評論』のように，次項で述べる展望論文を主として掲載するものがある。そのほかの専門雑誌のうち，初学者にも役立つ可能性のあるものを表12-3に例示した。

2　雑誌論文の種類

　雑誌論文には，研究論文と展望論文とがある。**研究論文**には，理論研究の論文と実証研究の論文とがある。著者の新しい理論やモデルを論述したものが理論研究論文で，著者が実施した調査や実験を論述したものが実証研究論文であ

る。本書で解説したような技法を用いて研究を実施した場合には，実証的な研究論文を書いて成果を示すことが一般的である[注2]。

展望（レビュー）論文は，あるテーマに関するこれまでの研究論文を展望して，研究の動向を紹介したものである。われわれは展望論文からそのテーマの研究について，専門的な内容を知ることができる。また，自分が実施しようとしている研究の背景や位置づけを知ることができる。内容の充実した最新の展望論文を読むことは，研究を推進するためには不可欠である。

展望論文は必ずしも雑誌論文となっているとは限らない。単行本のなかの1つの章の形式で展望論文が書かれていることもある。表12-1の北山・増田（1997）がこの例である[注3]。単行本は，上述の展望論文（ときには研究論文も含まれる）を集めた論文集の形式のものと，1人または少数の著者が1つのテーマについて書き通しているモノグラフ形式のものに大別される。表12-1では北山・増田（1997）論文を含む，柏木・北山・東（1997）が前者の例で，池上（1996）が後者の例である。もちろん，この両者の中間的な形態のものなど，さまざまな形式の単行本がある。

3　主要な専門雑誌

社会心理学の代表的な学術雑誌は**日本社会心理学会**が発行している『**社会心理学研究**』である。この雑誌には社会心理学のあらゆる分野の研究論文が掲載される。用いられている研究方法もさまざまである。この雑誌は1985年に創刊されたが，それ以前は出版社を通じて『社会心理学年報』として年に1冊ずつ発行されていた。**日本グループ・ダイナミックス学会**が発行している『**実験社会心理学研究**』も，社会心理学のさまざまな分野の研究論文が掲載される。「実験」と名前がついているが，必ずしも実験法を用いた研究に限定されているわけではない。以上の2誌にはときどき展望論文も掲載される。

この2誌は，社会心理学の研究テーマを知るためにも役立つので，過去10年間分くらいを手にとって，目次に目を通すことを勧めたい。なお，『社会心理学研究』については，日本社会心理学会のホームページ（http://wwwsoc.nii.ac.jp/jssp/）からたどって，過去のすべての目次を見ることができる。そこからさらに，国立情報学研究所の電子図書館サービス（http://www.

nii.ac.jp/els/els-j.html）にアクセスすれば，PDFファイルになっている本文を手に入れることができる。また，日本グループ・ダイナミックス学会の現在のホームページ（http://www.groupdynamics.gr.jp/index-j.html）でも，最近の『実験社会心理学研究』の目次と要約を読むことができる。そこからリンクをたどって，科学技術情報発信・流通総合システム（http://www.jstage.jst.go.jp/browse/jjesp/-char/ja）にアクセスすれば，近年の分についてはPDFファイルの本文を手に入れることができる。

　そのためにも，以上の2誌に関しては，それがたやすく利用可能であることが望ましい。社会心理学関係の研究室があって，図書室が併置されている場合には，そこでおそらく手にとることができるだろう。しかし，大学等の図書館では，必ずしも購入されているとは限らない[注4]。その場合には，雑誌を所蔵している図書館を調べて，利用可能であればそこに出向いてみることをお勧めする。また，学会誌はその雑誌を発行している学会の会員は定期購読しているのがふつうである。したがって，身近な人がそれぞれの学会員である場合には，相談してみるとよい。

　ほかにもたくさんの専門雑誌がある。表12-2に例示した学会誌は，社会心理学の研究論文や社会心理学に関係したテーマを扱った論文が，これまで掲載されることの多かったものである。表12-3には学会誌以外の雑誌で関係の深いものを並べた。これらの雑誌の探し方も，上述の2誌と同じである。

4　雑誌論文の探し方

　目標となる論文がはっきりしている場合には，所属している研究室あるいは大学の図書館に，掲載している雑誌があるかどうか検索してみる。もしあれば，所定の手続きを踏めば手にすることができるだろう。この際には，研究室や図書館の利用案内をきちんと読んで，手続きをきちんと守ってほしい。また，貴重な研究資料をていねいに扱ってほしい。なお，新着雑誌はそのままの形で雑誌棚などに置かれていることが多いが，1年以上前のものは何冊かまとめられて製本され，別の書庫に置かれていることが多い。雑誌の1冊を「号」と呼ぶが，1年に3〜6号が発行され，この全体で「巻」を構成している。学術雑誌のページは，ほとんどの場合，巻を通してふってある。

雑誌は長期間借り出すことはできず，自分用のコピーを作成して読むことが多いだろう。注意していただきたいことは，著作物は，著作権法上での例外を除き，勝手にコピーすることができない点である。どういったルールにもとづいてコピーしたらよいのかは，それぞれの図書館等で確認していただきたい。

なお，見たい雑誌が自分の大学の図書館等にない場合は，**NACSIS Webcat**（国立情報学研究所・大学等図書館目録検索：http://webcat.nii.ac.jp/）やそれが発展したシステムで検索すれば，どこに所蔵されているか調べることができる。調べたうえで，自分の大学の図書館を通じて他大学の図書館にコピーを依頼できることが多い。詳しくは各大学の図書館の利用案内を調べるなどしていただきたい[注5]。依頼する場合には，「著者名，論文の題，掲載雑誌名，発行年，巻（号），ページ」が必須の情報である。

先に紹介した学会の大会発表論文集は，一般に探すことが難しい。出版の形式をとっていないので，図書館などには通常所蔵されない。心理学あるいは社会学の研究室では購入している場合もあるが，学会員でその大会に参加して発表した人か，別に論文集を購入した人だけが所持しているものである。したがって，所持している人を見つけるか，著者に直接請求するかいずれかの方法しかない場合が多い。

図書館を通じても入手できない論文については，著者に論文の抜刷を直接請求する方法がある[注6]。この場合，論文請求の手紙を書いて，切手をつけた返信用の封筒を同封して，著者の所属先に送付することになる。手紙のなかには挨拶，自己紹介（所属，指導教員等を含む），請求の理由などを明記する。この方法の場合にも，著者の所属が変わっていたり，海外出張中だったりと，いろいろな問題がありうる。なお，手紙を出す場合には，必ず事前に，指導教員と相談するようにしてほしい。

目標となる雑誌がはっきりしていない場合には，データ・ベースを利用してキーワード検索や著者名による検索などを実施することができる[注7]。インターネット上には，さまざまな形式で有料あるいは無料の論文検索サイトがある。これらは大変便利である。しかし，初学者の場合は，検索された論文を評価する力が備わっていないので，指導教員などからアドバイスを受けた方がよい[注8]。

表12-4 英語の専門雑誌の例

Journal of Personality and Social Psychology（アメリカ心理学会：1965年～）
Personality and Social Psychology Bulletin（アメリカ心理学会第8部会：1975年～）
Social Psychology Quarterly（アメリカ社会学会：1978年～）
European Journal of Social Psychology（ヨーロッパ実験社会心理学会：1971年～）
Japanese Psychological Research（日本心理学会：1954年～）

　文献探索の基本は，本章で紹介したような文献（とくに展望論文）についている文献リストを利用する方法である。1つの論文には多数の文献が引用されている。そのなかから，本文中の紹介を読んで，自分の関心のある内容と推測される文献を調べていくのである。

5　外国語の専門雑誌

　社会心理学の分野では日本語以上に外国語，とくに英語の雑誌が多数ある。表12-4には，初学者の場合でも接する可能性のある英語の雑誌を例示した。これらの雑誌の探し方も日本語雑誌の場合と原則として同じである。図書館などではむしろ著名な外国語雑誌の方が手に入りやすいこともある。
　これら外国雑誌の所蔵図書館についても，先述のNACSIS Webcatで検索することができる。外国雑誌のなかの論文を検索する目的で，インターネット上のさまざまなウェブ・サイトを利用することもできる。

12-2　専門図書の探し方

　近年，単行本形式の社会心理学の専門図書も多数出版されるようになった。すでに述べたように，それらのなかには論文集形式のものと，モノグラフ形式のものとがある。また，もともと日本語で書かれたものと，英語等の本を翻訳したものとがある。モノグラフ形式の本については序章で紹介したので（表序-4参照），ここでは論文集形式のものを中心に専門図書を紹介する。

1　社会心理学の講座

　日本語の展望論文を探すもっともわかりやすい方法は，定評のある社会心理

学関係の講座のなかで，関心のある章（論文）を探すことである。「講座」とは，ある学問のすべて（あるいは大部分）の領域を紹介するために，多数の著者たちが分担して各領域を展望する論文を書き，それを何冊かの本にまとめたものである。

　古典的で代表的なものには，東京大学出版会の『講座社会心理学』がある。これは，1巻『個人の社会行動』（水原，1977），2巻『集団行動』（末永，1978），3巻『集合現象』（池内，1977）の3巻構成であった。この講座は，図書館で探すことが可能だろう。

　その約10年後には，『社会心理学パースペクティブ』という講座が誠信書房から出版された。これはいずれも大坊・安藤・池田(編)で，1巻『個人から他者へ』(1989)，2巻『人と人を結ぶとき』(1990)，3巻『集団から社会へ』(1990)という3巻構成であった。これも図書館や書店で探して読んでみるとよいだろう。

　また，必ずしも社会心理学のすべての分野をカバーしているわけではないが，『対人行動学研究シリーズ』という全8巻の講座が，誠信書房から出版されている。その内容は，『社会的スキルと対人関係』（相川・津村，1996），『教師と教育集団の心理』（蘭・古城，1996），『親密な対人関係の科学』（大坊・奥田，1996），『感情と行動・認知・生理』（土田・竹村，1996），『パーソナリティと対人行動』（大渕・堀毛，1996），『自己の社会心理』（安藤・押見，1998），『人を支える心の科学』（松井・浦，1998），『社会的認知』（山本・外山，1998）である。これらは各巻の領域が限定されていて，それぞれハンディにつくられている。初学者にはやや難しいかもしれないが，研究テーマが決まっている人は，ぜひ，購入することをお勧めする。

　さらに近年では，『シリーズ21世紀の社会心理学』全10巻が北大路書房から刊行された。大がかりで意欲的なシリーズで，たとえば『対人行動の社会心理学』（土田，2001），『文化行動の社会心理学』（金児・結城，2005），『情報行動の社会心理学』（川上，2001）などを含んでいる。それでもカバーしきれない領域については，続刊が刊行される予定とのことである。各巻は多くの章から構成され，それぞれの章は手短にまとめてあるので，新しい知識を得たい人はぜひ読んでもらいたい。

2 テーマ別専門図書

講座以外にも初学者が参考にできる展望論文が掲載された論文集形式のテーマ別専門図書（単行本）がたくさんある。まず，心理学，社会学の講座の社会心理学に関する巻（本）が，参考になる。また，心理学の個別領域別の講座のなかにも，社会心理学に関係する巻や章が含まれていることが多い。たとえば，『応用心理学講座』（福村出版）のなかには，1巻『組織の行動科学』（三隅・山田・南，1988）をはじめとして，社会心理学にかかわる内容が含まれている。教育心理学，発達心理学，臨床心理学，認知心理学などの講座にも要注意である。

単独で出版された本のなかにも，良書がたくさんある。その例を，出版年の順に表12-5にあげた。これらのなかにはかなり専門的な論文もあるが，初学者が読んで役に立つものも多い。

表12-5 論文集形式の単行本の例

佐々木薫・永田良昭(編)(1986)．集団行動の心理学　有斐閣
大橋正夫・長田雅喜(編)(1987)．対人関係の心理学　有斐閣
中村陽吉(編)(1990)．「自己過程」の社会心理学　東京大学出版会
蘭　千壽・外山みどり(編)(1991)．帰属過程の心理学　ナカニシヤ出版
遠藤辰雄・井上祥治・蘭　千壽(編)(1992)．セルフ・エスティームの心理学——自己価値の探求　ナカニシヤ出版
渡辺文夫・高橋順一(編)(1992)．地球時代をどう捉えるか——人間科学の課題と可能性　ナカニシヤ出版
飽戸　弘(編著)(1994)．政治行動の社会心理学　福村出版
飽戸　弘(編著)(1994)．消費行動の社会心理学　福村出版
柏木惠子・北山　忍・東　洋(編)(1997)．文化心理学——理論と実証　東京大学出版会
大渕憲一(編著)(1997)．紛争解決の社会心理学　ナカニシヤ出版*
杉本徹雄(編著)(1997)．消費者理解のための心理学　福村出版
田中堅一郎(編著)(1998)．社会的公正の心理学——心理学の視点から見た「フェア」と「アンフェア」　ナカニシヤ出版
唐沢　穣・池上知子・唐沢かおり・大平英樹(2001)．社会的認知の心理学——社会を描く心のはたらき　ナカニシヤ出版
池田謙一(編著)(2005)．インターネット・コミュニティと日常世界　誠信書房
菅原郁夫・サトウタツヤ・黒沢　香(編)(2005)．法と心理学のフロンティア(Ⅰ巻・Ⅱ巻)　北大路書房

(注)　*現代応用社会心理学講座の1冊である。

表12-6　対人社会心理学重要研究集

齊藤　勇(編)(1987)．対人社会心理学重要研究集1 ―― 社会的勢力と集団組織の心理
齊藤　勇(編)(1987)．対人社会心理学重要研究集2 ―― 対人魅力と対人欲求の心理
齊藤　勇(編)(1987)．対人社会心理学重要研究集3 ―― 対人コミュニケーションの心理
齊藤　勇(編)(1988)．対人社会心理学重要研究集4 ―― 環境文化と社会化の心理
齊藤　勇(編)(1988)．対人社会心理学重要研究集5 ―― 対人知覚と社会的認知の心理
齊藤　勇・菅原健介(編)(1998)．対人社会心理学重要研究集6 ―― 人間関係の中の自己
齋藤　勇・川名好裕(編)(1999)．対人社会心理学重要研究集7 ―― 社会心理学の応用と展開

(注)　出版元はいずれも誠信書房。

3　翻訳された専門図書

　近年は外国で出版された社会心理学の専門図書もかなり翻訳されるようになって，初学者の学習を大いに助けている。たとえば，本格的な内容でありながら，初学者にも楽しく読み通せるよう工夫されたものとしてアロンソンの『ザ・ソーシャル・アニマル』（Aronson, 1992）や，チャルディーニの『影響力の武器』（Cialdini, 1988）などがある。

　初学者に大変便利な翻訳書が『対人社会心理学重要研究集』である。これは主として英語の実証的研究論文の概要を日本語にして紹介したものである。古典的な論文から現代の論文まで，多数の論文の概要について日本語で読むことができる。現在のところ，表12-6にあるような7巻が出版されていて，各巻に60程度の論文が紹介されている。

　日本国内で出版されている図書を探すためには，日本書籍出版協会のホームページの「いま手に入る本の最新情報」（http://www.books.or.jp/）が便利であるが，翻訳本の場合もこの検索を利用できる。著者の姓のカタカナ書きがわかれば，それを用いて検索するのが簡単である。多数の図書があがる場合には，分類コードを「心理学」等に指定しておくとよい。

4　そ の 他

　現代では次々と新刊本が出版されている。社会心理学の分野でも，今後続々と新しい本が出版され，ここに書いた内容はそのうち古くなってしまうかもしれない。しかし，古い本も古典としての価値をもつ場合がある。また，研究テーマとしてとりあげる分野で過去にどのような研究が行われていたのか興味

を抱くこともあるだろう。

　初学者が古い専門図書を探したい場合には，次の3つの本が参考になる。対人行動学研究会（1990）には，研究分野別の読書案内と単行本のリストがある。末永（1987）の付録2の「社会心理学関係の単行本・雑誌案内」には，1970年代，1980年代の単行本の研究分野別のリストがある。さらにそれ以前の文献については，吉田（1975）の「参考書案内」が参考になる。

12-3　調査票の探し方

1　調査票を手に入れる

　調査票の作成は慣れてくるとそれほど難しくはないが，コツをつかむまでは思いのほか大変な作業となる。

　もっとも効率のよいやり方は，よい見本をまねることであるが，その見本はどうやって手に入れればよいのだろうか。

　まず思いつくのは，演習担当教員から直接入手するという方法である。また，先輩の卒論に添付されている質問紙や，過去の演習の調査報告書に収録されている調査票を参考にするという方法もある。そのまま使えるかどうかには注意が必要であるが，まずは，これらの閲覧が可能かどうか，演習担当教員に尋ねてみるのがよいだろう。

　調査票の見本が手に入ったら，次はそこから，(1)必要事項，(2)レイアウト，(3)項目，(4)尺度，などについて情報を得ることになる。以下，順番に説明しよう。

　(1)　必要事項――必要事項とは文字通り「質問票に書かなければいけないこと」である。初学者は質問項目の内容に気をとられがちだが，質問票には，それ以外にも，タイトル，調査実施者の所属と氏名，日付，依頼文（研究の主旨，プライバシーの遵守等を含む），回答方法の指示，調査協力者への謝辞などを記入しなければならない。

　(2)　レイアウト――一生懸命つくったつもりの調査票でも，回答者の視点からみると，十分な余白がなかったり，質問文や選択肢が1ページ内に収まっていなかったりと，いろいろな点で見苦しく，協力に抵抗を感じるものとなって

いるかもしれない。回答者の協力を取りつけるためにも，視覚的にきちんと整理されたレイアウトにする必要がある。

(3) 項目——質問項目は研究の成否を左右する重要なポイントであり，調査票の探索も研究に利用可能な項目を求めて行われることが多い。雑誌論文や単行本で利用可能な項目が見つかればよいが，そうでない場合は，できるだけたくさんの調査票や質問項目を集め，そのなかから取捨選択するのがよい。なお，調査項目の具体的な収集方法については後述する。

(4) 尺度——項目のなかには，複数の項目を組み合わせて「尺度」をつくることが前提とされているものもある。尺度と尺度構成法は調査研究の重要なポイントの1つであり，海外の研究の追試を行う場合には，日本版の尺度作成それ自体が1つの研究目的にもなる。こうした尺度の具体的な収集方法についても後述する。

なお，実際に調査に使われた調査票を見ることも重要である。白紙の調査票を見ることにも相応の意味があるが，回収された調査票を見ると，余白に書き込まれた回答者の苦情やアドバイスに教えられたり，指示不足が原因で起こったトラブル（例：説明不足により裏面が全部無回答）を発見したりと，いろいろと有益な情報が得られることもある。

2 調査項目を探す

調査票に盛り込む項目については以下の文献が参考になる。とくに雑誌や年鑑は大学図書館で定期刊行物として継続購入されている場合が多い。

なお，ここであげたものは，とくに意識や意見を尋ねる項目を探す場合に役に立つものである。性格やパーソナリティを測定する項目を探す場合には，次項「尺度を探す」を参照してほしい。

(1) 内閣府大臣官房政府広報室（編）　月刊世論調査
(2) 内閣府大臣官房政府広報室（編）　世論調査年鑑
(3) NHK放送文化研究所　放送研究と調査
(4) NHK放送文化研究所（編）(1996)．世論調査事典　大空社
(5) 飽戸　弘(1987)．社会調査ハンドブック　日本経済新聞社

(1)には，少子高齢化，地球環境，エネルギー，外交，年金，防災など，行政上重要な問題をテーマとする世論調査の結果が紹介されている。また，そのなかには，国民意識や社会意識のように定期的に実施されるものもあれば，オリンピック，首都機能移転，臓器移植といった時事的なテーマを扱ったものもある。単純集計だけでなく，性，年齢，職業といった項目別のクロス集計結果も掲載されているため，世論調査を実施する場合には貴重な情報源となる。なお，近年の調査結果は，内閣府のホームページ（http://www8.cao.go.jp/survey/index.html）でも公開されている。

(2)は，世論調査を要約紹介した年鑑で，当該年度の世論調査のうち，下記の事項を満たすものが掲載されている。①個人を対象とする調査で調査対象者（母集団）の範囲が明確に定義されていること，②意識に関する調査であること，③対象者数（標本数）が500人以上であること，④調査事項の数（質問数）が10以上であること，⑤調査票（質問紙）を用いた調査であること。

(3)には，情報行動，教育・学習，言葉，政治意識，生活時間などをテーマとする世論調査の結果が紹介されている。いずれもマスメディアやマス・コミュニケーションと関連が深いテーマである。(1)(2)が単純集計とクロス集計に焦点を絞った内容となっているのに対し，(3)では調査データを詳細に分析した論文・レポートが中心になっている。近年の雑誌の目次やサマリーはNHK放送文化研究所のホームページで見ることができる（http://www.nhk.or.jp/bunken/book/geppo_index.html）。

(4)の巻末には，付録として，統計数理研究所や総理府広報室（当時）が行った調査の調査票が収録されている。また，(5)のV部「調査項目の実例」には，これまでの市場調査，世論調査，ライフスタイル調査で実際に使用された質問が約250問収録されている。

さらに，新聞社が実施した世論調査なら新聞の縮刷版の目次で探すことができるし，政府刊行物として販売されている報告書にも調査票が掲載されている（例：内閣府政策統括官〔総合企画調整担当〕編　2002　情報化社会と青少年──第4回情報化社会と青少年に関する調査報告書）。なお，政府刊行物は政府刊行物センターなどで手に入れることができる（入手方法については http://www.gov-book.or.jp/）。

なお，以上の文献に掲載されている質問項目を参考にする場合，その調査方法にも注意するようにしてほしい。面接調査の場合には，調査員が回答者に選択肢の書かれたカードを提示しながら質問を読み上げていくという方法がとられるが，こうした方法と自記式の集合調査とでは自ずと質問文の書き方が異なってくるからである。たとえば，面接法の場合は質問文が会話調になり，「カード」ということばが用いられるが，こうした質問を丸写ししたのでは，自記式なのにカードという用語が残ってしまうなど，集合調査にふさわしくないものができあがってしまいかねない。

3　尺度を探す

研究に必要な**尺度**は雑誌論文や単行本から入手できることが多い（9章表9-1 も参照）。とくに，特定のテーマに関する研究を概観した展望論文には，そうした尺度についての有益な情報が要約紹介されている場合が多い。

研究テーマが決まっている場合には，まずは展望論文を探し，そこから遡って尺度項目を集めるのがよいだろう。もちろん，そうした場合には，もっとも新しい雑誌論文・単行本から遡った方が効率がよいことはいうまでもない。

また，社会心理学の測定において用いられる尺度項目をまとめたものとして，下記の本も便利である。

(6)　バス，A. H.　大渕憲一(監訳)(1991)．対人行動とパーソナリティ　北大路書房

(7)　堀　洋道（監修）(2001)．心理測定尺度集（Ⅰ～Ⅲ）　サイエンス社

(6)バス (1991) の巻末に付録として掲載されている「付録・パーソナリティ尺度」には，翻訳された尺度項目と日本の関連研究が紹介されている。情報量が多く大変参考になるので，パーソナリティに関連のある研究を計画している場合は，事前に参照しておくことをお勧めする。また，(7)は多分野にわたり，いろいろな尺度が多数収録されており，研究テーマを探す目的で利用することも可能となっている。

なお，**尺度構成法**については，安藤 (1987)，鎌原 (1998)，東條 (1998) などの解説を参考にしてほしい。また，尺度を使った研究の具体的な進め方とそ

のバリエーションについては，井上（1998）が参考になる。

■注
注1） 最近では雑誌名に「紀要」という用語を用いていないことの方が多い。
注2） 研究論文に「原著」と「資料」の区別を設けている学会誌もある。資料は，長さの短い小論文で，研究の追試や特定の部分の吟味などを内容とすることが多い。しかし，内容の点で原著と厳密な区別をつけることは難しい。
注3） 過去の研究を展望することを通じて，理論やモデルを提示する論文もある。この場合には理論研究論文との区別は難しい。表12-1の北山・増田（1997）は，むしろこのような理論的検討を含んだ展望論文の例かもしれない。
注4） NACSIS Webcatで2006年12月に検索したところ，『社会心理学研究』は全国で293の図書館が所蔵しているとの結果を得た。『実験社会心理学研究』の所蔵図書館数は288であった。
注5） 近年では各図書館でもインターネットを利用したオンライン目録（OPAC：Online Public Access Catalog）による検索が可能であることが多い。
注6） 「抜刷」（ぬきずり）とは，雑誌のその論文の部分だけを印刷した冊子のこと。別刷ともいう。
注7） アメリカ心理学会（American Psychological Association）のウェブ・サイト（http://www.apa.org/）にあるPsycINFO Onlineが便利であるが，デモ用を除いては会員向けの有料サービスとなっている。
注8） 大学院生など，ある程度研究経験を積んだ人は積極的に利用したらよい。とくに，研究論文を発表しようとする場合には，レビューした論文に見落としがないかどうかの確認が必要である。

■引用・参考文献
相川　充・津村俊充(編)(1996)．社会的スキルと対人関係　誠信書房
安藤清志(1987)．態度・性格尺度の構成　末永俊郎(編)　社会心理学研究入門　東京大学出版会　pp.149-165.
安藤清志・押見輝男(編)(1998)．自己の社会心理　誠信書房
蘭　千壽・古城和敬(編)(1996)．教師と教育集団の心理　誠信書房
Aronson, E.(1992)．古畑和孝(監訳)(1994)．ザ・ソーシャル・アニマル　サイエンス社
Cialdini, R.B.(1988)．社会行動研究会(訳)(1991)．影響力の武器——なぜ人は動かされるのか　誠信書房
大坊郁夫・安藤清志・池田謙一(編)(1989)．個人から他者へ　社会心理学パースペクティブ1　誠信書房
大坊郁夫・安藤清志・池田謙一(編)(1990)．人と人を結ぶとき　社会心理学パースペクティブ2　誠信書房
大坊郁夫・安藤清志・池田謙一(編)(1990)．集団から社会へ　社会心理学パースペクティブ3　誠信書房
大坊郁夫・奥田秀宇(編)(1996)．親密な対人関係の科学　誠信書房
池内　一(編)(1977)．集合現象　講座社会心理学3　東京大学出版会
井上信子(1998)．社会調査と心理尺度研究の実際　鎌原雅彦・宮下一博・大野木裕明・中

澤　潤(編著)　心理学マニュアル　質問紙法　北大路書房　pp.156-171.
鎌原雅彦(1998).　心理尺度の作成　鎌原雅彦・宮下一博・大野木裕明・中澤　潤(編著)　心理学マニュアル　質問紙法　北大路書房　pp.64-74.
金児曉嗣・結城雅樹(編)(2005).　文化行動の社会心理学――文化を生きる人間のこころと行動　シリーズ21世紀の社会心理学3　北大路書房
川上善郎(編)(2001).　情報行動の社会心理学――送受する人間のこころと行動　シリーズ21世紀の社会心理学5　北大路書房
松井　豊・浦　光博(編)(1998).　人を支える心の科学　誠信書房
三隅二不二・山田雄一・南　隆男(編)(1988).　組織の行動科学　応用心理学講座1　福村出版
水原泰介(編)(1977).　個人の社会的行動　講座社会心理学1　東京大学出版会
大渕憲一・堀毛一也(編)(1996).　パーソナリティと対人行動　誠信書房
末永俊郎(編)(1978).　集団行動　講座社会心理学2　東京大学出版会
末永俊郎(編)(1987).　社会心理学研究入門　東京大学出版会
対人行動学研究会(編)(1990).　対人行動学ガイド・マップ　ブレーン出版
東條光彦(1998).　心理尺度の作成　鎌原雅彦・宮下一博・大野木裕明・中澤　潤(編著)　心理学マニュアル　質問紙法　北大路書房　pp.100-109.
土田昭司(編)(2001).　対人行動の社会心理学――人と人との間のこころと行動　シリーズ21世紀の社会心理学1　北大路書房
土田昭司・竹村和久(編)(1996).　感情と行動・認知・生理　誠信書房
山本眞理子・外山みどり(編)(1998).　社会的認知　誠信書房
吉田正昭(編)(1975).　社会心理学　大日本図書
(表に含まれている文献と12-3であげた(1)~(7)の文献は割愛した)

〔村田光二・山田一成・佐久間勲〕

13章　論文・レポートの書き方

　調査や実験は結果を目にしたところで終わりではない。得られた結果の意味をよく考えて，それを論文やレポートにまとめて初めてゴールを迎える。

　こうした論文やレポートを書くという行為は，読者とのコミュニケーションである。したがって，読者が理解できるように，わかりやすく論文やレポートを書かなければならない。書いた本人にしかわからないものであってはならないのである。

　それでは，論文やレポートはどのように書けばよいのだろうか。もっともよい方法は「お手本」を探して，それを熟読することである。身近なお手本には，先輩の論文やレポートがあるだろう。演習担当教員や指導教員に相談すると，それらを見せてもらえることが多い。また『社会心理学研究』，『実験社会心理学研究』に掲載されている雑誌論文もお手本となるだろう（12章参照）。

13-1　論文・レポートの構成

　先輩の論文やレポート，雑誌論文をみると，論文の多くは「問題」「方法」「結果」「考察」「引用文献」から構成されていることに気づくだろう。これが，社会心理学の論文やレポートの一般的な構成になる[注1]。以下では，それぞれの箇所で何を書くべきか，どのような点に注意すべきかを簡潔に説明しよう[注2]。

1　問　題

　問題では，この論文では何を研究するのか，その目的を書くことが中心となる。具体的には，先行研究のレビュー，研究の目的，そして研究の仮説を書く。
　先行研究のレビューとは，ある研究テーマに関して，これまでにどのような

> 　特定の他者に対して，ある印象を与えようとする行為を自己呈示（self-presentation）という。自己呈示には，他者にどのような印象を与えるのかに応じて，さまざまなスタイルが存在する。そのうちのひとつに自己高揚的呈示がある。自己高揚的呈示とは……（中略）。自己高揚的呈示と対照的なスタイルとして，自己卑下的呈示がある。自己卑下的呈示とは，……（中略）。
> 　自己高揚的呈示および自己卑下的呈示が，受け手に及ぼす効果について，多くの実証的研究がなされてきた。たとえば，……（中略）
> 　そこで本研究は，自己呈示スタイルと自己呈示者の性別の組み合わせによって，受け手の好意度に及ぼす効果が異なるか検討することを目的とする。……（以下，省略）

図 13-1　問題の例

研究が行われてきたか，そしてどのような結果が得られているのかを概観することである。このときに，先行研究や，その結果を羅列するのではなく，整理しながら書くことが重要である。この作業を通して，ある研究テーマに関して，どのような研究課題が残されているのかが明らかになってくるはずである[注3]。

　レビューを通して研究課題が明らかにされたら，それを指摘したうえで，自分の研究では，どのような研究を行うのか，その目的を書く。そして，ある変数と別の変数の関連性について予測をしている場合には，それを仮説として提示する[注4]。

　なお論文のなかに，研究テーマに関連する重要な用語（たとえば，「自己呈示」）が出てくるだろう。こうした用語についても，問題のなかで説明しておくことが必要である。

　図13-1に「問題」の書きはじめの部分を例示したので，参考にしてもらいたい。

2　方　法

　方法では，問題で述べた研究の目的を達成するために，どのような研究を実施したのかを書く（図13-2参照）。

　方法を書くうえでもっとも重要なことは，ほかの人が追試をできるように書くこと，すなわち研究の再現可能性が保証されるように書くことである。

　方法については，研究方法によって，多少書くべき内容が異なる。ここでは質問紙調査と質問紙実験に分けて説明しよう。

13章 論文・レポートの書き方

【質問紙調査の場合】
調査対象者
　東京都内の私立大学で社会心理学を受講している大学生156名（男性80名，女性78名）であった。平均年齢は19.7歳（年齢の範囲は18歳から22歳）であった。
調査日時
　2006年12月8日。
調査の手続き
　講義時間中に集合調査形式で実施した。調査対象者に質問紙を配布した後に，研究についての説明を行った。調査対象者から研究協力への同意を得た後に，質問紙への回答を求めた。回答は各自のペースで行った。回答時間は約10分であった。
質問項目の概要
　質問紙には次の質問項目が含まれていた。
　①テレビ番組の視聴状況　2006年4月から6月に放映された6つのテレビ番組（「A」「B」「C」「D」「E」「F」）の視聴の程度を尋ねた。回答方法は，それぞれの番組を，「よく見ていた(5)」から「まったく見なかった(1)」までの5件法であった。……（以下，省略）

【質問紙実験の場合】
実験参加者
　東京都内の私立大学で心理学を受講している大学生127名（男性47名，女性80名）を対象に質問紙実験を実施した。……（中略）
実験デザイン
　自己呈示のスタイル（自己高揚／自己卑下）×自己呈示者の性別（男性／女性）の2要因被験者間計画であった。実験参加者は4つの条件に無作為に配置された。
実験手続きと実験材料
　実験は講義時間中に集団で実施した。実験の手続きと，使用した材料は以下の通りであった。
　①カバーストーリー　実験参加者に質問紙を配布したうえで，「面接のときにどのような自己アピールが効果的であるかを調べるための調査である」と説明して実験への参加を依頼した。……（中略）
　②シナリオの提示　実験参加者には，Aさん（自己呈示者）が就職の面接のなかで自己アピールをしている場面が描かれたシナリオを読んでもらった。……（以下，省略）

図13-2　方法の例

　質問紙調査の場合は，おもに調査対象者（全体の人数，男女別の人数，年齢，職業など），調査対象者の選定方法（1章参照），調査日時，調査の手続き（2章参照），質問項目の概要などを書く。
　質問紙実験の場合は，おもに実験参加者（全体の人数，男女別の人数，年齢など），実験デザイン（5章参照），実験手続き（独立変数の操作や従属変数の

測定方法など），実験材料などを書く。実験手続きは，時間の流れにしたがって書くとわかりやすくなる。

　方法を書くときに，再現可能性を気にしすぎて，非常に細かいところ，たとえば調査で使用したすべての質問項目や実験で使用したすべての条件のシナリオなどを書く人がいる。こうした情報をすべて方法のなかに書くと冗長になる。方法では概要だけを記し，質問項目やシナリオなどは付録として論文やレポートの最後につけるとよいだろう。

3　結　果

　結果では，調査や実験を通して得られた結果（事実）を書く（図13-3 参照）。最終的に得られた結果はもちろんのこと，その結果が得られるまでに実施した分析の手順や方法（尺度化の方法，使用した統計的手法など）も含めて書く。

　結果を書くときには，次の点に注意してもらいたい。

　第1に，結果は過去形で書かなければいけない（○：～であった，×：～である）。

　第2に，結果は基本的に文章で書く。結果に図表だけを掲載する人がいるが，それでは不十分である。ただし文章で説明した内容に図表を加えると，わかりやすくなることが多いので，仮説に関連する重要な結果は文章だけではなく，図表を加えるとよいだろう。

　第3に，結果を提示するときには，意味もなく結果を羅列してはいけない。どの結果を，どのような順序で提示するとわかりやすくなるか，よく考えてから書くようにする。

　第4に，原則として結果では，得られた結果（事実）についての解釈や評価は書かない。ただし結果が仮説を支持しているかどうかということについては，

登場人物に対する印象評定
　Aさんの印象を評定するために使用した10個の形容詞に対する回答を平均して好意度得点とした。条件ごとにAさんに対する好意度得点の平均を算出した。結果は図1の通りであった。……（以下，省略）

図 13-3　結果の例

結果のなかに記述しておいた方がわかりやすいことが多い[注5]。

最後に，結果にはローデータ（11章11-2参照）や，すべての質問項目の単純集計を掲載しない。ローデータは付録にも掲載しない。単純集計に関しては，掲載する必要があれば，付録として論文やレポートの最後につけるとよいだろう。

4　考　察

考察では，調査や実験の結果についての解釈および評価を行う。研究の反省・感想だけを書く人がいるが，それは考察ではない。考察では，次のことがらを書くことが求められる。

第1に，調査や実験の結果の概略を書く。具体的には，結果の要約と，その結果が仮説を支持するものであったかということを書く。仮説が複数ある場合は，それぞれの仮説について支持されたかどうかをはっきりと書く。

仮説を支持する結果が得られた場合は，仮説が正しかったと考えることもできる。しかし研究者が想定していない原因によって，仮説を支持する結果が得られている可能性もある。こうした代替説明がないか，慎重に検討する必要もある。

仮説を支持しない結果が得られた場合は，その原因を考えてみる。このときに仮説が誤っていたとすぐに考えるのではなく，調査や実験の手続きに関する問題点を考えたり，別の視点からデータを再分析したりして，考察に加えるとよいだろう。

第2に，調査や実験の結果から，何が言えるのか，何が明らかになったのかを述べる。すなわち，研究の結論を書くのである。研究の結論は，問題で述べた研究の目的と対応しているとわかりやすい。

第3に，研究に関する問題点を述べる。実際に研究を実施してみると，質問項目の不適切さや，実験操作の失敗に気づくことがある。考察では，こうした問題点を指摘することも必要である。

第4に，今後の研究課題を述べる。1回の研究を通して，あるテーマに関するすべてのことが明らかになることはほとんどない。実験の結果によっては新しい疑問が浮かんでくることもあるだろう。考察では，これらのことがらを整

> 　実験の結果，自己高揚的呈示をした男性は，自己卑下的呈示をした男性と比較をして好意的に評価された。この結果は仮説1を支持するものであった。同様に，自己高揚的呈示をした女性も，自己卑下的呈示をした女性と比較をして好意的に評価された。この結果は，仮説2を支持するものではなかった。
> 　仮説2を支持する結果が得られなかった原因として，次の3点が考えられる。
> 　第1に，……（以下，省略）

図13-4　考察の例

理して，今後の研究課題として指摘しておく。

　図13-4に「考察」の書きはじめの部分を例示したので，参考にしてもらいたい。

5　引用文献

引用文献では，論文のなかで引用した文献をすべて集めてリストを作成する。このリストの作成には，いくつか注意すべきルールがある。おもなルールとして次のものがある。

　第1に，リストの順序は，第一著者の名前のアルファベット順に並べる。日本語で書かれた文献と外国語で書かれたものを区別する必要はない。

　第2に，リストに記載する事項は，著者名，出版年，表題，そのほかの順になる。そのほかの部分に何を書くのかは，文献の種類によって異なる。図13-5に引用文献の書き方を説明したので参考にしてもらいたい[注6]。

13-2　文章表現の基本

　論文やレポートを書くときには，文章表現の基本が守られていなければならない。基本が守られていない論文は，どんなに内容がすばらしくても第三者に内容を正確に伝えることができないために，評価が低くなることが多い。基本的なことがらとして，次の(1)から(7)にあげる点を守るようにしてもらいたい。

(1) 文章は常体（である調）で書く。敬体（ですます調）で書かない。もちろん，常体と敬体を混ぜて書いてもいけない。

(2) 段落の初めは1字あける。原稿用紙を使用して作文を書くときに，段落

雑誌論文（和文・欧文）

遠藤由美(1995). 精神的健康の指標としての自己をめぐる議論 社会心理学研究, **11**, 134-144.
（著者名）（発行年）（表題）（誌名）（巻数）（ページ数）

Hamilton, D. L., Katz, L. B., & Leirer, V. O.(1980). Cognitive representation of personality impressions: Organizational processes in first impression formation. *Journal of Personality and Social Psychology*, **39**, 1050-1063.
（著者名）（発行年）（表題）（誌名）（巻数）（ページ数）

書籍（和書）

亀田達也・村田光二(2000). 複雑さに挑む社会心理学――適応エージェントとしての人間 有斐閣
（著者名）（発行年）（表題）（出版社名）

書籍（欧文）

Fiske, S. T. & Taylor, S. E.(1991). *Social cognition* (2nd ed.). New York: McGraw-Hill.
（著者名）（刊行年）（表題）（版数）（出版地）（出版社名）

書籍のなかの一章（欧文）

Aronson, E., Wilson, T. D., & Brewer, M. B.(1998). Experimentation in social psychology. In D. T. Gilbert, S. T. Fiske, & G. Lindzey (Eds.), *The handbook of social psychology*: Vol. 1. (4th ed.). New York: McGraw-Hill. pp.99-142.
（著者名）（刊行年）（表題）（編者名）（書名）（巻数）（版数）（出版地）（出版社名）（ページ数）

翻訳本

Cialdini, R.B.(1988). *Influence: Science and practice.* Glenview, Ill.: Scott, Foresman Company. (社会行動研究会(訳)(1991). 影響力の武器――なぜ人は動かされるのか 誠信書房)
（著者名）（発行年）（表題）（出版地）（出版社名）（翻訳者名）（発行年）（翻訳書名）（出版社名）

図 13-5　引用文献の書き方

の初めは1字あけることを学んだと思う。論文やレポートを書くときにも，それと同じである。

(3) 段落間で行をあけない。段落の前後で内容が変わったとしても行をあけない。こうした場合は，見出しを使用して対応するとよい。

(4) 箇条書きを使用しない。論文の基本は文章で書くことである。箇条書き

のかわりに，「第1に……。第2に……。第3に……。」という表現を使用するとよい。

(5) 用語は統一する。論文のなかで，同じ対象に言及する場合は，常に同じ用語で書く。
(6) 英数字は半角で書く。年や平均値などの数字，および人名や英単語などのアルファベットは「2006」「persuasion」というように半角で書く。
(7) 論文やレポートでは原則として「私は」などの一人称の主語を使用しない。必要に応じて「実験者は」「著者は」といった三人称の形式で著者（研究者）自身を表現する。

論文やレポートを書き終えた後は，以上の点が守られているかどうかをチェックしてもらいたい。同時に，誤字脱字がないかどうかも必ずチェックしてもらいたい。

13-3　引用のルール

冒頭で，論文やレポートを書くときには，お手本を探して，それを熟読することがもっともよい方法であると述べた。しかしこれは，お手本を丸写ししたり，あたかも自分が実施した研究のようにして論文やレポートを書いたりしてよいということではない。こうした行為は剽窃（ひょうせつ）と呼ばれるものである。出版界では，剽窃とは，ある作家が別の作家の作品を写して，それを自分の名前で発表することである。大学生にとっては，試験中のカンニングと同様の不正行為である。このように考えれば，剽窃がどれほどやってはいけないことであるかが理解できるだろう。

また論文やレポートのなかに，文献を引用するときには，それがはっきりとわかるように書かなければならない。具体的には，引用した箇所に著者名と文献の発行年を記すことになる。具体的な記述法は図13-6の通りである。

論文やレポートのなかに引用した文献は，必ず引用文献のリストのなかに含まれていなければならない。論文やレポートが完成したら，そのチェックも忘れずにしてもらいたい。

13章　論文・レポートの書き方

```
文頭の場合
  山岸（1988）は……／北山・増田（1997）の実験は……
  岡・佐藤・池上（1999）では……〔初出〕／岡ほか（1999）では……〔2回目以降〕
  Brown (1986) は……／ Lau & Russel (1980) によれば……
  Hogg, Hains, & Manson (1998) は……〔初出〕／ Hogg et al. (1998) は……〔2回目以降〕
文末の場合
  ……といわれている（山岸, 1998）。／……が明らかにされた（北山・増田, 1997）。
  ……であった（岡・佐藤・池上, 1999）。〔初出〕
  ……であった（岡ほか, 1999）。〔2回目以降〕
  ……といわれている (Hamilton, Katz, & Leirer, 1980)。〔初出〕
  ……といわれている (Hamilton et al., 1980)。〔2回目以降〕
```

図13-6　引用の方法

■注

注1）　ひとつの論文やレポートのなかに2つの研究が含まれている場合は，「問題」「研究1」「研究2」「全体的考察」「引用文献」となっていることが多い。この場合，「研究1」「研究2」のなかに，それぞれ「問題」「方法」「結果」「考察」が含まれている。

注2）　論文やレポートを書くにあたり注意すべきことがらはたくさんあるが，本章では紙幅の都合上すべてをとりあげられなかった。詳細な点に関しては，松井（2006），末永（1987），高橋・渡辺・大渕（1998），都筑（2006）などを参照してもらいたい。とくに松井（2006）には，論文で使用する文章表現をはじめ，具体例が多数掲載されている。

注3）　先行研究のレビューは初学者にとって，非常に難しい作業であろう。最初は，自分がとりあげる研究テーマの現状を簡潔に整理して記述することを目標にすればよい。

注4）　すべての研究が仮説検証型（仮説を立てて研究を実施するタイプ）というわけではない。現象の実態解明を目的とした探索型の研究もある。

注5）　原則として「結果」では研究で得られた結果（事実）を記述し，「考察」では結果についての解釈や評価を書く。ただし「結果」で書くことと「考察」で書くことを厳密に区分することは難しい。

注6）　図13-5の引用文献の書き方は日本社会心理学会（http://wwwsoc.nii.ac.jp/jssp/index.html）の執筆要項にもとづいて作成された。引用文献の書き方は学会によって細かな点でルールが異なっている。迷ったときは，教員に相談するとよい。

■引用・参考文献

松井　豊(2006)．心理学論文の書き方——卒業論文や修士論文を書くために　河出書房新社
末永俊郎(編)(1987)．社会心理学研究入門　東京大学出版会
高橋順一・渡辺文夫・大渕憲一(編著)(1998)．人間科学研究法ハンドブック　ナカニシヤ出版
都筑　学(2006)．心理学論文の書き方——おいしい論文のレシピ　有斐閣

（佐久間勲）

人名索引

ア 行

明石要一 164
飽戸 弘 228
東 洋 220
アトリッジ, M. 192
新井 誠 164
アロンソン, E. 89, 106, 226
安藤清志 82, 224, 230
安藤寿康 22
安藤典明 22
イーグリー, A.H. 180, 181
池上知子 119, 128, 220
池田謙一 10, 11, 165, 224
磯崎三喜年 120
井上信子 231
遠藤由美 128, 217
大渕憲一 230, 241

カ 行

柏木惠子 220
カーネマン, D. 4, 28
唐沢 穣 217
カーリ, L.L. 180, 181
川浦康至 10
鎌原雅彦 230
北山 忍 220, 231
吉川肇子 10, 121
ギルバート, D.T. 106, 124
グリック, P. 169, 171-174, 180, 181
グリーンバーグ, M.A. 195
ケリー, H.H. 79
小嶋外弘 39

小杉素子 114, 115
コスミデス, L. 4
ゴールドバーグ, P. 174

サ 行

清水 裕 112, 113
下條信輔 128
シューマン, H. 38
ジンメル, G. 152
スイム, J.K. 180
末永俊郎 227, 241
杉山明子 52, 58
杉山幸子 10
鈴木淳子 22, 24
鈴木裕久 164
セガール, M.W. 187
副田義也 38, 39

タ 行

大坊郁夫 224
高木 修 127
高橋順一 241
田中共子 10
田村美恵 118
タルド, J.G. 152
チャルディーニ, R.B. 128, 226
都筑 学 241
トヴァスキー, A. 4, 28
東條光彦 230

ナ・ハ行

西平重喜 51
ニスベット, R.E. 110

沼崎 誠 116, 118, 217
バス, A.H. 230
ハミルトン, D.L. 128
バーン, D. 185, 186, 197
ヒクソン, J.G. 106, 124
フェスティンガー, L. 187
藤森立男 197
ブラウン, J.D. 122
プレッサー, S. 38
ボクナー, S. 109
堀 洋道 230

マ 行

増田貴彦 220, 231
松井 豊 184, 185, 241
宮本聡介 217
ミルグラム, S. 19, 88
村田光二 42
森永康子 167, 168, 180

ヤ〜ワ行

山岸俊男 10, 11, 114, 115
山田一成 22
吉田正昭 227
ラスウェル, H. 133
ラズベルト, C.E. 188, 189, 191, 197
ランガー, E. 89
リースマン, D. 152, 153, 163, 164
ロス, L. 27
若林佳史 10
渡辺文夫 241

事項索引

ア行

アカウント　194
アカウントモデル　185, 195
アナグラム課題　120
誤った関連づけ　119
閾下プライミング　119
1元配置計画　99
一般化　35, 48
一般的質問　51
因果関係　31, 82
インストラクション（教示）　60, 101
インパクト型実験　123
インフォームド・コンセント　20, 102
引用　240
引用文献　238
エスノグラフィー　23
ＳＡ　54
ＮＡ　69
ＭＡ　54
エラボレーション　74
ＬＡ　55
援助（行動）　112
送り手　135

カ行

解釈主義的アプローチ　18
外集団同質性効果　123
外的妥当性　86
概念　175
カウンター・バランス　128
確率標本　32
確率標本による標本調査　32
過少報告　42
仮説　47, 82, 185
仮説検証型　137, 164
仮説発見型　137
過大報告　39
学会誌　217

カテゴリー　65
カバーストーリー　20, 102, 125
間隔尺度　215
観察法　17, 30
間接的質問　52
棄却域　212
記述統計　205
議題設定機能　136, 143
議題設定研究　137
帰無仮説　212
キャリーオーバー効果　57
紀要　217
行　65
教示（インストラクション）　60, 101
行パーセンテージ　68
共分散構造分析　84
虚偽報告　38, 105
極性化　120
近接性モデル　184, 187
クォータ・サンプリング　33, 37, 140
区間推定法　211
繰り返し測定　97
クロス集計　64, 157
クロス表　65
クロンバックのα係数　109
結果　236
欠損値　69
原因帰属　85
研究協力者　20, 23
研究テーマ　9, 227
研究の目的　137
限定回答（LA）　55
現場実験　79
検票　60
効果分析　134
交互作用効果　92, 96
考察　237
構成概念妥当性　87
構造化面接法　23

肯定的幻想　122
交絡　100, 180
個人差変数　109
個人差要因　95, 128
個人的質問　51
コーディング　61
コーディングシート　204
混合計画　97
コントロール（統制）　85, 98, 139, 148
コントロール群（統制群）　83, 99
コンビニエンス・サンプリング　33, 144

サ行

再現可能性　234
再現性　76
採択域　212
最頻値（モード）　207
作業仮説　92
サブ・クエスチョン　51
3重クロス表　67
散布度　207
3要因混合計画　170
参与観察法　17
ジェンダー　166
自己　10, 122
自己呈示　103, 117
事後テスト計画　99, 109
自己報告　105
史資料　17
事前―事後テスト計画　100
事前テスト　99
自尊心　112, 122
実験　18, 31, 78
実験仮説　212
実験協力者　80
実験群　83, 99
実験参加者（被験者）　23, 79
実験室実験　19, 79

事項索引

実験者　79
『実験社会心理学研究』　220
実験者効果　80
実験的の調査　29
実験的リアリティ　88, 114, 124, 126
実験デザイン　173
実　証　15
実証主義的アプローチ　18
質的調査法　18
質問項目　228
質問紙回収　126
質問紙研究　19
質問紙実験　19, 29, 79, 112, 169
質問紙調査　18, 26, 30, 132, 167
質問紙配布　125
質問文　49
自動の処理　118
四分位偏差　207
『社会心理学研究』　220
社会心理学実験　94
社会の存在　9
社会の認知　10, 124
尺　度　56, 105, 175, 228, 230
尺度構成(法)　107, 230
尺度評定　105
ジャッジメント・サンプリング　33
重回帰分析　84
自由回答(法)　53, 154
集合調査　42
従属変数　66, 81, 95
縦断研究　189, 191
周辺度数(分布)　65
主効果　96
順序効果　122
順序尺度　215
条　件　94
剰余変数　100, 126
事例研究　36
しろうと理論　163
信　頼　114
信頼性　178
信頼性係数　109
心理的リアリティ　89, 124
水　準　95
数量化　16

スノーボール・サンプリング　35
スプリット(法)　29, 121
性役割態度　167
Z得点　108
説　明　85
セル　65
セルフ・ハンディキャッピング　116
先行研究　137, 175
先行研究のレビュー　233
全数調査　32
層　65
相　関　213
相関係数　160
相関研究　84
相関的仮説　167
操　作　80
操作チェック　81, 104

タ　行

大会発表論文集　217
対人魅力　184
代替説明　120, 237
代表性　35
代表値　207
対立仮説　212
多項選択法　54
妥当性　86, 178
他人志向型　153
ダブルバーレル質問　51
多変量解析　76, 213
単一回答(SA)　54
単語完成法　106
単純集計　63, 206
単純主効果　96
探索型　164
中央値(メディアン)　207
調　査　18, 59
調査項目　46, 228
調査対象者　31, 47, 138
調査票　57, 58, 227
調査目的　44
調整変数　92
直接的質問　52
追　試　36
DK　69

ディブリーフィング　20, 102, 127
データ　14, 15, 16, 185, 200
展望論文　15, 220, 230
統計的検定　210
統計的指標　206
統計的推定　210
統計量　206
投資モデル　184, 188
統制(コントロール)　148
統制群(コントロール群)　83, 99
同　調　153
匿名性の確保　197
独立変数　19, 66, 80, 118
独立変数の操作　103
度数多角形　206
度数分布表　206
留め置き法　140, 148

ナ　行

内的妥当性　86
内容分析　17, 134, 138
NACSIS Webcat　222
2元配置　95
二項選択法　54
日常的リアリティ　89, 126
日本グループ・ダイナミックス学会　220
日本社会心理学会　220
2要因分散分析　173
抜　刷　222, 231
ネガティビティ・バイアス　121

ハ　行

媒介変数　92
培養理論　136, 137
パネル調査　29, 192
場面想定法　112
ハロー効果　40
範囲(レンジ)　207
判断型実験　118
非確率標本による標本調査　33
被験者　23
被験者間計画　97
被験者間要因　98, 116

被験者内計画　97
被験者内要因　98, 122
非構造化面接法　23
ヒストグラム　206
標準化　108
標準得点　108
標準偏回帰係数　197
標準偏差　206, 207
剽窃　240
標本　32, 210
比率尺度　215
フィードバック　22
フィルター質問　51
フィールドワーク　18
フェイスシート項目　49
フォーカス・グループ・インタビュー　153
フォールス・コンセンサス効果　27, 36
複数回答(MA)　54, 69
プライバシー　21, 23, 197
プライミング　119
フレーミング効果　28
分散　206, 207
分散分析(ANOVA)　96
平均　206, 207
β係数　191, 197
変異係数　207
変数　65, 80
傍観者効果　80

マ 行

方法　234
訪問面接法　140
母集団　32, 210

マイクロ　12
マイクロ―マクロ過程　12
マインドレスネス　89
マクロ　12
マージナル　65
マス・コミュニケーション　133, 148
マスメディア　132, 147
見かけ上の相関　75
無作為抽出(ランダム・サンプリング)　32, 48
名義尺度　215
メタ分析　181
メディアン(中央値)　207
面接調査　18, 30
面接法　18, 30
モデル　185
モード(最頻度)　207
模倣　152
問題　233
問題意識　137
問題発見・仮説生成型の研究　16

ヤ 行

有意抽出法　33, 48
要因配置　94
予測　85
予備実験　104
予備調査　33, 58, 109
弱いリンクモデル　184, 191

ラ・ワ行

ランダム・サンプリング(無作為抽出)　32, 48, 138, 191, 211
ランダム配置　83, 101, 215
リアリティ　88, 174
リサーチ・クエスチョン　164
リッカート尺度　105
流行　151
利用と満足研究　134
両面価値説　152
倫理基準　19, 20, 102
類似性モデル　184, 185
レイアウト　59, 228
列　65
列パーセンテージ　68
レビュー　15, 220
恋愛　184
レンジ(範囲)　207
ローデータ　64, 204
論証　14
ワーディング　50

編　者

村田　光二　　一橋大学大学院社会学研究科
山田　一成　　法政大学社会学部
佐久間　勲　　文教大学情報学部

執筆者　〈執筆順，（　）内は執筆担当箇所〉

村田　光二　（序章1・2，6章，12章1・2）　編者
佐久間　勲　（序章3，6章，12章1・2，13章）　編者
山田　一成　（1章，12章3）　編者
佐野　美智子　（2章）　高千穂大学商学部
坂井　博通　（3章）　埼玉県立大学保健医療福祉学部
今井　芳昭　（4章）　東洋大学社会学部
福島　治　（5，10章）　新潟大学人文学部
川端　美樹　（7章）　目白大学社会学部
江利川　滋　（8章）　TBSテレビ営業推進部兼マーケティング部
坂田　桐子　（9章）　広島大学大学院総合科学研究科
飛田　操　（10章）　福島大学人間発達文化学類
岩淵　千明　（11章）　川崎医療福祉大学医療福祉学部

社会心理学研究法

2007年4月10日　初版発行
2008年3月20日　第2刷発行

　　　　　　　　　　　編著者　村田　光二
　　　　　　　　　　　　　　　山田　一成
　　　　　　　　　　　　　　　佐久間　勲
　　　　　　　　　　　発行者　石井　昭男
　　　　　　　　　　　発行所　福村出版株式会社
　　　　　　　　　　　〒113-0033　東京都文京区本郷4-24-8
　　　　　　　　　　　　　　電話　03-3813-3981

　　　　　　　　　　　　広研印刷　協栄製本

　　　　　　　　　Ⓒ K. Murata, K. Yamada, I. Sakuma　2007
　　　　　　　　　　　　　　　Printed in Japan
　　　　　　　　　ISBN978-4-571-20591-0　C3311
　　　　　　　　　定価はカバーに表示してあります。

福村出版 ◆ 好評図書

村田光二・山田一成・佐久間勲編著
社会心理学研究法
◎3,000円　ISBN978-4-571-20591-0　C3311

質問紙による実験と調査に的をしぼり，研究計画の立て方，質問紙の作成や集計のテクニック，倫理などを解説。

海保博之・加藤　隆編著
シリーズ・心理学の技法
認知研究の技法
◎2,600円　ISBN978-4-571-20581-1　C3311

眼球運動，生理的計測，SD法，プロトコル分析など認知心理学の25の研究法の手順と具体例，留意点をまとめる。

杉山憲司・堀毛一也編著
シリーズ・心理学の技法
性格研究の技法
◎3,200円　ISBN978-4-571-20582-8　C3311

個人差を心理学研究の中に取り込むために，様々なアプローチからの性格観と研究例を解説。定性的研究も重視。

田島信元・西野泰広編著
シリーズ・心理学の技法
発達研究の技法
◎3,400円　ISBN978-4-571-20583-5　C3311

研究の手順，留意点，実際例からパラダイム，倫理，論文の書き方まで，発達研究の方法をこの一冊に凝縮。

下山晴彦編著
シリーズ・心理学の技法
臨床心理学研究の技法
◎3,600円　ISBN978-4-571-20585-9　C3311

科学としての客観性と臨床的な妥当性をもった臨床心理学研究の新たな枠組みと方法を示す本邦初の書。

大村彰道編著
シリーズ・心理学の技法
教育心理学研究の技法
◎2,200円　ISBN978-4-571-20586-6　C3311

観察，面接，質的分析，質問紙調査，実験の各技法をくわしく紹介。代表的研究例で手順が具体的にわかる構成。

渡部　洋編著
シリーズ・心理学の技法
心理統計の技法
◎3,400円　ISBN978-4-571-20587-3　C3311

心理学研究に欠かせない統計手法を平易に記述，実際の分析に役立つ情報や手法を幅広く紹介，解説する。

◎価格は本体価格です。